写|作|论|坛

长三角研究生学术写作论坛优秀论文

(第三辑)

主 编 毛建华 张荣佩

副主编 任红梅 那 彦 吴领叶

上海大学出版社

图书在版编目(CIP)数据

长三角研究生学术写作论坛优秀论文. 第三辑／毛建华，张荣佩主编；任红梅，那彦，吴领叶副主编. -- 上海：上海大学出版社，2024.7. --（写作论坛）.
ISBN 978-7-5671-5005-8

Ⅰ.H052

中国国家版本馆CIP数据核字第20244VQ745号

责任编辑　贾素慧
封面设计　缪炎栩
技术编辑　金　鑫　钱宇坤

长三角研究生学术写作论坛优秀论文　（第三辑）

毛建华　张荣佩　主编

上海大学出版社出版发行
（上海市上大路99号　邮政编码200444）
（https://www.shupress.cn　发行热线 021-66135112）
出版人　戴骏豪

＊

南京展望文化发展有限公司排版
江苏凤凰数码印务有限公司印刷　各地新华书店经销
开本 710mm×1000mm　1/16　印张 13.5　插页 1　字数 278千
2024年7月第1版　2024年7月第1次印刷
ISBN 978-7-5671-5005-8/H·436　定价　58.00元

版权所有　侵权必究
如发现本书有印装质量问题请与印刷厂质量科联系
联系电话：025-57718474

序 言

2022年10月,恰逢党的二十大胜利召开和上海大学建校百年纪念系列活动不断推出之际,学校多个部门密切合作,成功举办了2022年度长三角研究生学术写作论坛暨征文颁奖典礼。这次论坛旨在进一步开拓研究生学术视野,综合提升研究生学术素养和写作能力;同时继续通过东西部高校协同合作,深化联动创新机制。论坛由上海市教育委员会主办,上海大学研究生院、上海大学图书馆、上海大学出版社/期刊社、喀什大学研究生处、喀什大学图书馆联合承办,上海大学教育发展基金会海上美兰基金提供奖学金支持,在总结前三次活动经验的基础上,本次论坛征文获得了更多的积极回应与肯定,作为在校研究生写作实践与信息交流的平台,论坛社会影响力持续提升。

本次论坛主题为"学思笃行迎百年、青春献礼二十大——提升研究生学术写作综合能力",开幕仪式采用线下+线上结合的方式,于10月28日在上海大学图书馆报告厅和喀什大学图书馆报告厅同时举行。上海大学研究生院、上海大学图书馆、上海大学出版社/期刊社、海上美兰基金、喀什大学研究生处、喀什大学图书馆等部分领导及高校师生现场或线上参加了会议。着力于"提升研究生学术写作综合能力",上海大学论坛现场由上海大学外国语学院万华教授对获奖论文给出了精彩和细致的点评,肯定了学生们在论文选题、创新等方面的努力,并针对论文写作,提出了一些中肯的意见。论坛邀请专家为学生们作主题报告,上海外国语大学虞建华教授作题为《文学论文撰写:个案解析》的线上报告,通过"解剖麻雀"的方式,以一篇具体文学论文为个案,谈文学的选题、中心论点、构架、逻辑递进、引证、归结等论文撰写的各个方面,让学生们了解从思考、资料准备到具体铺陈等具体书写过程中的一些问题和要点。出版业界专家、Emerald出版关系经理吴玥作题为《英文学术论文写作与国际期刊投稿》的线上报告,从论文的最初准备到最终投稿,从目标期刊选择到提升被引率、建立学术声望进行讲解,针对学生们关心的英文文章发表的一般流程和普遍技巧给出了指导建议。四川大学文科讲席教授、中南民族大学文学与新闻传播学院教授王兆鹏作题为《论文写作思路的3W+模式》,他以文学专业为例,分享了写作论文时怎样按3W+(WHAT、HOW、WHY、要不要写、能不能写、写成什么样子)模式,分析如何打开思路和谋篇布局。喀什大学化学与环境科学学院副院长阿不都卡德尔·阿不都克尤木教授作《弘扬"科学家精神",树立优良科研作风》主题讲座,他结合自己的实际科研经历,向大家讲述了对"科学家精神"的理解,倡导做科研应该具有创新精神,要勇于创新,要有追求真理、严谨治学的求实精神,淡漠名利、潜心研究的奉献精神,以及集智攻关、团结协作的协同精神。

本次论坛作为上海大学写作中心开展的活动之一,目的在于持续推动学生特别是研究生学术论文写作水平的提升,写作中心自2019年成立以来,努力为在校学生提供多种类型的写作支持服务,例如推出写作课程讲座、一对一导师辅导论文写作(修改)等,以"文献研讨、规范培养、基地实训:研究生写作能力培养模式探索"为题的人才培养成果获得上海大学教学成果一等奖等。同时,写作中心也是学校抓促学风建设的重要支撑,2022年,值上海大学钱伟长图书馆获批首批全国科学家精神教育基地,这在本次论坛活动内容安排"科学家精神"中也有所体现。

上海大学图书馆积极推进科学家精神教育融入校园,落实国务院《关于进一步弘扬科学家精神加强作风和学风建设的意见》,弘扬以钱伟长、徐匡迪等为代表的科学家精神。2022年3月,值中国科协、教育部、科技部等七部委印发《关于开展"科学家精神教育基地"建设与服务管理工作的通知》,上海大学图书馆与学校研究生工作部齐心协力申报"钱伟长图书馆",5月30日,中国科协、教育部、科技部等七部委共同发布了2022年科学家精神教育基地名单,钱伟长图书馆获批科学家精神教育基地。科学家精神是胸怀祖国、服务人民的爱国精神,勇攀高峰、敢为人先的创新精神,追求真理、严谨治学的求实精神,淡泊名利、潜心研究的奉献精神,集智攻关、团结协作的协同精神,甘为人梯、奖掖后学的育人精神。科学家精神教育为学校"培养全面发展的卓越创新人才,造就担当民族复兴大任的时代栋梁"人才培养目标发挥着重要作用。

本次论坛征文活动共收到来自国内外114所高校的309篇征文。在评审专家的努力下,评选出一等奖 2 项、二等奖 6 项、三等奖 10 项、优秀奖 32 项。参与评审的专家有王朔中、王光东、马和平、吴明煜、刘绍学、吴仁援、万华、戴世强、夏正伟、章海荣、张鹏、陈新汉,他们在较短的时间内辛勤劳动,对论文严格要求,值此《长三角研究生学术写作论坛优秀论文(第三辑)》出版之际,对他们表示衷心的感谢。

还要感谢本书主编和副主编花费大量精力完成本书相关整理工作。本书出版过程中得到学校和社会各方的大力支持,作为论坛组织者之一,感谢书中论文点评专家戴世强及论文作者,感谢上海大学出版社和责任编辑贾素慧的辛勤劳动,使得本书能够如期出版,在此均表示感谢(恕未一一列名)。

本书收录的部分获奖论文,均尊重作者原文,出版时略有修改,更有利于借鉴参考,愿读者有所裨益。

王远弟
2024 年 5 月

目 录

序言 ································· 王远弟　1

PEST–SWOT 模型下铸牢中华民族共同体意识的路径研究 ······ 白　科　1
基于组合赋权的农业环境—经济耦合协调发展研究 ············ 王营营　18
中外学术图书馆公共域文献资源合作存储与开放利用研究 ······ 郑雅鑫　37
惯习式生存与圈群化传播：后疫情时代社交媒体使用的嬗变 ···· 林恩全　51
高空抛物罪的法教义阐释与司法适用研究 ···················· 秦雨田　61
启发式—系统式模型视角下电商直播消费者购买行为研究 ······ 张慧敏　81
论突发公共卫生事件下的患者隐私权保护 ···················· 蔡　港　107
标准必要专利国际诉讼中禁诉令的适用条件研究 ·············· 谷艳羽　122
数字经济发展能促进居民消费"扩容提质"吗？
　　——基于省级和中国家庭追踪调查（CFPS）数据的实证分析
　　·································· 蒋青松　139
反目成仇：场域交换下赘婿的犯罪机理 ······················ 左一曼　170

附　部分优秀论文摘要 ···································· 193

PEST‐SWOT 模型下铸牢中华民族共同体意识的路径研究[①]

白 科[*]

摘要：通过对我国民族地区中华民族共同体意识的发展路径进行 PEST 与 SWOT 分析，构建了铸牢中华民族共同体意识的 PEST‐SWOT 模型，提出了在铸牢中华民族共同体意识过程中的发展路径机制：(1) 坚持党的领导，完善民族干部队伍与"民族区域自治"；(2) 发展区域经济，奠定不同民族与不同区域的经济基础；(3) 引导社会发展，坚定中华民族共同体意识的舆论导向；(4) 促进创新驱动，建立宽领域多层次全方位的传播体系。研究不仅有利于为党和国家进一步开辟铸牢中华民族共同体意识发展和完善的国家宏观生态，也有利于进一步为政府和人民营造铸牢中华民族共同体意识巩固和深化的地区微观环境。

关键词：PEST‐SWOT 模型；铸牢中华民族共同体意识；民族地区；路径研究

引言

"铸牢中华民族共同体意识"作为马克思主义民族理论中国化的最新成果、习近平新时代中国特色社会主义思想的重要组成部分，在党的十九大中被正式提出并写入党章。在实现中华民族伟大复兴的关键时期，以"铸牢中华民族共同体意识"为主线的中华民族大发展事业不仅是关乎民族地区社会稳定和民族

[①] 一题《铸牢中华民族共同体意识的 PEST‐SWOT 模型分析与路径研究》，载《民族学刊》2023 年第 2 期，本书收录时略有修改。

[*] 白科，男，喀什大学数学与统计学院，应用统计专业 2020 级硕士研究生。

团结的大事,也是关乎全面建设现代化强国和实现中华民族屹立于世界民族之林的大事[1]。探索新时代背景下各地区铸牢中华民族共同体意识的发展路径,对于不同地区因地制宜地推动民族事业发展和繁荣、切实提高各地区群众民族自信心和安全感、自豪感具有重要的理论价值和现实意义。

一、文献综述

党的十九大以来,关于"铸牢中华民族共同体意识"的研究成果丰硕。基于理论视角,王文光等(2018)站在中华民族历史发展的高度研究了中华民族共同体意识的形成和发展,强调认同问题是铸牢中华民族共同体意识的核心[2]。青觉等(2018)从系统论的角度解释了中华民族共同体意识的形成机理,阐释了中华民族共同体意识的四大功能在不同的内外部环境影响下表现出来的可塑性和可变性[3]。林林等(2019)认为全球化在打破民族之间"樊篱"的同时,产生了"同质化"与"混合化"的言论,但民族认同在全球化时代仍有顽强生命力,铸牢中华民族共同体意识仍大有可为[4]。张淑娟(2019)从中华民族共同体意识的三重意涵(民族基因、民族国家、统一战线)[5]、王小兵等(2020)从铸牢中华民族共同体意识的三重逻辑(历史逻辑、理论逻辑、实践逻辑)[6]、李曼莉等(2020)从铸牢中华民族共同体意识的三个基本问题(本质内涵、价值意涵、显示路径)[7]、郝亚明(2021)从中华民族共同体建设的三个维度(要素重叠、纽带联结、功能依存)[8]分别剖析了中华民族共同体意识的内在逻辑和外在功能,强调铸牢中华民族共同体意识在实现中华民族伟大复兴过程中的重要地位。

基于实践视角,高永久等(2022)从国家认同视角,探索了在政治领域铸牢中华民族共同体意识的路径[9]。李丽媛等(2021)通过构建4个经济高质量发展的衡量指标,测度了48个少数民族地级市的经济高质量发展模式,得出了经济发展与铸牢中华民族共同体意识之间"你中有我,我中有你"的协调机理[10]。崔景芳等(2022)提出通过经济高质量转型、基本公共服务均等化和精准扶贫与乡村振兴有效衔接,构建"共享—共识—共治"的发展架构,实现"从共富(共同富裕)到共识(铸牢中华民族共同体意识)"的飞跃[11]。教育领域内,孟瑜(2018)、焦敏(2021)、蔡倩(2022)等提出构建"大思政"平台、树立"大思政课"观等以增强大学生铸牢中华民族共同体意识的实效性[12]-[14]。随着数字技术的发展,李化来(2016)、张龙等(2022)、王林平等(2022)阐释了技术创新对铸牢中华民族共同体意识的推动作用,强调数字技术平台在弘扬和继承中华民族优秀传统文化中的创新引领作用[15]—[17]。

从以上研究可知,铸牢中华民族共同体意识的研究偏向于基础理论研究方面,在此基础上,结合近年来民族地区在经济、政治、文化、技术等领域的发展现状,通过建立嵌套混合式 PEST-SWOT 模型,根据模型结果对民族地区铸牢中华民族共同体意识进行路径探讨,以期对此问题研究有所增益。

二、铸牢中华民族共同体意识的 PEST 分析

（一）政治因素分析(Political)

党的十八大以来,以习近平总书记为核心的党中央立足两个"一百年"奋斗目标和中华民族伟大复兴的历史节点,在马克思主义民族理论中国化过程中独具匠心地提出了"铸牢中华民族共同体意识"的重大课题,以推动中华民族成为认同度更高、自信心更强、凝聚力更重的命运共同体。

2014 年 5 月,习近平总书记在第二次中央新疆工作座谈会中提出"高举各民族大团结的旗帜,牢固树立国家意识、公民意识、中华民族共同体意识。""牢固树立中华民族共同体意识"的民族发展思路彰显了党和政府对民族工作、对加强民族团结的重视程度,也为各民族的多元化发展奠定了主心骨力量。

2014 年 9 月,中央民族工作会议在北京召开,习近平总书记指出："中华民族是一个命运共同体,一荣俱荣、一损俱损。各民族只有把自己的命运同中华民族的命运紧紧连接在一起,才有前途、才有希望。加强中华民族大团结,长远和根本的是增强文化认同,建设各民族共有精神家园,积极培养中华民族共同体意识。"具有创新性的"积极培育中华民族共同体意识"概念旨在唤醒与培育中华民族共同体意识,体现了党和政府为夯实祖国统一与民族团结精神基础的坚定决心。中共中央、国务院印发的《关于加强和改进新形势下民族工作的意见》中也同样将"积极培育中华民族共同体意识"确立为民族工作的重心和目标[18]。

2017 年 10 月,习近平总书记在党的十九大报告中就民族大团结大发展问题阐释道："全面贯彻党的民族政策,深化民族团结进步教育,铸牢中华民族共同体意识,加强各民族交往交流交融,促进各民族像'石榴籽'一样紧紧抱在一

起,共同团结奋斗、共同繁荣发展"。至此,"铸牢中华民族共同体意识"作为习近平新时代中国特色社会主义的政治理念和马克思主义民族工作中国化的指向,正式被提出并写入党章,成为全国各族人民实现中国梦的共同意志和根本遵循。十九届四中全会又将"铸牢中华民族共同体意识"确定为国家制度和国家治理体系中具有显著优势的一个重要方面。无论是2018年3月内蒙古代表团的十三届全国人大一次会议审议、2019年9月全国民族团结进步表彰大会,还是2020年8月中央第七次西藏工作座谈会、2020年9月第三次中央新疆工作座谈会,习近平总书记都强调"要以铸牢中华民族共同体意识为主线,不断巩固各民族大团结大发展"[19]。从"牢固树立中华民族共同体意识"到"积极培养中华民族共同体意识"再到"铸牢中华民族共同体意识"的理论发展过程,真正将中华民族共同体意识提到前所未有的政治新高度,彰显了党和国家解决民族问题的新战略和新思路,体现了中华民族团结奋进意志坚定的新境界。

（二）经济因素分析（Economic）

改革开放以来,党中央通过对口支援、东西部扶贫协作、西部大开发战略、兴边富民行动等致力于促进少数民族和民族地区经济发展,实现各民族共同繁荣进步。党的十八大以来,以习近平总书记为核心的党中央高度重视少数民族和民族地区发展,脱贫攻坚战、乡村振兴战略等进一步夯实了铸牢中华民族共同体意识的经济基础。

以2012年和2019年民族八省区的经济发展数据进行分析[20],从宏观层面分析,民族八省区的地区生产总值在十八大以来近7年的时间里翻了一番,大多数民族省区的GDP年均增速高于全国GDP年均增速,实现了经济的快速发展（表1）。民族地区的地区生产总值占全国地区生产总值的比重从2012年的9.5%提高到了2019年的10.2%,表现出民族地区在国家经济发展中的地位逐渐提高,民族地区的经济发展对国家经济发展的影响越来越大,铸牢中华民族共同体意识越来越具有促进经济发展的作用。从微观层面分析,民族八省区的居民可支配收入在十八大以来具有显著的增长态势,城镇居民与乡村居民的可支配收入实现同步提高。以乡村居民可支配收入为例,内蒙古自治区"十个全覆盖"工程、脱贫攻坚战、乡村振兴战略等不仅促进了各民族地区"三农"的发展,也令"'钱袋子'鼓起来、脸上笑起来、日子美起来"的人民获得感和幸福感更高了,同时,铸牢中华民族共同体意识已潜移默化地根植于民族八省区城乡居民之中。

表1 民族八省区地区生产总值表

	2012年GDP(亿元)	2019年GDP(亿元)	年均GDP增速(%)
全　国	538 580	986 515.2	9.0
民族地区	51 394.8	100 427.2	10.0
内蒙古	10 470.1	17 212.5	7.4
广　西	11 303.6	21 237.1	9.4
贵　州	6 742.2	16 769.3	13.9
云　南	11 097.4	23 223.8	11.1
西　藏	710.2	1 697.8	13.3
青　海	1 528.5	2 941.1	9.8
宁　夏	2 131	3 748.5	8.4
新　疆	7 411.8	13 597.1	9.1

注：数据来源于国家统计局。

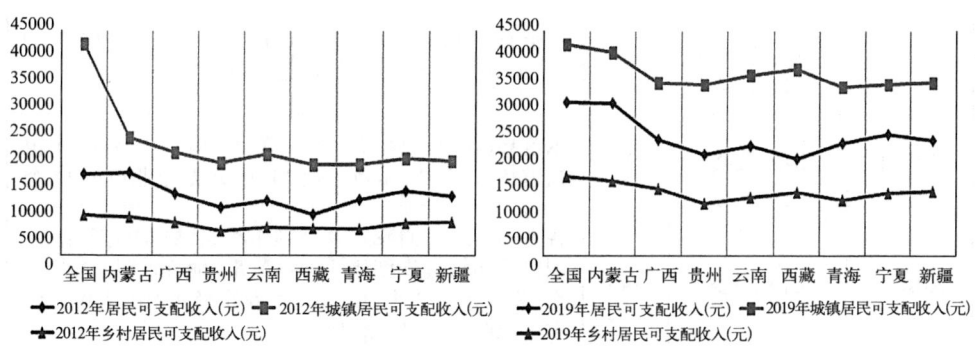

图1 民族八省区居民可支配收入变化图

注：数据来源于国家统计局。

（三）社会因素分析(Social)

具有中国特色的对口支援少数民族地区政策在铸牢中华民族共同体意识中发挥着巨大的作用。针对西藏地区,党中央国务院共召开7次中央西藏工作座谈会,"依法治藏、富民兴藏、长期建藏、凝聚人心、夯实基础"的重要原则深入人心,"民族团结、中华民族共同体意识"的重要思想家喻户晓[21]。针对新疆地区,19个援疆省市从经济、政治、教育、医疗等不同领域给予重大支援[22]。以喀什地区为例,各地展开援建工作,深圳市在经济领域大力开展经济建设工程、山东省在教育领域支援弘扬中华优秀传统文化、广东省和上海市将先进医疗技术支援喀什。对口支援少数民族地区政策在严格遵循"依法治疆、团结稳疆、文化润疆、富民兴疆、长期建疆"方略下不仅促进了边疆少数民族地区的基础设施建设,同样有利于铸牢中华民族共同体意识。

党的十八大以来,以铸牢中华民族共同体意识为导向的民族团结进步创建活动进入全面深化发展期。民族团结作为社会稳定发展和国家长治久安的基本保障,以促进各民族交流交往交融的多样化活动在各个省(自治区、直辖市)内蔚然成风。2012年以来,秉持"共同团结奋斗,共同繁荣发展"主题的民族团结进步创建活动有序开展,为铸牢中华民族共同体意识提供社会媒介和群众基础,为我国各民族向社会主义现代化建设提供向心力和凝聚力[23]。

表2 全国民族团结进步创建活动示范区示范单位情况

获批日期	审批机构	获批数量	统 计 信 息
2012年	中央宣传部 中央统战部 国家民委	35	示范县(旗)10个、示范乡(镇)村7个、示范社区9个、示范学校3个、示范企业单位6个
2014年	国家民委	98	示范县(市、区、旗)24个、示范乡(镇)村24个、示范街道社区22个、示范学校14个、示范企业单位14个
2016年	国家民委	146	各省(自治区、直辖市及新疆生产建设兵团)97个、全国民族团结进步创建活动示范州(地、市、盟)试点37个、公安边防3个、中国人民解放军和中国人民武装警察部队6个、铁路系统3个
2018年	国家民委	204	各省(自治区、直辖市及新疆生产建设兵团)187个、公安边防4个、中国人民解放军和中国人民武装警察部队9个、铁路系统4个
2021年	国家民委	236	各省(自治区、直辖市及新疆生产建设兵团)218个、国家移民管理局5个、中国人民解放军和中国人民武装警察部队9个、国铁集团4个

注:数据来源于中华人民共和国国家民族事务委员会官网。

(四)技术因素分析(Technological)

随着时代的变迁,科学技术深刻改变了我们的生活。互联网技术的运用拓宽了获取信息的渠道;5G、AI、4K等数字技术的发明丰富了感知信息的方式。

数字技术凭借高流动性、低成本性、强渗透性等优势,促进了各民族"线上+线下"双向开展民族工作的方式,"物理+网络"二元承载人民生活的载体转变,实现了各民族更高层次、更高领域的交往、交流、交融[24]。以少数民族文化的交往、交流、交融为例,数字影像、数字场馆、自媒体运营、软件开发等形式多样的现代化传播途径提高了以少数民族民风、民俗为代表的文化软实力的自信心和自豪感,为铸牢中华民族共同体意识提供了"你中有我,我中有你"的物质与精神、现实与虚拟、理论与实践等表达方式。

表3 数字技术背景下少数民族文化传播形式及代表性产物

民族文化传播形式	代表性作品、场所、标签、人物等
民族类数字影像	**纪录片**:《冬虫夏草》《克什克腾苍穹下》《太阳部落》《中国少数民族》等 **电影**:《一代天骄成吉思汗》《红河谷》《白云之下》《冈仁波齐》《喀什古丽》等
民族类数字场馆	**数字博物馆**:中国民族博物馆、广西民族博物馆、中国畲族博物馆、黑龙江省民族博物馆等 **数字体验馆**:甘南民俗体验馆、中国朝鲜族民俗园、纳西文化体验馆等
民族类自媒体运营	**微博超话**:美食、旅游、民族文化传承、服饰、美妆等 **微信公众号**:靓丽内蒙古旅游、中国塔吉克网、中国回族网等
民族类软件开发	**输入法**:奥云蒙古文输入法、Nur输入法、云藏输入法、零彝输入法等 **翻译器**:藏汉翻译通、维汉翻译通、蒙汉翻译通、哈汉翻译通、朝鲜文翻译通、壮文翻译通等

习近平总书记指出:"要牢牢把握舆论主动权和主导权,让互联网成为构筑各民族共有精神家园、铸牢中华民族共同体意识的最大增量"[25]。为了实现"数字技术+铸牢中华民族共同体意识"的目标,党和政府基于新媒体平台构建意识形态领域的网络宣传教育常态化路径,例如借助三微一端(微博、微信、微视频、客户端)等新媒介,以图文、音像等数字形式,向各族群众推送民族团结故事,培

育和弘扬社会主义核心价值观;企事业单位基于人工智能和数字技术建设民族文化领域的数字普及保护科学化机制,例如借助 AI、VR、3D 打印、4K 等新技术,以语言文字、民风民俗等载体,向各族人民推广通用语言文字,尊重和保护少数民族优秀传统民风民俗文化。在多元的信息化时代背景下,网络空间逐渐成为促进民族团结进步、凝心聚力的重要阵地,现代化数字技术也逐渐成为铸牢中华民族共同体意识的重要影响因素。

三、铸牢中华民族共同体意识的 SWOT 分析

(一)优势分析(Strengths)

中华民族共同体意识孕育于中国古代,在中国近代走向自觉,在中国当代走向实现中华民族伟大复兴的新征程。自秦统一以来,中华民族共同体在各民族分裂融合的螺旋上升式发展中萌芽,在思想浸润、经济互补、文化兼容中推动着中华民族的生长和发展。自近代以来,鸦片战争、八国联军侵华战争、抗日战争等导致民族危机的爆发,洋务运动、戊戌变法、辛亥革命、五四运动等救亡图存的振兴中华民族共同体思想在全国掀起浪潮,中华民族共同体意识被唤醒激发。自新中国成立以来,在中国共产党的领导下,民族区域自治制度、西部大开发战略、对口支援政策、"一带一路"倡议、脱贫攻坚战略、乡村振兴战略等无一不将铸牢中华民族共同体意识置于民族工作乃至国家工作的重要地位。同样在"天下大同""大一统""家—国—天下""石榴籽"等的思想浸润和熏陶下,各族人民家国情怀和民族认同显著增强,如此雄厚的社会历史积淀为铸牢中华民族共同体意识奠定了坚实的社会基础。

(二)劣势分析(Weaknesses)

第一,"人民日益增长的美好生活需要和不平衡、不充分的发展之间的矛盾"在民族地区的社会发展过程中尤为显著。以 2021 年 31 个省(市、自治区)地区生产总值为例,云南、广西分别排在全国第 18、19 名,内蒙古、贵州、新疆、甘肃等其他民族省区均排名靠后,与广东、江苏等地的地区生产总值形成了鲜明的对比,区域经济发展的不平衡、不充分不利于铸牢中华民族共同体意识在民族地区的宣传和普及。以 2021 年新疆地区生产总值为例,北疆七地州的平均生产总值(1 595.24 亿元)远高于南疆五地州的平均生产总值(963.40 亿元),民族省区内部的地区发展差异化不利于铸牢中华民族共同体意识在社会层面的传扬和传播。

第二,民族传统文化传承与管理领域存在的短板效应日渐凸显,成为阻碍铸牢中华民族共同体意识的劣势之一。在少数民族历史文化的发展传承中,片面强调少数民族语言文字、风俗习惯、宗教信仰等方面的个性和特殊性,而忽视少数民族优秀传统文化与中华民族优秀传统文化之间的共性和同一性的文化认知,割裂了文化共同体的多元性与一体性的辩证属性,阻碍了民族传统文化之间的交往交流交融。在大众文化、西方文化、互联网文化冲击的新时代背景下,经济水平与文化发展挂钩,少数民族文化自信受到巨大冲击。由于少数民族文化市场影响力有限,抵御市场冲击能力薄弱,加之其曲意逢迎市场"商业化"需求,从而丧失了原有的民族性特质和文化价值,民族文化软实力建设将面临严峻考验[26]。

(三)机会分析(Opportunities)

民族地区的经济发展水平是铸牢中华民族共同体意识的物质保障基础,直接关系着中华民族共同体的向心力和凝聚力的强弱。随着西部大开发战略、对口支援政策、脱贫攻坚战、乡村振兴战略等不断深入,民族地区特别是边疆民族地区的经济发展水平实现了质的飞跃。内蒙古自治区在西部大开发战略等背景下打造了传奇的"北疆靓丽风景线"、新疆维吾尔自治区和西藏自治区在对口支援等政策下建立了独具异域特色的经济增长极、云贵地区在脱贫攻坚战等方面实现了少数民族自治县域的全面脱贫、宁夏与青海在乡村振兴战略等规划下弘扬了少数民族聚居地多元化的民风民俗。新时代背景下经济发展的机遇为铸牢中华民族共同体意识奠定了"共同发展、共享发展"的共同富裕基调。

物质极大丰富的同时,精神文明建设是铸牢中华民族共同体意识最重要的工程。随着数字技术的不断发展,构建和平安宁的网络虚拟世界成为社会各界关注的焦点,尤以少数民族地区的网络空间管理和引导为主。党和政府利用先进的5G、AI、3D打印等数字技术,在管理和引导宗教与民族等因素相互交织的少数民族地区建设网络虚拟世界过程中发挥着积极作用。以西藏为例,在融媒体平台建设为主的精神文明建设过程中,党和政府不仅通过5G、AI、VR等最新数字技术宣传了西藏自然风光、创新了西藏民族文化、传播了西藏风土人情,同样发挥了在推进意识形态反分裂斗争、密切联系少数民族群众、弘扬民族文化凝心聚力三方面舆论管理和引导的重要作用[27]。在党和政府的政策和引导下,全国各地少数民族地区形成了"上下互通、左右联动、内外协同"的新型媒体传播体系,正如习近平总书记所说"把网络建成各民族的交往交流交融之网","让互联网成为构筑各民族共有精神家园、铸牢中华民族共同体意识的最大增量"。

(四) 威胁分析(Threats)

在中国共产党的领导下,民族政策、民族发展、民族关系均处在历史上最好的时期,中华民族共同体意识更加牢固,各民族正朝着实现中华民族伟大复兴的中国梦坚定前进。但随着中华民族日益走近世界舞台,西方反华势力为了维护自身霸权地位和资本主义利益,插手我国内部事务,打着"人权""自由"的幌子,妄图通过干涉内政的手段实现打压中国发展并瓦解中华民族的目的。2008年我国西藏拉萨暴力事件后法国领导人会见达赖事件、2019年美方将所谓"香港人权与民族法案"签署成法事件、美国签署所谓"2020年维吾尔人权政策法案"事件、2022年美国国会众议长佩洛西窜访中国台湾地区事件等,都在不同层面、不同程度、不同领域内阻碍中华民族在世界民族之林中的崛起,试图打压中华民族共同体。

西方反华势力的猖獗同样助长了国内分裂势力的蔓延。2008年拉萨的"3·14"暴力事件、2009年的乌鲁木齐"7·5"事件、2014年的昆明火车站"3·01"暴力恐怖案、2019年的香港游行示威和暴力事件等,无一不是西方反华势力利用"人权"和"自由"的言论蛊惑民心及民族分裂势力与境外反华势力相互勾结的结果。生命财产的损失、国家法律的触碰、民族感情的践踏都是对铸牢中华民族共同体意识的重要冲击,也是对实现中华民族伟大复兴中国梦的重要冲击。

四、铸牢中华民族共同体意识的 PEST–SWOT 模型

(一) 一般 PEST–SWOT 模型

PEST 分析旨在通过对铸牢中华民族共同体意识路径所处宏观环境内的政治、经济、社会、技术四个方面综合评价,进而研究宏观环境对铸牢中华民族共同体意识发展路径产生的影响;SWOT 分析旨在明确与辨析铸牢中华民族共同体意识过程中的优势、劣势、机会与威胁,从内部环境剖析铸牢中华民族共同体意识的能力状况与发展态势,以此设计或调整铸牢中华民族共同体意识的发展路径。

将 PEST 分析模型与 SWOT 分析模型实现有机嵌入融合,即可形成如下表所示的一般 PEST–SWOT 模型。运用嵌入式的混合分析模型能够把握铸牢中华民族共同体意识在政治、经济、社会、技术四个维度下具备的发展优势与劣势、面临的发展机会与威胁,并且通过外部宏观环境与内部微观因素相结合的方式

进行更全面、更深入的研究,为铸牢中华民族共同体意识的发展路径提供必要的决策参考依据。

表4 一般 PEST-SWOT 模型

		PEST 分析			
		政治(P)	经济(E)	社会(S)	技术(T)
SWOT 分析	优势(S)	SP	SE	SS	ST
	劣势(W)	WP	WE	WS	WT
	机会(O)	OP	OE	OS	OT
	威胁(T)	TP	TE	TS	TT

(二) PEST-SWOT 模型下铸牢中华民族共同体意识分析

根据表4所示的一般 PEST-SWOT 模型及前文对铸牢中华民族共同体意识的 PEST 和 SWOT 分析,构建了如表5所示的铸牢中华民族共同体意识的 PEST-SWOT 模型。

嵌入混合式的铸牢中华民族共同体意识 PEST-SWOT 模型清晰地显示,既存在对中华民族共同体建设具有积极作用的因素,亦具有对铸牢中华民族共同体意识发展起制约、限制作用的因素。具体而言:(1) 政治领域,党和政府出台的政策沉重打击了国外反华势力和国内分裂势力意图瓦解中华民族的野心和离间党和人民血肉关系的阴谋,但具象化的政策难以实现意识形态领域的约束。(2) 经济领域,脱贫攻坚战、乡村振兴战略等区域经济发展新思路为铸牢中华民族共同体意识奠定了经济基础,但经济转型升级过程成为造成经济社会短期不稳定的因素之一。(3) 社会领域,民族地区在社会各领域的合作交流增强了中华民族的归属感和自豪感,但国外反华势力和国内分裂势力通过非法手段抨击中华民族传统文化,扭曲交流合作事实真相,瓦解中华民族共同体意识。(4) 技术领域,5G、AI、3D 打印等新型数字技术为民族文化和区域文化的传承和弘扬提供了新渠道和新路径;另一方面,数字技术与铸牢中华民族共同体意识之间的契合点仍在初探阶段,缺乏创新意识,不法分子也可通过虚拟空间传播不利于实现中华民族伟大复兴中国梦的言论等。

表5 铸牢中华民族共同体意识的 PEST-SWOT 模型

		PEST 分析			
		政治(P)	经济(E)	社会(S)	技术(T)
SWOT 分析	优势(S)	SP "民族区域自治制度"以及"一国两制"独具中国特色,少数民族党员干部的比例逐渐上升,管理民族地区事务能力逐渐提升	SE 西部大开发战略、乡村振兴战略等在全国各地尤其是少数民族地区取得显著成效,区域经济实现了极大发展	SS 人口流动、文化交流、资源共享等"对口支援"和"定向帮扶"的方式促进了各民族在社会各领域的兼容并蓄,提高民族归属感和自信心	ST 新型数字技术创新并拓宽了民族传统文化传承和弘扬的渠道和方式,现代信息化技术深化了中华民族共同体意识的社会影响力
	劣势(W)	WP "铸牢中华民族共同体意识"在意识形态领域难以用具象化的政治手段进行约束,宏观性政策因素难以兼顾民族特殊性和地区差异性	WE 脱贫攻坚战和乡村振兴战略等处于探索和发展阶段,缺乏相对成熟的理论指导,区域经济发展仍有较大悬殊,区域经济联动互通作用有待提高	WS 现代社会文化的多样性在一定程度上冲击了民族文化的传承和发展,削弱了各地区人民对于当地独特民风民俗的自信心,过度"商业化"的文化形式冲淡了中华民族共同体意识	WT 我国现代化数字技术处于完善和发展阶段,信息技术与铸牢中华民族共同体意识的契合点探索仍处于初级阶段,缺乏中华民族共同体意识与现代科技交融发展的创新意识
	机会(O)	OP "两个一百年"奋斗目标交汇时期,党和政府高度重视民族地区经济、政治、社会等方面的高质量发展,中华民族共同体意识显著提高	OE "国内大循环为主体,国内国际双循环相互促进"的发展格局将促进我国对外开放的发展水平,建立"全国统一大市场"将实现全国各地之间经济领域的互联互通	OS 民族地区的虹吸效应逐渐加强,人口和文化等领域的外溢促进不同民族和不同地区之间的社会接洽,认知鸿沟和意识偏见逐渐消散,中华民族优秀传统文化迸发新的生机与活力	OT 我国目前拥有领先世界的数字技术,通过"数字技术+民族特色"的创新发展模式,弘扬中华民族优秀传统文化,培养民族自信心,铸牢中华民族共同体意识

续表

		PEST 分析			
		政治(P)	经济(E)	社会(S)	技术(T)
SWOT 分析	威胁(T)	TP 国际形势波谲云诡,中华民族共同体在国际社会中面临更严峻挑战,西方反华势力不断挑衅中国主权和民族团结,离间中国共产党与广大人民群众之间建立的血肉联系	TE 如何在民族地区探索独具特色的经济发展规律仍有很大挑战,地区经济发展在转型升级过程中造成的不稳定因素可能阻碍社会稳定、和谐,阻碍铸牢中华民族共同体意识进程	TS 国外反华势力以及国内分裂势力猖獗,借用"自由""人权"等幌子挑起不利于中华民族共同体建设的活动和争端,更有甚者从意识形态领域入手削弱中华民族传统文化的影响力,瓦解中华民族雄厚的"文化软实力"	TT 新型数字技术为国内分裂势力和国外反华势力相互勾结提供了新途径,多元化的虚拟世界易滋生不利于铸牢中华民族共同体意识的舆论和影响

五、铸牢中华民族共同体意识的路径

铸牢中华民族共同体意识不仅仅局限于意识形态领域,而且还要更加注重政治引导、经济互通、社会发展乃至技术支持等领域。以新时代中国特色社会主义发展为背景,基于铸牢中华民族共同体意识的 PEST-SWOT 模型结果,对铸牢中华民族共同体意识的发展路径提出以下建议。

(一) 坚持党的领导,完善民族干部队伍与"民族区域自治"制度

"加强和完善党的全面领导,是做好新时代党的民族工作的根本政治保证"[28],只有中国共产党才能实现中华民族的大团结。第一,在中国特色社会主义背景下,铸牢中华民族共同体意识于民族工作之中,就要坚持中国共产党对民族工作的全面领导,要把党的政治建设放在重要位置,要充分发挥党中央"谋决策、定道路、顾大局"的政治引领作用。第二,民族地区干部队伍发挥着党中央和民族群众骨肉联系的桥梁作用和润滑剂作用,在干部队伍选拔和培养机制中强调"三个离不开""三个尊重"以及"五个认同",实现少数民族地区干部队伍内

部的优化调整和提质增效,通过思想政治教育实现铸牢中华民族共同体意识。第三,"民族区域自治制度"要与新时代中国特色社会主义相协调相适应,党和国家各级机关要善于总结和发扬民族区域自治的实践经验,维护民族地区社会和谐稳定,保障少数民族群众的根本利益,强调不同民族特色,不断推进国家一体化和民族多样化的协调共进,在"求同存异"中铸牢中华民族共同体意识。

(二)发展区域经济,奠定民族地区区域经济联动发展

加快民族地区经济发展,主要从投资、消费、出口这"三驾马车"入手。首先,基础设施投入、劳动投入、资金投入作为民族地区经济发展的引擎,要大力提高三者的投入产出比,利用好当前党和政府为民族地区提供的政策红利和经济红利,完善基础设施建设,挖掘更多劳动人口红利,扩大招商引资规模,实现投资领域的突破。其次,居民消费水平一定程度上反映着居民的生活质量和生活水平,民族地区由于特殊的社会市场环境,区域间的居民消费水平乃至区域内的城乡居民收入水平存在显著差距,党和政府乃至社会各界要持续推进并优化精准扶贫和乡村振兴,挖掘更多的民族特色经济增长点,实现消费领域的创新。最后,多数民族地区与其他国家和地区接壤,在民风民俗和宗教等方面与其他国家和地区的联系较为密切,这为民族地区的出口经济奠定了基础,民族地区应开发民族特色产业,打造民族特色品牌,以"互联网"平台、"一带一路"平台实现区域联动发展,实现出口领域的合作。民族地区"三驾马车"的发展不仅夯实了地区经济基础,也为铸牢中华民族共同体意识在民族地区的发展提供了经济领域的支持。

(三)引导社会发展,坚定中华民族共同体意识的舆论导向

注重社会发展过程中民族地区在意识形态领域的引导与建设。第一,由于民族地区特殊的社会环境,民风民俗、宗教等问题复杂,党和政府在少数民族传统文化传承和宗教领域的引导过程中要坚定理想信念,提高甄别能力,调度一切可利用的资源,防止国外反华势力和国内分裂势力的思想渗透和舆论倾倒。第二,由于民族地区特殊的教育体系,语言文字、思维观念等领域宽泛,在推广国家通用语言文字过程中要兼容并蓄、求同存异、继承民族特色,将"铸牢中华民族共同体意识"作为思政教育的主线,突出"系列民族团结进步活动"在社会各界中的作用,从意识形态领域实现铸牢中华民族共同体意识的正确导向。第三,利用独具民族特色的社会资源促进民族融合和民族交流,通过"人口流动""资源共享"等不同方式实现民族社会之间的接洽,消除不同民族之间的认知鸿沟和

意识偏见。民族地区积极的社会发展引导不仅坚定了社会意识形态的风向标,也为铸牢中华民族共同体意识指明了舆论发展方向。

（四）促进创新驱动,建立宽领域多层次全方位的传播体系

创新是一个民族进步的灵魂,是一个国家兴旺发达的不竭动力。首先,5G、AI、区块链、大数据等新型数字技术的开发和利用能够加速民族地区各领域的现代化和信息化,"互联网+文化""数字技术+民风民俗""云端旅游"等促进了边疆民族地区与其他地区的交流互动,拓宽了数字技术的应用渠道。其次,社会各界要探索更多数字技术与铸牢中华民族共同体意识发展的契合点,在民族地区挖掘和开发更多数字技术领域的突破口,建立宽领域多层次全方位的传播途径。最后,在创新驱动下建立的新型中华民族共同体生态圈中,党和政府要建立健全规章制度,完善约束民族生态圈各主体的行为准则,"外防反华势力输入,内防分裂势力反弹",铸牢中华民族共同体意识。

参考文献：

[1] 孔亭.铸牢中华民族共同体意识面临的挑战与应对[J].江苏大学学报(社会科学版),2022,24(2):33-43.

[2] 王文光,徐媛媛.中华民族共同体意识形成与发展的历史过程研究论纲[J].思想战线,2018,44(2):70-74.

[3] 青觉,赵超.中华民族共同体意识的形成机理、功能与嬗变——一个系统论的分析框架[J].民族教育研究,2018,29(4):5-13.

[4] 林林,赖海榕.习近平关于中华民族共同体意识的重要论述探析——对全球化视域下中华民族共同体意识的塑造[J].经济社会体制比较,2019(5):10-16.

[5] 张淑娟.论中华民族共同体意识的三重意涵[J].学术界,2020(1):78-86.

[6] 王小兵,吴琼.铸牢中华民族共同体意识的三重逻辑[J].黑龙江民族丛刊,2020(3):1-6.

[7] 李曼莉,蔡旺.论铸牢中华民族共同体意识的三个基本问题[J].广西民族研究,2020(3):12-19.

[8] 郝亚明.中华民族共同体建设的三个维度[J].西北民族研究,2021(1):12-21.

[9] 高永久,邢艺谱.国家治理现代化与铸牢中华民族共同体意识的关系——基于国家认同的研究视角[J].中南民族大学学报(人文社会科学版),2022,42(2):19-27+181-182.

[10] 李丽媛,胡玉杰.铸牢中华民族共同体意识视阈下民族地区经济高质量发展研究[J].贵

州民族研究,2021,42(2):127-134.

[11] 崔景芳,任维德.从共富到共识:铸牢中华民族共同体意识的路径[J].北方民族大学学报,2022(3):51-58.

[12] 孟瑜.铸牢大学生中华民族共同体意识研究[J].黑龙江民族丛刊,2018(3):44-49.

[13] 焦敏.高校铸牢中华民族共同体意识的价值意蕴与路径选择[J].学校党建与思想教育,2021(23):91-92.

[14] 蔡倩.以大思政课铸牢大学生中华民族共同体意识[J].首都师范大学学报(社会科学版),2022(S1):45-49.

[15] 李化来."自媒体"兴起与少数民族文化传播策略创新[J].贵州民族研究,2016,37(8):175-178.

[16] 张龙,曹眸阳.以数字赋能和舆论引导铸牢中华民族共同体意识——融媒体平台建设对西藏地区发展的影响研究[J].西南民族大学学报(人文社会科学版),2022,43(4):130-139.

[17] 王林平,高宇.移动互联时代铸牢中华民族共同体意识的传播挑战及其应对之策[J].内蒙古社会科学,2022,43(4):169-176.

[18] 何星亮."铸牢中华民族共同体意识"理念的形成与创新[J].中央民族大学学报(哲学社会科学版),2021,48(4):5-12.

[19] 完整准确贯彻新时代党的治疆方略[N].人民日报,2020-09-28(001).

[20] 张秀萍,刘常兰.民族地区经济增长引擎及演化研究[J].中央民族大学学报(哲学社会科学版),2022,49(2):110-123.

[21] 杨超杰,郭丹凤.乡村全面振兴背景下西藏铸牢中华民族共同体意识的有效路径探究[J].西藏研究,2022(1):17-24.

[22] 青觉,方泽.团结稳疆:新时代新疆推进中华民族共同体建设的社会稳定机制研究[J].中国边疆史地研究,2022,32(1):1-13+213.

[23] 隋青,李钟协,孙沐沂等.我国民族团结进步创建的实践[J].民族研究,2018(6):15-27+123.

[24] 张馨尹,谢唯唯."互联网+"民族文化传承新样态及教育路径优化[J].民族教育研究,2022,33(1):131-137.

[25] 在全国民族团结进步表彰大会上的讲话[N].人民日报,2019-09-28(002).

[26] 娜仁琪琪格.新时代少数民族文化的传承与创新发展[J].人民论坛,2022(4):123-125.

[27] 杨逐原.大数据时代少数民族文化传播研究[J].新闻爱好者,2017(6):80-83.

[28] 加强和完善党对民族工作的全面领导[N].人民日报,2021-09-01(002).

 点评

  本文细致分析了新时代背景下中华民族共同体意识的发展路径,并构建了有针对性的 PEST－SWOT 模型,提出了相应的发展路径机制。论文选题在可行性上有重要依据,在学术上有创新性,论点鲜明,分析有理,措施具体,结果可信,因此,不仅有利于进一步扩展中华民族共同体意识的路径研究,也有利于进一步深化地区微观环境的路径研究。

基于组合赋权的农业环境—经济耦合协调发展研究①

王营营*

摘要:"三农"不仅促进乡村振兴战略成为实现"两个一百年"奋斗目标的重要发展策略,同时为中国特色社会主义现代化建设提供创新价值与发展活力。基于组合赋权模型与耦合协调模型,对南疆四地州农业环境—经济关系进行研究,探讨近10年典型的地理单元农业发展状况。结果显示,农民生活保障、农业资源利用分别对农业经济与环境发展具有显著作用,南疆地区近10年的农业环境—经济呈高耦合发展水平,耦合协调度逐步优化,但仍存在显著的滞后效应。为了实现南疆地区的乡村振兴与农业环境—经济的协同发展,要大力建设生态产业园区、积极保障农村环境承载能力、鼓励特色农业的发展等。

关键词:农业;环境—经济;组合赋权法;耦合协调模型;南疆地区

引言

推动生态文明建设、实现绿色可持续发展战略目标、构建人与自然生命共同体,是经济发展新常态下我国乃至全世界面临的重要课题。从基于生产生活价值视角的环境约束思考,到社会生命价值视角的环境经济协调共生观念演化,为中国正确处理环境保护与经济发展的互动关系,建立人与自然和谐共生的命运共同体,制定有助于"创新、协调、绿色、开放、共享"发展理念落实的环境策略提

---

① 论文《基于组合赋权的农业环境—经济耦合协调发展研究》,载《山东农业大学学报(社会科学版)》2023年第4期,本书收录时略有修改。
* 王营营,女,喀什大学数学与统计学院,应用统计专业2020级硕士研究生。

供了深刻的理论和实践借鉴。为实现具有中国特色的生态现代化目标,使生态文明建设蔚然成风,南疆四地州在推进"乡村振兴"战略的同时,环境保护与经济增长的协调发展备受关注。如何在乡村振兴的背景下综合评价农业环境—经济协调高质量可持续发展,值得深入思考和长期研究。

一、文献综述

环境与经济的发展关系研究始于17世纪的古典经济学派,经300多年的积淀形成了成熟的环境经济理论。1987年,世界环境与发展委员会发表关于人类未来的报告《我们共同的未来》,报告中首次提出了"可持续发展"的概念,强调环境与人类之间密切的相关性,实现了人类社会与生态环境发展思想的飞跃[1]。1991年,英国环境经济学家大卫·皮尔斯和图奈在《自然资源和环境经济学》中第一次使用了"循环经济"一词,并且正式提出了自然资本的概念,认为开发利用自然资本的基本策略是遵循生态规律[2]。21世纪以来,环境经济理论的关注视角集中于人类发展、经济增长与环境改善三者之间的协调,将经济发展模式与解决环境问题和发展战略相结合,将保护环境提升到人类文明层次的绿色经济。

环境经济价值理论在中国的发展起步较晚,但发展迅猛,并且越来越具有中国化特色。梳理新中国至今70多年来环境经济发展的演变脉络,观念视角实现了从"片面追求工业发展的高速度"[3]向"绿水青山就是金山银山"[4]转变;机构层面实现了从"强调经济实体,忽略环境质量"[5]向"环境经济相协调"[6]转变;制度层面实现了从"经济发展缺乏环境约束"向"经济发展承担环保义务"[7]转变;实践层面实现了从"经济增长以破坏生态环境为代价"向"共建人与自然命运共同体"[8]转变。70多年的发展表明,环境经济理论与政策实现了中国化,具有了鲜明的中国特色。

2000年,为缩小地区发展差距,改善西部生态环境,党中央实行了"西部开发"战略。钱兴福等(2001)就西部地区环境政策框架和环境管理能力建设两个方面进行了初步研究,提出了环境监管、环境经济与投资、环保技术、生态保护与恢复、能源与资源环境等方面的建议[9]。包庆德(2002)基于生态哲学理论视角,结合经济活动、经济结构、技术水平、政府管控和环保支出,论述了西部资源环境与经济生态三题[10]。马志荣(2005)立足西部民族地区,探讨了如何以科学发展观为指导,促进民族地区经济的繁荣,实现民族地区资源、环境与经济社会的协调发展[11]。新疆作为西部开发的重点地区,生态环境与经济发展备受关注,众多学者也对新疆的环境经济做了研究分析(胡国良等[12],2009;宋高燕等[13],2012;王彦发等[14],2018)。

在现有研究理论的基础上,针对南疆四地州农业环境发展与农业经济发展之间的关系,利用组合赋权模型与耦合协调模型,对农业环境与农业经济进行综合评价,了解南疆地区显著的农业发展特征,在弥补短板的基础上促进高质量可持续的耦合协调关系,为南疆地区农业现代化、乡村振兴、农民生活富裕提供政策建议。

二、数据来源与方法介绍

（一）数据来源与指标解释

为深入了解乡村振兴战略下南疆地区农业环境与经济的耦合协调发展关系的动态演变,以包括阿克苏地区、克孜勒苏柯尔克孜自治州（克州）、喀什地区、和田地区的南疆四地州为研究对象,借鉴尹晓波[15]、刘贵清[16]等人指标构建的经验,在农业经济发展体系设置经济实力、人口就业、社会保障3个一级指标和9个二级指标;在农业环境发展体系设置资源利用、环境污染、生态治理3个一级指标和13个二级指标,详见表1。通过查阅历年《新疆统计年鉴》、南疆四地州各地国民经济与社会发展统计公报的数据信息,形成2010—2020年的阶段性指标数据集,根据数据集进行实证分析。

表1 农业经济与农业环境指标体系

一级指标		二级指标	指标属性
农业经济发展体系	经济实力	GDP（万元）、农村居民可支配收入（元）、农林牧渔总产值（万元）、农林牧渔从业人员平均工资（元）	正向
	人口就业	农村人口（人）、乡村就业人员（人）、从事农业人员（人）	正向
	社会保障	未参加养老保险人员（万人）、未参加医疗保险人员（万人）	负向

续表

一级指标		二级指标	指标属性
农业环境发展体系	资源利用	水资源总量(亿立方米)、人工生态用水总量(亿立方米)	正向
		人均用水量(立方米/人)、农用水总量(亿立方米)、农用柴油使用量(吨)	负向
	环境污染	空气质量好于二级的天数占比(%)	正向
		可吸入颗粒物(微克/立方米)、SO_2(微克/立方米)、NO_2(微克/立方米)	负向
	生态治理	造林面积(公顷)、节水灌溉面积(千公顷)、水土流失治理面积(千公顷)	正向

(二)方法介绍

从研究背景和研究目的出发,根据指标属性对原始数据进行归一化处理并计算主成分法与变异系数法下的组合权重,在组合赋权基础上建立耦合协调度模型,从耦合性和协调性两方面测度南疆地区在近10年间农业发展过程中的环境与经济的关系。

1. 数据归一化

通过表1可知,指标属性对农业经济发展与农业环境发展具有不同指向的影响,同时,数据集之间也存在不同量纲的影响。为兼顾指标指向性影响与量纲影响,将原始数据采用归一化方法进行处理。

$$正向指标归一化:X_{ij}^* = \frac{X_{ij} - \min(X_{ij})}{\max(X_{ij}) - \min(X_{ij})} \tag{1}$$

$$负向指标归一化:X_{ij}^* = \frac{\max(X_{ij}) - X_{ij}}{\max(X_{ij}) - \min(X_{ij})} \tag{2}$$

其中,X_{ij} 与 X_{ij}^* 表示第 i 年 j 个指标的原始数据与标准化数据,$X_{ij}^* \in [0,1]$,$\max(X_{ij})$ 与 $\min(X_{ij})$ 表示第 i 年第 j 个指标数据的最大值与最小值。

2. 组合赋权模型

2.1 Critic 法。Critic(Criteria importance through inter criteria correlation)是基于评价指标的对比强度和指标之间的冲突性来综合衡量指标的客观权重[17]。

对于 Critic 法而言,在标准差一定时,指标间的冲突性越小,表明指标在评价方案的优劣上反映的信息有较大的相似性,权重也越小;反之,权重越大。Critic 法计算步骤如下:

假定第 i 年内,有 m 个指标,每个指标有 n 个样本,由此构建数据集。

① 无量纲化处理。

利用公式(1)和公式(2)对数据进行无量纲化处理。

② 计算指标变异性。指标的变异性以标准差的形式体现。

$$\begin{cases} \overline{X}_m = \dfrac{1}{n} \sum_{p=1}^{n} X_{pm}^* \\ S_m = \sqrt{\dfrac{\sum_{p=1}^{n} (X_{pm}^* - \overline{X}_m)^2}{n-1}} \end{cases} \tag{3}$$

其中,$\overline{X}_m$ 表示第 m 个指标的均值,S_m 表示第 m 个指标的标准差。S_m 越大表示该指标的数值差异越大,越能反映出更多的信息,该指标的评价强度越强,应该给该指标分配更多的权重。

③ 计算指标冲突性。指标的冲突性以相关系数的形式体现。

$$R_m = \sum_{c,d=1}^{n} (1 - r_{cd}) \tag{4}$$

其中,r_{cd} 表示指标 c 与指标 d 之间的相关系数。R_m 越大表示该指标与其他指标的相关性越强,冲突性越小,反映出相同的信息越多,一定程度上削弱了该指标的评价强度,应该给该指标分配更少的权重。

④ 计算信息量。

$$C_m = S_m \times R_m \tag{5}$$

其中,C_m 越大表示第 m 个指标在整个指标体系中的作用越大,应该给该指标分配更多的权重。

⑤ 计算各指标变量的权重。

$$W_{am} = \dfrac{C_m}{\sum_{p=1}^{m} C_p} \tag{6}$$

2.2 变异系数法。变异系数法是通过计算各指标实测数据的差异程度来确定指标权重的大小,指标内部数据差异性越大,则该指标对评价对象的区分程度越大,其权重分配值也越大。变异系数法确定权重的步骤如下:

假定第 i 年内,有 m 个指标,每个指标有 n 个变量,由此构建数据集。

① 计算各指标变量的变异系数。

$$V_m = \frac{S_m}{\bar{X}_m} \tag{7}$$

其中,V_m 为第 m 个指标的变异系数,$\bar{X}_m$ 与 S_m 分别为第 m 个指标的算数平均值和标准差。

② 计算各指标变量的权重。

$$W_{bm} = \frac{V_m}{\sum_{p=1}^{m} V_p} \tag{8}$$

2.3 权重组合模型。综合集成赋权法是依据不同的偏好系数将多种单一赋权方法将其通过数学运算有机结合来确定指标权重的组合方法,实现了单一赋权方法之间的优势互补。在借鉴鲍学英[18]、Ni Zhongxin[19]等人的组合赋权方法下,依据最小信息熵原理,建立如下模型:

$$\begin{cases} \min F = \sum_{p=1}^{m} W_p (\ln(W_p) - \ln(W_{ap})) + \sum_{p=1}^{m} W_p (\ln(W_p) - \ln(W_{ap})) \\ s.t. \sum_{p=1}^{m} W_p = 1 (W_p > 0) \end{cases} \tag{9}$$

其中,W_m 为组合权重且 $W_m \in (0, 1]$,W_{am} 与 W_{bm} 分别为主成分分析权重值和变异系数权重值。

利用拉格朗日乘法可知,采用几何平均数需要的信息量最少,由此得到具体的组合权重值表达式:

$$W_m = \frac{(W_{am} \times W_{bm})^{0.5}}{\sum (W_{am} \times W_{bm})^{0.5}} \tag{10}$$

3. 耦合协调度模型

耦合协调度模型一般用来研究一个系统内部两个或多个要素之间的关联性以及关联程度[20]。根据文本的研究目的,利用耦合协调度来探讨 2010 年以来南疆四地州农业经济发展与农业环境发展之间的动态关系,并进一步实现农业经济与农业环境的协调发展。

3.1 耦合度模型。耦合度模型计算公式如下：

$$C_t = 2\sqrt{\frac{G_{1t} \times G_{2t}}{(G_{1t}+G_{2t})^2}} \qquad (11)$$

其中，C_t 为第 t 年农业经济发展与农业环境发展之间的耦合度且 $C_t \in [0,1]$，$G_{1t} = \sum W_{1m}X_{1n}^*$ 表示第 t 年农业经济发展体系下的综合评价指标，$G_{2t} = \sum W_{2m}X_{2n}^*$ 表示第 t 年农业环境发展体系下的综合评价指标。

3.2 耦合协调度模型。耦合度的高低仅能反映两指标变量之间关联的程度，当农业经济发展和农业环境发展都处于低水平时，也能有较高的耦合度。为了进一步反映两者相互作用中良性耦合程度的大小，拓展出耦合协调度模型，计算公式如下：

$$\begin{cases} D_t = \sqrt{C_t \times T_t} \\ T_t = \beta_1 G_{1t} + \beta_2 G_{2t} \end{cases} \qquad (12)$$

其中，D_t 为第 t 年农业经济发展与农业环境发展之间的耦合协调度且 $D_t \in [0,1]$，C_t 为第 t 年农业经济发展与农业环境发展之间的耦合度，T_t 为第 t 年农业经济发展与农业环境发展之间的综合评价指数。鉴于南疆四地州农业经济发展与农业环境发展的同等重要性，待定系数 β_1 与 β_2 的取值均为 0.5，即 $\beta_1 = \beta_2 = 0.5$。

三、实证分析

（一）描述性统计分析

表 2 是各指标数据的描述性统计结果。通过初始化数据的最小值、最大值数据汇总可以发现，南疆四地州在近 10 年间的农业经济发展和农业环境发展在宏观视角上具有翻天覆地的变化，但由于量纲和数级影响，数据波动较强，异常值偏差较大。通过公式（1）与公式（2）计算，标准化数据的最小值和最大值分别为 0 和 1，由标准化数据的均值和标准差可知，针对南疆地区农业经济与农业环境微观视角的研究须在标准化数据基础上进行。

表 2　指标数据描述性统计

指　　　标	初始化数据		标准化数据	
	最小值	最大值	均　值	标准差
GDP(万元)	388 757.000 0	13 150 464.000 0	0.379 7	0.321 4
农村居民可支配收入(元)	2 633.070 0	14 588.000 0	0.425 1	0.256 5
农林牧渔总产值(万元)	159 098.000 0	5 754 242.000 0	0.383 8	0.323 5
农林牧渔从业人员平均工资(元)	17 228.000 0	91 935.000 0	0.415 9	0.278 5
农村人口(人)	405 082.000 0	3 507 697.000 0	0.448 3	0.328 5
乡村就业人数(人)	152 622.000 0	1 707 215.000 0	0.434 3	0.314 0
从事农业人员(人)	93 824.000 0	1 305 203.000 0	0.387 5	0.295 9
未参加养老保险人员(万人)	1.210 0	223.200 0	0.691 0	0.331 7
未参加医疗保险人员(万人)	4.590 0	409.600 0	0.702 3	0.335 0
水资源总量(亿立方米)	52.410 0	135.900 0	0.301 2	0.278 8
人工生态用水总量(亿立方米)	0.030 0	3.650 0	0.219 2	0.246 9
人均用水量(立方米/人)	7.960 0	122.550 0	0.624 8	0.275 8
农用水量(亿立方米)	1 211.000 0	4 825.000 0	0.480 6	0.385 9
农用柴油使用量(吨)	4 335.000 0	110 496.000 0	0.577 6	0.369 0
空气质量好于二级天数占比(%)	19.000 0	72.400 0	0.572 0	0.315 4
可吸入颗粒物(微克/立方米)	0.161 0	366.000 0	0.545 8	0.362 9
二氧化硫 SO_2(微克/立方米)	0.012 0	72.000 0	0.131 3	0.205 0
二氧化氮 NO_2(微克/立方米)	0.014 0	36.000 0	0.472 2	0.378 0
造林面积(公顷)	1 193.000 0	56 446.000 0	0.372 8	0.283 6
节水灌溉面积(千公顷)	4.200 0	435.880 0	0.391 7	0.292 2

数据来源：SPSS 23.0。

（二）权重计算与分析

基于特定研究年限的数据集，利用公式（3）—（8），分别计算出 Critic 权重值与变异系数权重值，在两者的基础上，再利用公式（10）计算出组合权重值。具体结果如下表。

表 3　组合赋权模型下的指标权重

一级指标	二级指标	Critic 法权重	变异系数权重	组合权重
农业经济发展体系	GDP（万元）	0.043 9	0.053 2	0.049 8
经济实力（0.045 13）	农村居民可支配收入（元）	0.036 5	0.037 9	0.038 3
	农林牧渔总产值（万元）	0.042 7	0.053 0	0.049 0
	农林牧渔从业人员平均工资（元）	0.042 2	0.042 1	0.043 4
人口就业（0.043 8）	农村人口（人）	0.042 6	0.046 1	0.045 6
	乡村就业人数（人）	0.040 3	0.045 5	0.044 1
	从事农业人员（人）	0.039	0.048 0	0.044 6
社会保障（0.046 0）	未参加养老保险人员（万人）	0.066 6	0.030 2	0.046 2
	未参加医疗保险人员（万人）	0.065 7	0.030 0	0.045 7
农业环境发展体系	水资源总量（亿立方米）	0.042 9	0.058 2	0.051 5
资源利用（0.051 5）	人工生态用水总量（亿立方米）	0.035 0	0.070 9	0.051 3
	人均用水量（立方米/人）	0.047 3	0.027 8	0.037 3
	农用水量（亿立方米）	0.073 3	0.050 5	0.062 6
	农用柴油使用量（吨）	0.070 7	0.040 2	0.054 9
环境污染（0.051 0）	空气质量好于二级天数占比（%）	0.044 7	0.034 7	0.040 5
	可吸入颗粒物（微克/立方米）	0.069 8	0.041 8	0.055 6
	二氧化硫 SO_2（微克/立方米）	0.030 0	0.098 2	0.055 9
	二氧化氮 NO_2（微克/立方米）	0.050 9	0.050 3	0.052 1

续表

一级指标	二级指标	Critic 法权重	变异系数权重	组合权重
生态治理 (0.043 9)	造林面积(公顷)	0.038 5	0.047 8	0.044 2
	节水灌溉面积(千公顷)	0.041 7	0.046 9	0.045 5
	水土流失治理面积(千公顷)	0.035 6	0.046 6	0.041 9

在农业经济发展体系下,社会保障因素在 Critic 赋权法下最为重要,社会保障水平的提高决定着农民生活质量的提高;经济实力因素在变异系数赋权法下最为重要,经济实力的发展决定着农业农村现状的发展;组合赋权模型下的权重兼顾了"农业、农村、农民"三个主体在经济发展体系下"相互成就,缺一不可"的特点。

在农业环境发展体系下,资源利用因素在 Critic 赋权法下最为重要,相关资源的开发利用体现着农业资源优化配置水平;环境污染因素在变异系数赋权法下最为重要,环境污染体现着农业生产效率以及绿色农业发展水平;组合赋权模型下的权重强调了"资源利用—环境污染—生态治理"的"三位一体"生态文明理念。

(三)耦合协调度模型分析

在进行耦合协调度模型分析之前,借鉴宋永永[21]、蒋溢等人[22]将国际上通行的环境经济协调发展状态等级标准内化为本土环境经济协调发展状态等级标准的经验,针对南疆四地州的农业发展现实情况,制定了表 4 所示的农业环境与农业经济耦合协调发展分类体系。

表 4 农业环境与农业经济耦合协调发展分类体系与判别标准

协调阶段	耦合协调度	耦合协调类型	G_1 与 G_2 的关系及类型
失调阶段	0.000 0—0.099 9	极度失调衰退类	$G_1 > G_2$:农业环境发展滞后型 $G_1 = G_2$:农业经济与农业环境共损型 $G_1 < G_2$:农业经济发展滞后型
	0.100 0—0.199 9	严重失调衰退类	
	0.200 0—0.299 9	中度失调衰退类	
	0.300 0—0.399 9	轻度失调衰退类	

续表

协调阶段	耦合协调度	耦合协调类型	G_1与G_2的关系及类型
过渡阶段	0.400 0—0.499 9	濒临失调衰退类	
	0.500 0—0.599 9	勉强协调发展类	
	0.600 0—0.699 9	初级协调发展类	$G_1>G_2$：农业环境发展滞后型 $G_1=G_2$：农业经济与农业环境同步型 $G_1<G_2$：农业经济发展滞后型
平稳阶段	0.700 0—0.799 9	中级协调发展类	
	0.800 0—0.899 9	良好协调发展类	
	0.900 0—1.000 0	优质协调发展类	

注：G_1表示农业经济发展体系水平；G_2表示农业环境发展体系水平。

1. 南疆四地州农业环境与农业经济综合水平评价

利用组合赋权模型，南疆四地州的农业环境与农业经济体系下的各二级指标均赋予了不同的权重。在综合权重的基础上分别以区域外部视角与区域内部视角探讨近10年来南疆各地州农业经济发展水平与农业环境发展水平之间时空特征的异同，详见表5与表6。

基于区域外部视角，南疆四地州的农业环境发展水平与农业经济发展水平总体呈现出持续向好发展的态势。其中，阿克苏地区与克州地区分别凭借特色农业与农产品产量化的优势，实现了农业经济发展在10年间的快速发展；喀什地区与阿克苏地区通过生态产业园区建设等手段，农业环境发展在南疆农业生态发展过程中处于领先水平。特殊的地理位置、农业资源匮乏、基础设施不完善、农村极度贫困等不利因素仍然是制约南疆地区农业环境与农业经济高质量可持续发展的瓶颈与短板。

基于区域内部视角，阿克苏地区与喀什地区在近10年的农业环境与农业经济发展过程中，总体呈现出农业环境发展滞后的特点，农业生态发展水平显著落后于农业经济发展水平，一定程度上也证明了两地农业经济的发展付出了农业环境发展滞后的代价；克州地区与和田地区在近10年的农业环境与农业经济发展过程中呈现出显著的农业经济发展滞后的特点，传统的农业经济发展模式和产业结构，虽然有利于提高农业环境的承载力，但制约了农业经济的高质量发展。

表 5 农业经济发展体系与农业环境发展体系综合水平

年份	阿克苏地区 G_1	阿克苏地区 G_2	阿克苏地区 T	克州地区 G_1	克州地区 G_2	克州地区 T	喀什地区 G_1	喀什地区 G_2	喀什地区 T	和田地区 G_1	和田地区 G_2	和田地区 T
2010年	0.167 6	0.181 1	0.174 3	0.102 0	0.227 9	0.165 0	0.206 4	0.224 8	0.215 6	0.140 2	0.289 1	0.214 6
2013年	0.213 9	0.145 6	0.179 8	0.112 9	0.239 2	0.176 0	0.275 7	0.218 5	0.247 1	0.171 8	0.284 8	0.228 3
2015年	0.234 1	0.193 4	0.213 8	0.124 2	0.230 5	0.177 4	0.281 8	0.227 8	0.254 8	0.179 8	0.339 0	0.259 4
2018年	0.207 9	0.221 1	0.214 5	0.148 4	0.223 6	0.186 0	0.217 4	0.213 9	0.215 6	0.158 0	0.323 9	0.241 0
2019年	0.241 3	0.233 8	0.237 5	0.135 9	0.236 8	0.186 4	0.246 1	0.243 7	0.244 9	0.179 2	0.319 4	0.249 3
2020年	0.263 2	0.232 8	0.248 0	0.155 0	0.245 8	0.200 4	0.286 6	0.310 2	0.298 4	0.180 2	0.321 1	0.250 7
增速	0.570 6	0.285 3	0.422 4	0.519 4	0.078 4	0.214 8	0.388 2	0.379 7	0.383 7	0.285 0	0.110 9	0.167 8

注：G_1表示农业经济发展体系水平；G_2表示农业环境发展体系水平；T表示农业经济发展与农业环境发展综合水平。

表 6　南疆四地州农业环境与农业经济发展水平类型划分

年份	阿克苏地区 类型	克州地区 类型	喀什地区 类型	和田地区 类型
2010 年	农业经济发展滞后型	农业经济发展滞后型	农业经济发展滞后型	农业经济发展滞后型
2013 年	农业环境发展滞后型		农业环境发展滞后型	
2015 年	农业环境发展滞后型		农业环境发展滞后型	
2018 年	农业经济发展滞后型		农业环境发展滞后型	
2019 年	农业环境发展滞后型		农业环境发展滞后型	
2020 年	农业环境发展滞后型		农业经济发展滞后型	

2. 南疆四地州农业环境与农业经济耦合协调水平分析

2010—2020 年南疆四地州农业经济发展体系与农业经济发展体系耦合度 C 在 0.92—0.99（图 1），总体上处于高水平的耦合平稳发展期。

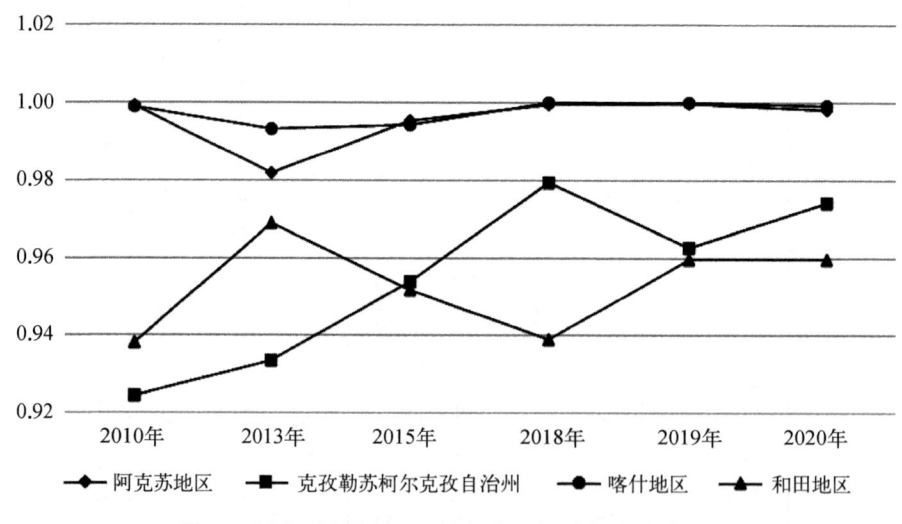

图 1　南疆四地州农业环境与农业经济耦合度变化图

2010—2020 年，南疆四地州农业环境与农业经济发展之间高耦合度数据表明，坚持走具有中国特色、符合新疆实际的发展路子，在全面推进经济建设、政治建设、文化建设、社会建设以及生态文明建设方面取得了显著成效[23]。习近平总书记强调,坚持"绿水青山就是金山银山"理念,提高可持续发展能力,实现社会经济发展与生态环境保护并举,共同促进丝绸之路经济带核心区发展。南疆在农业经济开发过程中,节水农业的开发与普及、水土流失治理能力的提升、空气质量的改善等举措,无不体现出对当地生态环境客观规律的深刻把握;南疆在农业环境开发过程中,智慧农业的建立与应用、农村现代化基础设施水平的提高、农民综合素质与专业技能的成熟等现象,无不体现出对当地社会经济高质量可持续发展内涵的深刻挖掘。

2010—2020年,南疆四地州的农业环境发展体系与农业经济发展体系耦合协调度 D 在0.35—0.55(图2),整体呈现出波动上升趋势,表明了南疆在农业环境与农业经济之间的关系逐步实现从过渡阶段向平稳阶段的转型、逐步实现从失调衰退类型向协调发展类型的升级。根据南疆四地州农业环境发展体系与农业经济发展体系的耦合协调度变化图及耦合协调度协调类型划分,近10年南疆四地州的发展大致可为三个阶段:

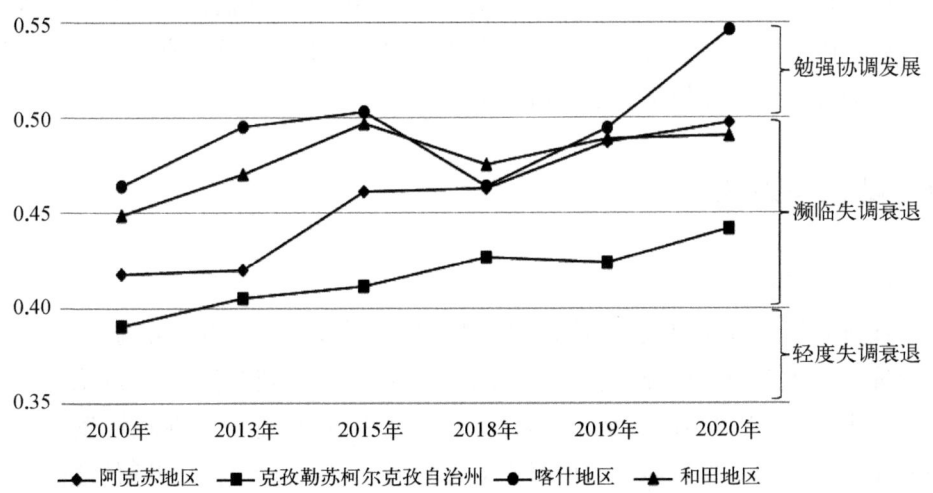

图2 南疆四地州农业环境与农业经济耦合协调度变化图及耦合协调度协调类型划分

2010—2015年濒临失调衰退改善时期:随着两次中央新疆座谈会的顺利召开,新疆在中国特色社会主义新时期逐渐打开正确的发展思路。作为农业生产与发展大地区,自治区尤其是南疆地区,在兼顾脆弱的农业生态环境与农业社会经济协调发展方面奠定了坚实的基础。阿克苏地区、喀什地区以及和田地区的农业环境与农业经济耦合协调度均有较大幅度的增长,濒临失调衰退的耦合协调发展类型得到极大改善,喀什地区在 2015 年实现了向勉强协调发展阶段的跨越。

2015—2018 年濒临失调衰退恶化时期:随着南疆地区工业化水平的逐步提高,城市、交通等基础设施的不断完善,经济社会的发展得到显著的提升,但生态环境的自我调节能力受到一定程度的打压。尤其是喀什地区城市和交通等基础设施建设、和田地区自然资源的开发和勘探作业占用了大量的农业用地,重创了当地原有的农业生态环境平衡,从而农业经济社会的发展出现倒退甚至停滞。在此期间,南疆地区农业领域的环境与经济的耦合协调发展进一步向失调衰退恶化。

2018—2020 年勉强协调发展冲刺时期:随着南疆地区基础设施的不断完善,脱贫攻坚战的深入以及乡村振兴战略的部署,特色农业经济的发展遵循了农业生态环境的客观规律,农业环境与农业经济耦合协调度向新的更高阶段冲刺。喀什地区通过"农业+旅游业"的发展模式,在农业生态环境承载能力之内将观光旅游、沉浸式旅游与农业相结合,实现了农业环境与经济耦合发展的协调阶段的飞跃。阿克苏地区通过积极建设特色农林果园园区,实现产业联盟的方式促进了农业环境与农业经济的耦合协调发展。

四、结论与建议

(一)结论

通过利用组合赋权模型与耦合协调度模型,对 2010—2020 年南疆四地州农业环境发展体系与农业经济发展体系的综合发展水平、耦合程度、协调能力的演化趋势进行研究,得出以下结论:第一,研究期内,南疆地区农业环境发展水平与农业经济发展水平总体呈现出同步上升趋势。但阿克苏地区与喀什地区农业经济发展体系的综合水平高于农业环境发展体系的综合水平,农业环境发展的滞后效应显著;而克州地区与和田地区的传统农业发展阻碍了农业经济水平的进一步提高。第二,南疆四地州农业环境发展体系与农业经济发展体系的耦合度 C 为 0.92—0.99,整体处于高水平耦合期。第三,南疆四地州农业环境发展体系与农业经济发展体系的协调发展度 D 为 0.35—55,总体呈螺旋上升趋势,即二者之间的协调关系在不断增强,且农业环境发展体系与农业经济发展体系的耦合协调度经历由轻度失调衰退到濒临失调衰退再到勉强协调发展的演变过程,宏观上实现了由失调发展阶段到过渡阶段的良性转变,但很显然,南疆地区农业环境—经济协调发展在微观层面呈现出显著的地域差异。

(二)建议

随着乡村振兴战略在南疆地区的进一步深化,农业现代化建设过程中也愈加重视农业环境发展体系与农业经济发展体系之间的耦合协调关系。结合"依法治疆、团结稳疆、文化润疆、富民兴疆、长期建疆"的治疆方略,针对南疆四地州农业环境—经济发展现状,提出以下策略建议:

1. 加大农业生产投入力度,改善农村基础设施建设,保证农民基本生活富裕水平

"对口支援"是独具中国特色社会主义性质的"先富带后富"典型发展方式,极大地体现了共同富裕的本质[25]。南疆地区传统农业产业的发展模式导致农业经济、农村面貌、农民生活的滞后效应显著,因此,南疆四地州各级政府与农业经济市场主体要抓住"对口支援"的机遇,在农业生产要素、农村基础设施投资资金等方面实现互联互通,共同促进农民基本生活水平,共同促进边疆少数民族聚居地人民的共同富裕。

2. 建立农业资源保障制度,完善农业环境监管体系,保证农业环境生态可持续性

在南疆地区城市化、工业化快速推进的过程中,大量的农业资源被挤占、农业环境被破坏,农业发展受到严重威胁。因此,农业环境作为农业经济发展的载体,必须执行最严格的农业资源保障制度与农业环境监管体系。首先,在发展节水农业、扩大节水灌溉面积的同时,要保证充足的农业用水、农业用地。其次,努力改善农村地区的空气质量,减少具有高污染性质的化肥使用量、积极治理荒漠化和水土流失,优化生态布局,促进南疆地区的绿色生态发展[26]。再次,针对农业资源浪费和农业环境污染的行为,采取严格的整治措施,从源头实现农业环境生态可持续发展。

3. 培育南疆特色农业,创新南疆农业发展模式,保证农业经济发展可循环性

南疆地区独具特色的区位优势有利于培育特色农业产业,从而创新农业发展模式,树立具有地方特色的农业品牌,避免南疆地区的农业产业同构[27]。同时,南疆四地州作为"数字丝绸之路经济带"核心建设区,完善农业现代化与信息化基础设施建设,对于市场消费主体定位、市场需求信息获取、市场交易渠道开拓等具有重要意义,也是促进农业绿色经济高质量循环发展的重要手段。

4. 兼顾农业环境承载能力,提高农业经济生产效率,保证农业环境—经济耦合协调性

南疆地区生态环境脆弱,农业环境承载力限制了传统农业产业的大规模发展,导致农业经济内生动力不足,生产效率低下。为应对当前农业环境—经济发展的窘境,产业联盟聚集效应是有效的应对措施。例如促进阿克苏地区的特色农业产业园区、喀什地区的休闲观光农业、和田地区的"龙头企业+基地+农户"发展模式、克州地区的"优农调畜"发展理念的区域协同性,强化农业产业创新驱动,提升多层次合作水平,实现多元化绿色农业经济发展。农业生态环境的可持续发展有利于促进农业经济的高质量发展,农业经济高质量的发展可持续反作用于农业生态环境。

参考文献:

[1] SIMON D. Our Common Future: Report of the World Commission on Environment and Development (Book Review)[J]. Third World Planning Review, 1987, 9(3): 285.

[2] PEARCE D W, Turner R K. Economics of Natural Resources and the Environment[J]. Land Economics, 1991, 67(2): 272.

[3] 张立,尤瑜.中国环境经济政策的演进过程与治理逻辑[J].华东经济管理,2019, 33(7): 34-43.

[4] 李红玉.中国环境经济政策的特点与优化思路[J].现代经济信息,2017(20): 6-7+9.

[5] 张坤民.中国环境保护事业60年[J].中国人口·资源与环境,2010,20(6): 1-5.

[6] 孔繁德,王连龙,谭海霞,赵忠宝.中国现代化报告2007——生态现代化研究述评[J].中国环境管理干部学院学报,2007(3): 1-5.

[7] 国家环境经济政策研究与试点项目技术组,王金南,董战峰等.国家环境经济政策进展评估报告:2017[J].中国环境管理,2018,10(2): 14-18.

[8] 张玉卓.为世界可持续发展贡献中国力量:以高水平科技自立自强助力"双碳"目标实现[J].人民论坛,2021(27): 6-8.

[9] 钱兴福,叶亚平.西部地区环境政策与环境管理能力建设刍议[J].农村生态环境, 2001(2): 56-58.

[10] 包庆德.生态哲学操作:西部资源环境与经济生态三题[J].自然辩证法研究,2002(2): 50-53.

[11] 马志荣.西部民族地区资源、环境与经济社会协调发展的路径选择[J].开发研究,

2005(3):74-76.

[12] 胡国良,朱晓.新疆人口、资源、环境与经济系统的综合评价——基于主成分分析方法[J].生态经济,2009(6):67-69+77.

[13] 宋高燕,赵军,白极星.新疆资源环境与经济可持续发展实证研究[J].新疆大学学报(哲学·人文社会科学版),2012,40(4):18-22.

[14] 王彦发,马琼.新疆农业资源环境与区域经济协调性评价研究[J].资源开发与市场,2018,34(12):1707-1711.

[15] 尹晓波,李雪萍.我国东中西部三地区环境与经济系统发展的协调度研究[J].经济地理,2009,29(4):589-594.

[16] 刘贵清.少数民族地区人口、资源、环境与经济协调发展问题研究[J].贵州民族研究,2013,34(3):79-82.

[17] 陈卓,吴伟光,吴维聪等.浙江省现代农业园区建设绩效评价及其影响因素分析——以蔬菜瓜果产业为例[J].中国农业资源与区划,2016,37(3):169-175.

[18] 鲍学英,李海连,王起才.基于灰色关联分析和主成分分析组合权重的确定方法研究[J].数学的实践与认识,2016,46(9):129-134.

[19] Ni Zhongxin, Fei Heliang. Moment-Method Estimation Based on Censored Sample[J]. Journal of Systems Science and Complexity, 2005(2):254-264.

[20] 李菲菲,周霞,周玉玺.环渤海地区农业绿色发展水平评价与区域差异分析[J].中国农业资源与区划,2023,44(3):1-13.

[21] 宋永永,米文宝,杨丽娜等.宁夏农业生态环境与经济耦合协调演化研究[J].南方农业学报,2015,46(5):922-928.

[22] 蒋溢.绵阳市生态环境与经济协调发展研究[J].中国农业资源与区划,2017,38(3):131-135.

[23] 戴岚.新疆各族干部群众热议中央新疆工作座谈会[N].人民日报,2010-05-21(004).

[24] 黄基鑫,赵越,雷聪等.从全面小康到共同富裕:对口支援的作用、经验与展望[J].经济与管理研究,2022,43(2):15-29.

[25] 樊杰,王红兵,周道静等.优化生态建设布局 提升固碳能力的政策途径[J].中国科学院院刊,2022,37(4):459-468.

[26] 邱蓉.乡村振兴视角下西部地区农业产业同构研究[J].贵州社会科学,2021,(4):137-145.

[27] 李同昇,陈谢扬,芮旸,杨坤.西北地区生态保护与高质量发展协同推进的策略和路径[J].经济地理,2021,41(10):154-164.

点评

本文基于组合赋权模型与耦合协调度模型,分析研究南疆四地州农业环境与经济的关系。结果显示,农民生活保障、农业资源利用分别对农业经济与环境发展具有显著作用,但在逐步优化中存在显著的滞后效应。全文立论精当,论据充分,分析方法正确,且以有力的实例证明,所得结果可信,并据此提出了科学的解决措施。论文写作规范,论证充分,有理有据,颇有说服力。因此,尽管只分析了南疆地区的一些实例,仍对实现乡村振兴战略有参考作用。

中外学术图书馆公共域文献资源合作存储与开放利用研究[①]

郑雅鑫[*]

摘要: 作为人类研究学习和发展创新的知识基底,公共域文献在数字时代面临商业资本侵蚀和版权过度保护双重危机,学术图书馆作为教学科研的主阵地,在公共域文献资源合作存储和开放利用中发挥重要作用。以国内外两大学术图书馆数字资源合作存储与利用项目HathiTrust 和 CADAL 为例展开调研,从公共域文献资源来源、版权管理方式、资源利用等方面进行比较分析,探寻数字时代公共域文献资源合作存储与利用的实现路径和构建策略。

关键词: 公共域文献;合作存储;学术图书馆;HathiTrust;CADAL

引言

作为开放获取、免费平等使用的公共文化资源,公共域文献是人类共有共享的知识财富。

20世纪以来,国内外对版权的过度保护、商业资本对公共域文献资源加剧的逆向侵蚀,严重影响了公共域文献资源的开放获取和开发利用,基于此,学者们纷纷反思传统版权制度利弊、聚焦公共域文献开发利用研究。较早的如1982年 Lange 提出知识产权公共域正在被侵犯的观点,突出强调公共域文献作为人类知识再造原动力的功能和对于公众文化继承物的作用与价值[1]。2005年,美国学者 Litman 同样提醒学界密切关注由"版权战争"带来的公共域文献"损失、

[①] 论文《中外学术图书馆公共域文献资源合作存储与开放利用研究》,载《图书馆学刊》2024年第1期,本书收录时略有修改。

[*] 郑雅鑫,女,上海大学文化遗产与信息管理学院,图书馆学专业2020级硕士研究生。

破坏和两极化"发展[2]。在我国,梅慎实早在1990年即提出"作品的著作权消灭之后,有的作品便进入公共领域,不再属于任何个人、法人或国家,任何人均可无偿使用"[3]。之后,学者李雨峰、冯晓青从概念和原理出发,分别对著作权公共领域的基本性质进行了专题研究,突出强调开展公共领域研究的必要性和正当性[4,5]。

数字信息时代,作为科研创新、信息知识开放获取主要阵地的学术图书馆,在公共域文献资源免费获取与开发利用方面具有不可替代的责任。因此,在21世纪初期,美国部分学术图书馆即开展了关于公共域文献资源合作保存与利用的尝试性实践,如康奈尔大学自2006年起便与微软公司合作,数字化现有公共域图书并提供Live Book Search服务供公众使用[6],这是大学图书馆较早利用公共域文献资源进行开放获取、平等使用的实践。2008年,美国高校学术联盟"机构合作委员会"发起了HathiTrust项目,公共域文献资源的总量超过联盟总文献量的三分之一。同样在2000年,我国在实施"中美百万册图书计划"(后为CADAL联盟一部分)时,就特别强调公共域文献资源收集、整理、存储和开放利用的研究。

基于此,笔者以HathiTrust和"大学数字图书馆国际合作计划"(CADAL)两大公共域文献资源存储联盟为个案,通过进行比较分析,探寻数字时代学术图书馆公共域文献资源存储和开放利用的有效途径,为公共域文献资源的共享开放、平等获取等方面研究提供借鉴。

一、公共域文献资源合作存储与开放获取利用的意义

(一)概念解析

1. 公共域与公共域文献

"公共域",即公共领域,最早源于政治学和社会学概念,作为版权制度和著作权法术语,与文献资源密不可分,在19世纪法国《伯尔尼公约》中被首次使用[7],最初指代版权保护期届满的各种作品,在后续的发展中,其范围不断扩大,增加有关"版权不予保护的作品""版权作品中不受保护的内容,如思想、方法、系统等"[4]及其他资源类型。进入21世纪后,随着数字化技术的不断发展,数字版权的公平利用和开放获取等问题将公共域文献的概念延伸到虚拟公共域文献资源的存储与开放获取等诸多方面。

图书馆对于公共域文献资源的存储与开放利用,在维持公共域文献资源对于知识创新、社会教育与信息共享的作用方面具有十分重要的意义。目前,图书馆的公共域文献资源主要包括以下四种类型:一是版权不予保护的文献资源及内容;二是版权保护期届满的文献资源;三是经文献作者本人许可,供公众免费利用和传播的文献资源;四是特殊情形下合理使用版权作品。

2. 公共域背景下的开放获取

开放获取(Open Access),简称 OA,使学术信息得以免费获取,突破了文献资源的使用障碍。学术图书馆的开放获取与公共域文献资源在免费使用、平等共享等方面具有相似性,但是二者也存在差别,具体如表1所示:

表1 公共域文献与开放获取文献比较

比较内容	公 共 域 文 献	开 放 获 取 文 献
版权状态	不受版权保护文献、保留著作人身权的文献,开放著作财产权(版权保护期届满、著作人开放部分权利供合理使用)的文献,特殊情况下可合理使用版权的作品等。	包括保留著作人身权但开放著作财产权的文献、保留著作人身权及部分著作财产权的文献、开放部分著作财产权(非商业性使用、禁止演绎、相同方式共享及三种要求自由组合)的文献[8]。
文献类型	纸质文献与数字资源	数字资源
传播方式	线上及线下	线上
文献内容	各种类型的文献资源	学术文献资源及科学信息资源

无论是从文献类型、版权保护状态还是文献内容上,公共域文献的范围都更广。究其根本,公共领域是基于文献资源或思想的一种版权状态而非使用状态,公共域文献无疑是开放获取的重要文献来源之一,而开放获取则是公共域文献资源最期望达到的使用状态。

(二)公共域文献资源合作存储与开放利用的意义

公共领域本身代表着维护所有人公共利益的契约精神,其文献资源的规模数量、传播利用的水平及其开放度、共享程度,很大程度上影响着人类社会的知识创新活力乃至社会发展进程。公共域文献合作存储与开放利用既是顺应数字时代信息传播利用的要求,又有利于学术图书馆的发展和其本身价值的挖掘和利用。

在数字时代,新兴信息技术的发展使得公共域文献资源呈几何级数增长,仅凭单一类型的信息机构难以使公共域文献资源得到最大程度的利用,更不能为用户提供最好的服务体验。合作存储和开放利用是集多方之力解决发展矛盾、拓宽信息广度、深化服务内容的首要途径。同时,学术图书馆自身的知识领航员性质,使其能够充分发挥公共域文献资源作为人类知识文明基底的作用,建构完整学科发展脉络,指引学者高效完成跨学科研究,发挥资源二次利用价值。同样,对于学术图书馆本身,公共域文献是其必不可少的资源构成之一,此举也可以合理改善其资源结构,减少版权纠纷,提高资源的开放性。因此,公共域文献资源是学术图书馆不可或缺的重要组成部分,学术图书馆的合作存储与开放利用则是公共域文献资源发展的最佳之路。

二、国内外学术图书馆公共域文献资源合作存储与利用

笔者主要针对数字化时代学术图书馆以公共域文献资源为主体的合作存储与开放获取利用案例,运用文献研究与网络调查法,选取两个代表性学术图书馆数字资源合作储存与利用项目,它们启动时间相近、合作地域范围同级、公共域文献资源占比均达到35%以上,分别是美国的开放储存项目HathiTrust和国内项目CADAL,拟从公共域文献资源的来源、文献资源版权属性界定、公共域文献资源的利用方式等三个方面对二者进行深入分析。

(一) HathiTrust项目公共域文献资源储存与开放获取利用

HathiTrust项目是2008年由美国高校学术和研究型图书馆联合发起,为应对Google Book Search项目引起的商业机构对学术信息资源的垄断而建立的非盈利性数字资源合作机构,至2021年底,HathiTrust可供用户访问的公共领域资源达到近七百万卷,占总数的39%[9]。

1. HathiTrust项目公共域文献资源的来源

HathiTrust公共域文献资源主要由其数字图书馆项目、CRMS(版权审查管理系统)项目、联邦文件计划三大部分构成。

目前,由HathiTrust项目所组成的"数字图书馆"已经发展成为一个数字仓储库和可供访问的、功能强大的虚拟平台,其公共域资源主要来源于Google、Internet Archive、Microsoft合作项目以及其内部成员机构,种类繁多、综合

性强[10]。

CRMS 项目及联邦文件计划则是具有极强针对性的专题项目,文献类型专指度高,所属领域相对集中,主要包含对已藏的文献资源进行版权大规模分布式调查后所形成的资源集合以及针对公共域文献资源专题所开展的采集、审查项目[11],分为 1923—1963 年的美国专著、出版日期项目、Commonwealth Crown 版权所有政府作品、美国州和地方政府文件 4 个部分。除此之外,HathiTrust 项目还扩大了联邦文件计划并加强对包括 GPO(国家印刷局)和其他联邦机构发行出版物在内的美国联邦出版物的数字访问,旨在与政府出版机构合作建立了一个全面的联邦文件数字馆藏[12]。这些合作计划都在一定程度上弥补了 HathiTrust 公共域文献资源的种类,增加了大量公共域文献资源,更好地利用了 HathiTrust 项目本身的能力来挖掘公共域文献资源。

2. HathiTrust 项目文献资源版权属性界定

相较于 Google book search 计划初始采取先使用后界定的版权管理方式,为明确馆藏中公共域文献资源的概念、类型与范围,有针对性地对公共域文献资源进行采集和利用,HathiTrust 采取了主动标引的方式,实行严格的版权管理制度,其中包括 CRMS 和版权数据库。两种方式的具体工作内容有所关联,详见图 1。

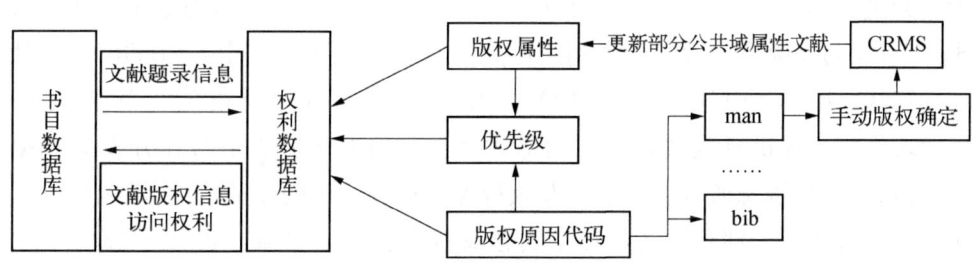

图 1　HathiTrust 项目版权信息管理

CRMS 对 HathiTrust 项目收藏中作品的版权状态进行大规模分布式调查,而版权元数据信息则由单独的版权数据库进行界定标引,与书目数据库相连,共同组成每卷资源的元数据信息,其中既包含版权属性信息,也包含确定版权属性的原因代码。HathiTrust 项目根据这两类信息决定该文献资源版权元数据信息的优先级(1—5 级)[13],并在更新中根据优先级的级数,由优先级高的元数据信息覆盖低的版权元数据信息,保证了 HathiTrust 所藏的文献资源的版权准确度、清晰度和时效性。通过以上两种方式,HathiTrust 对所藏文献资源的版权进行了严格的界定和管理,有效规避了版权问题的纠纷,极大程度上方便了公共域文献资源的明确划分和使用。

3. 公共域文献资源的利用方式

① 一站式检索,专题式访问

HathiTrust 将已搜集的公共域文献资源作为数字图书馆重要的一部分为用户提供开放获取服务,访问者既可以通过主页一站式检索平台进行全文检索,也可以通过访问"collection"版块,按建成项目进行分组访问。其中一站式检索平台由 HathiTrust 项目在 2011 年与 OCLC 合作建立,在平台主页上即可实现可跨库一站式检索[14]。检索方式分为"全文检索"和"目录检索","目录检索"中可按类型(领域)、题名、作者、主题、ISBN/ISSN、标题等选项[15],设定检索范围。在"检索结果"中可使用"项目可见度""出版日期"等功能筛选出可全视图浏览的公共域文献资源。

此外,HathiTrust 还以项目主题形式对资源进行分类,供用户进行浏览。通过访问主页上的"collection"[16],用户就可以轻松访问 HathiTrust 项目中的公共域专题项目文献数据集,并可通过检索框检索各种项目数据集的名字。

② 分享数据集,提供分析工具

为进一步增加资源的灵活度和可用性,提供研究工具和数据挖掘服务,HathiTrust 与印第安纳大学和伊利诺伊大学联合成立了研究中心(HTRC)[17]其包括算法、Data Capsules(数据胶囊)、工作集、数据集 4 个模块[18]。其中,数据集模块为用户提供所藏文献资源的描述性信息以及研究人员合作开发的数据集,包括公共域资源所有题录信息及版权保护期内资源的特征信息,供用户进行非消耗性分析——即研究人员在不直接阅读原文本的基础上进行分析[19]。工具集模块为用户提供信息分析服务,在下载数据集后,用户可通过工具集创建所需要的数据集合,并通过 HTRC 的算法模块,利用基于网络的点击运行工具,对其中的内容进行计算文本分析。而 Data Capsules 模块,则为研究人员提供了单独的、安全的线上计算环境,研究人员可在 HTRC 平台上创建虚拟机(Capsule)并导入分析 HathiTrust 内的文本数据,为保护版权内资源合法权益,计算后结果需经过 HathiTrust 的审查方可导出[20]。

HathiTrust 通过这些措施,扩展了公共域文献资源范围,增加了其有序性和二次利用的可能性,并创意性地通过非消耗性分析等方式不断探索在不侵害原有利益的情况下的合理使用版权保护作品的策略。

（二）我国的"大学数字图书馆国际合作计划"（CADAL）

CADAL 源于"中美百万册图书计划"，是在信息技术发展的背景下由中美两国计算机科学家共同发起的一项国际合作计划[21]，该计划致力于满足学术图书馆数字资源建设与共享的需求，并以此为目标对各学校和合作方的公共领域信息资源进行汇集和利用，在 250 万册 CADAL 数字资源中，除 60 万尚在版权保护期内，剩余均为公共域文献信息资源[22]。

1. CADAL 项目公共域文献资源的来源

CADAL 的公共域文献资源主要来源于国内外研究型大学图书馆的馆藏，其合作建设机构包括国内外各高校、出版社、媒体单位等。同时，CADAL 建设有"南北数字图书馆技术中心"、40 所高校数字资源加工中心，并与美国互联网档案馆（Internet Archive）合作，共同研究符合国际主流的标准体系以辅助文献资源的收集和数字化处理[23]。笔者从文献语种和文献类别两个视角展示对比 CADAL 内公共域文献资源的内容（见表2）。

表 2　CADAL 公共域文献资源组成

类　型	中　文　资　源	外文资源
图书资源	学术著作及对教学科研具有参考价值的资源，包括 1919—1949 年间的学术著作[24]（浙江大学图书馆负责查重）	来自合作方学术图书馆且版权明确的学术著作
学位论文	中文学位论文资源与 CALIS 相互补充，项目内容包括 20 世纪 80 年代以来版权明晰的硕博论文[24]。	来自合作方无版权争议的学术论文、科技报告等
民国文献	民国书目数据（复旦大学图书馆负责查重）	无
古　籍	以《四库全书》和《续修四库全书》目录为依据进行数字化建设，对各项目共建单位特有古籍和传统文化馆藏的数字化制作[24]（南京大学图书馆负责查重）	无
政策文件报告	中国工程科技知识中心收集的政策文件与全球统计数据	来自合作方无版权问题的政府出版物[23]

CADAL公共领域资源集中了具有学术价值、版权保护期届满或不受版权保护的文献资源。值得注意的是,随着国内外论文数据库和各高校内部机构知识库的快速发展和不断完善,目前CADAL将资源建设的主要精力集中在与各合作机构共建共享特藏文献专题数据库项目上[23]。

2. 文献资源版权属性界定

在最初资源建设时,CADAL主要集中建设版权明晰且经济利益相对较低的学术性文献,原则上不对文学作品或新出版的图书进行数字化,以此来降低版权纠纷风险[25]。在资源利用时,CADAL主要通过数字版权保护技术(Digital Rights Management,简称DRM)实施版权管理,如根据IP、edu邮箱,对资源的访问进行严格限制,并在此基础上开展文献资源的"受控数字借阅",限制电子资源借阅副本数量,保证在不侵权的基础上合理利用资源[23],最后在主页提供版权问题的申诉渠道[26]。

CADAL版权管理贯穿文献从资源建设到利用的全过程,发挥技术效能和版权管理的主动性,明晰版权状态,避免复制等侵权行为,并在此基础上开展受控数字借阅,以确保推动版权内文献资源利用最大化。

3. CADAL公共域文献资源的利用方式

① 一站式检索,主题资源展示

CADAL通过总数据库集为用户提供了公共领域资源的直接访问渠道,并通过展示各种推荐书单[27]和主题特藏数据库[28]为用户获取公共域文献资源提供了多样化的方式。CADAL门户网站提供一站式检索服务,用户除通过名称、作者、出版时间等进行全文检索外,还可通过选择出版时间、关键词筛选检索结果中版权保护期届满的作品。同时CADAL设置有主题资源集合,其中包括民国文献、数字化甲骨、地方志、满铁资料等大量已过版权保护期文献,以及全球统计数据、政策库等不受版权保护的文献资源信息[28],用户可根据需要分库浏览。这是CADAL为用户提供版权保护期届满、不受版权保护作品的主要方式。

② 推动资源分析利用,提供知识产品和服务

CADAL还利用公共域文献资源,通过以下两种方式为用户提供知识服务。一种是与中国工程科技知识中心合作,利用知领全球统计数据库(以下简称"知领")为用户提供知领知识信息服务[29],作为知识信息平台,知领汇聚了大量不受版权保护的信息资源,包括全球公开的各项统计数据、国家级和省级政策及可公开的全球科研项目信息等。在此基础上,知领为用户提供分析工具,推动资源

的二次利用,如"知领全球科研项目库"可根据用户搜索结果从承担机构、承担机构所在国家、资助机构、项目主题、学科领域等不同方面对检索结果进行分析,并提供可选择时间、地域、xy 轴信息的自定义分析工具。另外,知领主动对所藏信息进行整合加工,通过领域服务平台按学科、领域等整合信息资源,为用户开展知识服务。如材料领域设置新材料体系分类、材料专业分类、应用分类等,林业领域则提供动植物资源调查、林业统计、林业机构,同时在学科专题内设置专业动态、最新信息模块,持续对领域信息进行动态追踪展示。此外,"知领·智库观点"还汇集了全球机构公开的智库报告,可直接为用户提供某一领域的知识产品[29]。另一种则是通过其数字知识服务平台主动开展知识服务。目前,CADAL 联合各学术图书馆倡议成立数字知识服务联盟,依托 CADAL 与合作方所藏的海量文献资源,联盟通过数字知识服务平台开展包括知识检索、知识揭示、知识关联、个性化服务在内的知识型服务[23]。资源不仅包括公共领域文献资源,还扩大到版权保护期内的文献资源。通过挖掘其中的隐性知识,在保护版权的基础上共享海量数据。

综上所述,CADAL 通过主动探索和构建合作渠道的方式对公共领域资源展开了二次利用,依托知领及数字知识服务平台为用户提供分析工具、数据集和个性化知识服务。同时,CADAL 同样积极探索版权保护内资源合理使用的途径,进而扩大公众所能接触的公共域文献资源范围,提高知识生产创新的可能性。

通过对 HathiTrust 与 CADAL 公共域文献资源存储与利用的比较分析,可以看到两个项目在版权管理、多方合作、文献二次利用等方面具有诸多共性,而细化到措施上,两大项目之间也存在差别(见表 3)。

表 3　HathiTrust 与 CADAL 公共域文献资源存储与利用比较

内　容	HathiTrust	CADAL
资源	来源于同 Google、Internet Archive、Microsoft 合作项目的公共领域数字资源;各合作馆资源中属于公共领域的文献、签署 CC0 协议(知识共享许可协议)的资源;CRMS 项目及联邦文件计划	来源于各共建共享学术图书馆的馆藏;合作方的外文资源;其他合作机构已开发、不受版权保护文献类型的数据集;与共建单位合作开展的特藏专题项目

续表

内容	HathiTrust	CADAL
版权属性限定	CRMS;版权数据库:版权属性信息和确定版权属性的原因代码	选择版权状态明确资源;主页设置版权问题申诉渠道;DRM技术进行访问和使用控制,开展受控数字借阅
资源利用	整合资源,一站式检索利用;专题展示;建立研究中心,分享数据集,提供分析工具和知识产品	整合资源,一站式检索利用;专题展示;与中国工程科技知识中心合作,提供知领知识产品和简单的分析工具。基于数字知识服务平台开展包括知识检索、知识揭示、知识关联、个性化服务在内的数字知识服务

三、公共域文献资源合作存储与开放利用策略

（一）打破公共域文献资源机构限制和地域壁垒,形成多机构资源共建联盟

公共域文献资源具有广泛性和社会性特点,信息时代,在版权保护之外,仍存在着类型多样、形式复杂、具有独特价值的公共信息。因此,要全面搜集、储存和利用这些公共域文献资源,必须加大与文化管理机构、市场化的商业信息机构之间的联合,形成多机构共建联盟。从 HathiTrust 与 CADAL 的实践来看,跨机构合作是最主要的建设方式。两个项目中,除主要参与对象为学术图书馆外,还包括政府机构、出版社、媒体、商业信息机构、情报机构、博物馆、档案馆等官私部门,从而将公共领域资源的收集范围由图书、期刊等传统纸质类文献扩展到政府文件、统计数据、多媒体资料（视频、音乐、广播、影印资料等）、生活资料（地方志等）,极大地扩展丰富了其公共域文献资源的内容。

除跨行业机构合作外,各国因意识形态、政治制度、社会背景不同,在版权保护规定上也存在差异,这严重阻碍了公共领域资源的共享利用。解决这一问题需要加强国际知识共享协议和版权保护规定的共通性和权威性建设,为公共域文献资源收集提供渠道,形成不同文化、不同国家共同支持的公共域文献资源全域化与全球化。目前,在 HathiTrust 的实践中也得到体现,HathiTrust 版权战略规划中专门提到,要"根据目前版权建设经验,因地制宜地进行海外资源的建设"。

(二)掌握数字化主动权,规避商业机构对公共域文献资源的垄断与限制

虽然大多数公共域文献资源已经不存在财产权归属问题,但在数字化处理过程中,需要投入更多的资金和劳动力,受此影响,数字化后的复制品存在产权问题。如果所投入的资金来源于商业机构,就必然存在着商业机构通过条款限制公众使用的情况发生[30]。在 HathiTrust 项目中也曾发现这种问题,如 Google 公司就要求其制作的公共域文献的数字图像和 OCR 不得重新托管、重新分发或用于商业用途[31],其下"Google 图书计划"也会因为 Google 代理地区的限制,产生部分地区无法访问的问题。

因此,为了保证公众公共域文献资源的访问和使用权利,公益性机构如学术图书馆,要从资金、技术上全面支持公共域文献资源数字化,采取设立数字化中心、争取政府专项资金等方式,掌握公共域文献资源数字化开放获取的主动权。

(三)积极实行主动版权管理,明确资源版权信息

主动版权管理,即在资源建设过程中通过多种方式主动明晰版权状态,做好版权信息的标引工作。在 Google 图书与 HathiTrust 建设之初,均受到版权部门的质疑,Google 还曾因版权问题上与著作权拥有者产生纠纷,最终不得不重新调整版权策略,HathiTrust 则有效避免对版权拥有者利益的损害,并实现了公共域文献资源的合理使用。

可以看到,CADAL 与 HathiTrust 皆在版权方面采取主动管理的形式,建立独立的版权管理信息系统,严格控制不同类型信息的访问,从而减少了版权纠纷,明确了资源的利用范围和利用方式。具体来说,在版权界定时,应明确资源版权状态,主动对资源的版权信息进行周期性更新检查,掌握公共领域资源获取的主动权,保证版权信息准确性和公共域文献资源开放状态的稳定性;在资源利用时,应积极开发和利用新技术,根据用户信息进行精确管理,开拓如受控数字借阅等用户资源利用新形式,在保证版权不受侵犯的基础上尽可能开拓用户使用的边界。

数字时代,信息类型复杂化和生产传播渠道的变化,对图书馆等信息机构版权管理方式提出了新的要求,不断变化的法律政策和更为复杂的资源版权状况也要求信息机构在版权管理时要保证时效性和精确性。作为公共领域的捍卫者、消除版权过度保护的重要角色,学术图书馆应化被动为主动,迎战版权所带来的复杂问题,主动进行版权管理,抢占公共领域资源集成和利用的先机,捍卫好用户学习研究的权利。

（四）积极探寻版权内资源的合理化转化，拓展利用范围

公共域文献资源中最难界定的部分当属版权保护作品内思想方法、内容的合理使用，关于其合理使用的讨论迄今仍在持续。这部分信息对于社会而言具有极大的重要性，不仅扩大了公共域文献的范围、肯定了学术研究与非商业性研究的特殊性，而且为用户提供了接触版权内信息资源的机遇，增添了公共域文献资源的时效性和创造性价值。因此，在公共域文献资源存储和利用的实践中，应加强对版权内思想方法、部分内容合理利用方面的探索。具体而言，一是通过与出版商合作，寻求解除学术图书馆项目中属于版权内文献资源数字化副本的借阅、复制等行为限制。二是对版权内信息通过整合重组，挖掘其中可被利用的隐性知识成分，与其他资源一起成为二次创造的知识产品，从而产生新的价值，更好地为研究学习服务。同时，扩展公共域文献资源的二次利用方式，有利于规避公共域文献资源本身具有的数量庞大、类型冗杂、篇幅内容与可用信息不成正比、时效性不强等带来的负面影响，降低用户使用成本，充分发挥公共文献价值。因此，包括学术图书馆在内的信息机构除了提供公共域文献资源的直接访问方式外，还应充分对入库的公共域文献资源进行提炼和二次开发，通过提供信息分析工具、创新生成知识产品来增加公共域文献信息的价值。

四、结语

随着信息技术的快速发展，公共域文献资源合作存储和开放利用已成为其发展的必然趋势，而学术图书馆处于最佳的主导位置。HathiTrust 与 CADAL 项目为学术图书馆进一步开展公共域文献资源的合作存储与开放利用提供了很好的范例。二者都能从学术图书馆的实际需求出发，始终坚持促进知识共有共享、创新研究的目标，最大程度地契合了公共域文献资源存储和开放利用的价值。同时，为社会公益机构实现打破商业信息机构的知识的垄断、维护公共域文献的开放获取、保障公众共有和共享知识权益提供了切实可行的方案。

当然，如何更广泛地打破商业机构壁垒、形成以公益性信息机构为主导、多领域共同参与的公共域文献资源建设体系；如何更加合理地制定版权管理制度；如何更好地推动公共域文献资源全方位、全球性合作存储和开放共享；如何更好地挖掘资源知识创新价值，为用户提供更便捷快速的公共服务等，都是学术图书馆仍需探讨的问题。就我国而言，学术图书馆如何从法律和制度层面不断探索

符合国情的公共域文献资源合作存储和开放利用方式,更是值得深入思考的问题。

参考文献:

[1] DAVID L. Recognizing the Public Domain[J]. Law and Contemporary Problems,1981(44):147-178.

[2] LITMAN J. War and Peace:The 34th Annual Donald C. Brace Lecture[J]. Journal of the Copyright Society of the U.S.A.,2005(1):1-21.

[3] 梅慎实.浅谈著作权消灭的原因[J].中南政法学院学报,1990(1):92.

[4] 李雨峰.版权法上公共领域的概念[J].知识产权,2007(5):3-8.

[5] 冯晓青.著作权法中的公共领域理论[J].湘潭大学学报(哲学社会科学版),2006(1):143-148.

[6] 赵秀君.康奈尔与微软合作提供全球存取[J].数字图书馆论坛,2006(12):75.

[7] BENKLER Y. Free As the Air to Common Use:First Amendment Constraints on Enclosure of the Public Domain[J]. SSRN Electronic Journal,1999,(2):354-446.

[8] 江俊鹏,赵捷.开放获取平台版权政策研究[J].中国科技资源导刊,2017,(1):24-29.

[9] Currently Digitized[EB/OL].[2021-10-15].https://www.hathitrust.org.

[10] Our Digital Library[EB/OL].[2021-10-15].https://www.hathitrust.org.

[11] Copyright Review Program[EB/OL].[2021-10-15].https://www.hathitrust.org.

[12] HathiTrust U.S. Federal Government Documents Program[EB/OL].[2021-10-15].https://www.hathitrust.org.

[13] HathiTrust Rights Database[EB/OL].[2021-10-15]. https://www.hathitrust.org.

[14] 陈邦,徐军华,张帆.Google Book Search 与 HathiTrust 案例特点及启示[J].图书馆,2018(10):79-86.

[15] Search the HathiTrust Digital Library[EB/OL].[2021-10-15]. https://www.hathitrust.org.

[16] HathiTrust Collections[DB/OL].[2021-10-15].https://babel.hathitrust.org/cgi/mb?a=listcs&colltype=featured.

[17] Our Research Center[EB/OL].[2021-10-15].https://www.hathitrust.org.

[18] HathiTrust Research Center Analytics[EB/OL].[2021-10-15].https://analytics.hathitrust.org.

[19] Datasets[EB/OL].[2021-10-15].https://analytics.hathitrust.org.

[20] Data Capsules[EB/OL].[2021-10-15].https：//analytics.hathitrust.org.
[21] 项目背景[EB/OL].[2021-10-15].https：//cadal.edu.cn/index/projectBackground.
[22] FAQ[EB/OL].[2021-10-15]https：//cadal.edu.cn/index/showHelp.
[23] 金佳丽,薛霏,黄晨.学术数字图书馆二十年：从数字化合作到数字知识服务联盟[J].中国图书馆学报,2022,(2)：25-35.
[24] 潘晶.大学数字图书馆国际合作计划的回顾与展望[J].大学图书馆学报,2013,(4)：19-25.
[25] 陈海英,竺海康.中美百万册数字图书馆项目综述[J].大学图书馆学报,2005(1)：3-6+13.
[26] 版权声明[EB/OL].[2021-10-20].https：//cadal.edu.cn/index/copyrightStatement.
[27] 大学数字图书馆国际合作计划[EB/OL].[2021-10-20].https：//cadal.edu.cn/index/home#page1.
[28] 特藏库[DB/OL].[2021-10-15].https：//cadal.edu.cn/index/specialLibrary.
[29] 知领·特色产品[DB/OL].[2021-10-15].http：//metal.ckcest.cn/.
[30] 李斯,陈一.欧盟图书馆公共领域作品的数字化副本开放研究[J].数字图书馆论坛,2019(3)：56-63.
[31] Access and Use Policies[EB/OL].[2021-10-15].https：//www.hathitrust.org.

点评

随着信息技术发展,公共域文献资源合作存储和开放利用渐趋重要,而学术图书馆处于主导位置。本文以国内外两大学术图书馆数字资源合作存储与利用项目 HathiTrust 和 CADAL 为例展开调研,通过公共域文献资源来源、版权管理方式、资源利用等方面的比较分析,探寻数字时代公共域文献资源合作存储与利用的实现路径和构建策略。全文从基本概念讲起,论述详尽细致,明白易懂,对相关馆藏资源存储与利用研究有参考价值。论文的参考文献资料丰富,为论文写作提供了有力支撑。

惯习式生存与圈群化传播：后疫情时代社交媒体使用的嬗变

林恩全*

摘要：以人与社交媒体所映射出的接触和传播二维交叉域为研究框架，接触以常态化接触、拟态化嵌合和惯习式生存三个嬗变表征样态予以呈现；传播以归纳总结的方式建构中心化、节点化的传播可视模型。以演绎推理的方法建构圈群化传播可视化模型，归纳梳理出维系圈群化传播所需的亲缘、血缘、地缘、业缘、网缘、闪缘六重逻辑基础，呈现后疫情时代下社交媒体接触与传播的嬗变表征。

关键词：惯习式生存；圈群化传播；后疫情时代；社交媒体

一、问题提出与研究框架梳理

防控新冠疫情期间，基于社交媒体平台的多维社会情境成为人们社会舞台的重新组合，根据 QuestMobile 发布的《2019 中国移动互联网秋季大报告》显示：2019 年 1 月到 9 月中国移动互联网月活跃用户净增 239 万；《2021 中国移动互联网春季大报告》显示：2019 年 9 月到 2020 年 3 月，中国移动互联网月活跃用户净增 2 259 万；而《中国移动互联网春季大报告（2022）》显示 2020 年 3 月到 2022 年 3 月，中国移动互联网月活跃用户净增 2 091 万，月活跃用户规模达到 11.83 亿。这说明新冠疫情的发生对人们的媒介使用行为在时间和空间上达成了一次聚焦化的呈现。社交媒体在维持社会联系和施加政治影响方面发挥着重要作用，因此网络媒介作为联结虚拟现实与实在主体的窗口，人们使用网络社交媒体的行为研究不仅是行动论层面上探究媒介使用行为嬗变的时空嵌合点，

---

* 林恩全，男，鲁东大学文学院，新闻与传播专业 2020 级硕士研究生。

更是多维情境融合下人们传播模式转变的映射。后疫情时代人们的社交媒体使用发生了什么样的变化,这些变化又具有怎样的内部逻辑,对此问题的研究探讨成为笔者的出发点和落脚点。

人与社交媒体作为社会科学中的两个不同研究主体,在研究中逐渐达成了两者主体性的交融,伴随技术的更迭,技术可供性的辅助拓宽了学者们的研究思路,打破了传统的阐释人与技术/环境关系的"主体—客体"二元框架[1]。传播学研究领域对于媒介接触与使用的研究是最为基础、也最为常见的一种研究方向[2],利用技术可供性,助力新的媒介接触与使用样态,出现了融合了时间维度和环境因素的新的复杂理论框架设想,提出了一套"从内环境到微观环境到中观环境到宏观环境再到外层环境的理论性研究框架"[2],在该框架下"媒介使用习惯""具体情境下的及时媒介接触行为"成为重要的衡量指标。因此突破人—媒介的二元对立关系,将后疫情时代下的人与社交媒体放在同一性的视角下审视,是笔者研究框架的一个方向。

从发展角度审视人与媒介的关系,后人类学拓展了媒介主体性的研究,反思了人类中心主义的传统认知,提出"媒介性主体性话语以媒介化赛博格的生命形态为物质基础"[3]。从发展的视角下审视社交媒体,它通过人—媒介—身份的结构特征,表达了拟态空间中的多种活动性质。传播不仅仅是接受、传递、扩散的行为集合,也是时空上的社会维系行为[4]。基于社交媒体的传播方式的演变过程则暗喻拟态社会的结构变革和内部逻辑的演进,由此笔者从理性哲思和发展的视角下梳理出了研究框架:基于人和社交媒体的二维交叉领域的接触层面和传播层面,如图1所示。

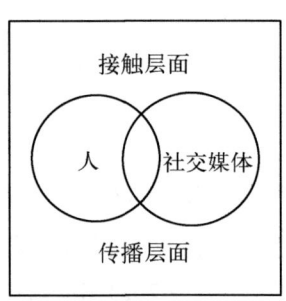

图1 研究框架:人与社交媒体的二维交叉域

二、接触形态的转演与嬗变

(一)介质化:常态化接触行为的原始表征

"马克思主义哲学阐明了人类社会的辩证发展性、发展的规律以及推动规律实现的主体力量"[5],发展性是人类社会不断前进的原因所在,单维时间的演进与多维空间的开拓让"探索性"成为演进工具。在传播学领域,单维时间指向的前提下,传播领域的开拓与传播意义的创造是发展性体现的重要方面,展现于当下的互联网社会与介质化意义的开发,即原始表征物具有了新的意涵,介质化是人建立意义的重要关系渠道,如玫瑰花可以作为爱情意义的承载介质、雷电可以看作是"闪电侠"含义的介质。介质的原始存在是现实空间,而伴随着人们对虚拟空间的开拓、建造与完善,全新的拟态空间介质化表征工具逐渐出现。

社交媒体通过数字化、符号赋能等方式赋予现实事物与拟态事物以介质化的表达,并依赖于强、弱链条支撑下的各种逻辑关系而组建,是对网络社会离身化拟态关系建构的补充。社交媒体的出现是对社会发展性的空间化表达,赋予现实关系链条以拟态介质属性。电子信号将富有意义的信息转变为数字化的文字符号,在被受者解读后成为拟态关系链条挪移或建构、加强或弱化的基础和依据。同时,关系的多中心化让关系链条的对接和断裂可以任意,节点化定位赋能于拟态主体快速的检索与对接。此外,介质化属性的表达还体现于"社交媒体拥有丰富的多模态符号资源"[6],如Facebook在建立初期统合数字化的文字、图片、视频、声音媒体等多模态符号。社交媒介的附加属性对使用受众产生行动诱因,产生认知、接触、使用、传递、评价的受众行为,在这个过程中用户的某些需求得到满足。

拟态空间不断发展完善,将人们在网络社会中的"表演"画像雕琢得更加清晰,拟态社会中介质化的多维表达满足拟态主体对于传播意义的发展创造要求。拟态主体接触社交媒体时取得了同层域人群的优越感,满足了精神方面的需求,而社交媒体平台的互联、互动等全时连接模式提供人们可操作、可探索、可试验的认知,从而建构了人们常态化的接触表征。

(二)多元嵌入:拟态化嵌合的实践性表达

随着媒介技术的不断成熟完善,新的技术模块逐渐被统合进网络社交情境,表达为社交关系链的场景转移、嵌套和拟态主体的"嵌入"。同时,媒介基础设施的铺设与普及,多种场景接入嵌口的搭建,让具有拟真性和独特性的拟态符号重构主体画像,建构拟真性社交场景,"使受众可以自由地获取可供选择的任何信息"[7],建构现实主体的拟态化表征。

具体来看,文本叙事与音频、视频相结合,表情包嵌入拟态关系链条,成为情感表达的网络象征符号,作为意义载体的表情包将普通的信息传达变得更加形象、生动,同时,附带的情绪确认及感染价值属性,使现实中的抽象情感得以在拟态空间表达,"将会带来社会话语语态和生态变革"[8]。除此之外,社交媒体与流媒体之间的互嵌,缩短了分享主客体之间的媒体距离,个人的场景喜好得以在复杂的关系网络中"定位",现实关系网络得以在拟态空间下精准"复刻"。

综上所述,现实主体的拟态嵌入不仅包含以个人为轴心的形象嵌入,还包含现实关系的拟态嵌入、拟人化表情符号承载下的情感嵌入等多元、多维、多时空的嵌入体系。这是人类基因在互联网社会传承、演进,复制、繁衍的"迷因"[9],社交媒体平台通过自身内化的属性功能赋于具备心理适应能力的现实主体在拟态环境中进行基因复刻的嵌口,现实中的个人以嵌入主体的身份在社交媒体平台上进行信息转录与基因复刻,个人与媒介硬件的接触过程泛化为一场拟态空间的表演,表达为拟态嵌入的持续发展过程,在这个过程中,个人"有意识地进行自我呈现、印象管理和群体配合"[10]。拟态世界与现实之间的弥合成为反映互联网社会演进的一个窗口,社交媒体深嵌虚拟却又迎合现实,出现了动态的虚拟互通,拟态主体以多元嵌入的方式实现了拟态化的场景融合。

（三）惯习式生存：拟态社交场域接触新样态

"场域"是社会关系在多维空间的统合,布迪厄将其特征表达为自主性未完成与结构化完成的社会空间内的话语与社会活动[11],在网络社会,已实现的结构化储备与虚拟主体的具体需要赋能于拟态社交场域中话语的意义传达及行动实践场所的搭建。人与社交媒体的融合嵌套表达为现实实在和拟态虚幻的交错,在防控新冠疫情这一特殊时期,政策发布、社会新闻、购物出行、信息获取、数据传达等以人为中心的实践活动转变为一场聚焦化的虚拟主体向拟态社交场域的过渡行动,虚拟与现实间的异位与同步在防控新冠疫情这段时空压缩区段的影响下出现失衡,虚实同步是过去的常态,是现实肉体对精神世界的掌控,但是拟态社交场域里结构化体系的建设,现实意义在拟态环境下的多重拟态符号呈现,让虚实间的异位逐渐由非常态进化为常态。异位的非常态化表征是精神与实在肉身的分离,表达为现实个体对客观世界的不接受、不感知。在可供性助推下的虚拟社会逐渐衍生出数字化孪生的拟态个体,尤其在时下火热的"元宇宙"虚拟空间中,异位逐渐表达为一种合理的常态化信息接受处理体系,如学者喻国明所指出的"从'场景时代'到元宇宙再到'心世界'的未来"[12],这种表征将在媒介的不断演进及媒介接触的更迭中有更加充分的体现,而究其根本是虚拟场域下的主体竞争,获取虚拟资源以提升自身在虚拟场域中的位置,虚拟场域下的博弈从宏观上助推了现实接触惯习的养成。

现实主体的媒介接触呈现出异常接连的状态,让现实肉身成为虚实相连的中介,拟态社交场域成为精神蜗居的空间,而无意识、内生性的精神世界是禀性雕琢的重要场地。在后疫情时代,拟态社交场域中禀性刻画通常具有以下特征:首先它表达为持久性,拟态场域中的重复性行为或活动扎根于心智内部,表现出身体结构上的迎合和心智壁垒的消失,对社交媒体展现出无阻隔的惯习式接纳。其次,它兼具发展性,拟态化融合过程中的多元嵌入实践因为脱域特质[13]和外在化属性让主体嵌入融合的结果存在边界。拟态主体脱域造成拟态社交场域下不全面的信息传达,外在化属性让新旧媒介交替时期的现实主体的媒介接触存有隔阂,但发展性的体现是通过消匿嵌入边界和诱发内省产生置换、添加或栅格。具体来看,是网络拟真、拟人符号的创设和情感传输渠道的铺设以及技术可供性助力媒介演变带来的拟态场域深度融合。拟态社交场域中产生的感知、感觉、行动和思考镌刻拟态社交场域中的精神主体,虚拟主体与社交媒体深度融合,表达为人在拟态社交场域中惯习式生存。

三、传播方式的转移与变迁

(一)技术的可供性:中心化到节点化的传播方式变迁

中心化传播是互联网未出现及出现早期一种社会关系形态和信息产发形式,传播主体往往具有一定的身份特征或技术优势,保证自身在传播系统中的主体地位,它的传播模式类似于传统大众传播,但是因传受双方缺乏互动反馈而饱受诟病。结合拉斯韦尔提出的"5W"传播模式,中心化传播具有主体的唯一性和客体的泛在性,因此形构出由传播主体、传播客体构成的可视化模型(如图2)。Web1.0时期,门户网站的出现打破了在场传播的束缚,实现了时空脱域,通过信号的传输与转换,达到传播的目的。但Web1.0只是传统大众传播的翻版再现,虽然通过技术的变革实现了传播过程的空间转移,但其内部传播逻辑仍然延续以前的大众传播,人们所听所见夹杂了传播主体的主观意见。对信息的接受受到可信度圈层的干扰,从传播主体中心向外延伸,依次出现对传播主体可信度的不同圈层,对传播主体拥有较高可信度的受众对信息的接受程度更高;随着受众对传播主体可信度的降低,他们对传播主体所发出的信息接受程度呈现出一定的下滑,颜色深浅度是对受众接受程度的直观反映。

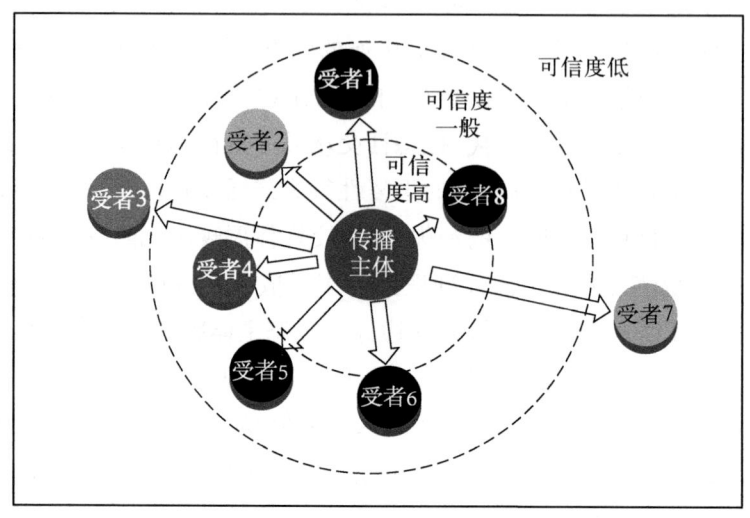

图 2 中心化传播可视模型

技术可供性溯源于实验心理学家詹姆斯·吉布森,其强调人与自然之间动态的相互作用。随着对可供性研究的深入,可供性研究逐渐由自然与人转向技术,技术可供性成为理解互联网文化的一个十分重要的视角,"它让我们从技术自身的属性出发,去拼接各种看上去毫无关联的社会因素,实现对于文化的完整理解。"[14] 同时,它也是传播方式变革的一大助推因素,技术可供性有两方面的外在体现:首先是技术层面上的创造性实践的集合,其次是行动者层面上的客观条件。创造性实践的集合需要建立在一定的技术基础之上,例如社交媒体所提供的元功能是信息的传递,而其他的创造性实践均以这一前提为基础。行动者层面上的客观条件决定了行动者对这些可供性的识别程度。Web1.0 时代,提供了信息虚拟化传播的基础,而技术可供性的效力也在持续发挥,人们打破技术桎梏,推陈出新,随着 Web2.0 时代的到来,各种新技术、新理念也由此出现,人们接触社交媒体的客观条件壁垒被打破,去中心的节点化传播方式随着社交媒体推广而普及开来。

学者彭兰在分析网络传播模式变迁时,认为互联网传播模式变迁新阶段便是个人门户的传播模式[15]。网络用户在互联网上搭建属于自己的"个人门户",并通过社会网络关系与外界相连接,互联网用户成为网络关系中的一个个节点,形塑网络社会。节点化传播具有去中心、多主体、互动性和社会关系网络等特点,技术可供性打破了传播权力壁垒,各个网络节点成为传播的主体,进行双向互动的信息传递。如图 3 中展示的是网络节点的最优化传播过程,即各个网络节点接收到信息,一定会将该信息传输到该社会网络的其他节点,而实际传播过程中,某些节点可能会成为信息接收的终端。

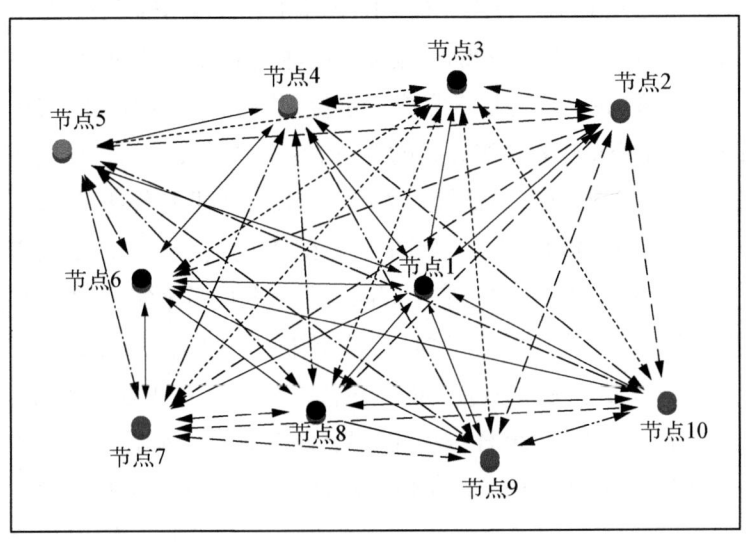

图 3　节点化传播可视化模型

(二)新转向:节点化到圈群化的传播方式嬗变

媒介技术的可供性让社交媒体仍以肉眼可见的速度发展和转变,近年来网络社会也逐渐由各自为营的松散型节点向更为紧密的组织型发展,呈现出圈群化的发展趋势[16],这种新生的网络组织形式引起了传播方式的变革,原本松散离散的个人节点依赖技术可供性提供的圈群化可能实现了聚合,这种技术的可供性体现于社交媒体社会关系链建构下的好友添加选项,基于意见和情感认同之上的关注与订阅按钮,每一个选项和按钮的点击背后都意味着一个新圈群的产生。

托夫勒曾划分出社会发展的四阶段,即史前社会、农业社会、工业社会和信息社会[17],学者刘明洋据此提出各个社会时期圈层建立的内部逻辑,分别是:血缘逻辑、地缘逻辑、业缘逻辑和趣缘逻辑[18]。网络圈群建构的内部逻辑除了上述所说的血缘逻辑、地缘逻辑、业缘逻辑和趣缘逻辑,还可能包含网缘逻辑和闪缘逻辑。血缘逻辑所建构的网络圈群是依附于个人强关系链条的亲朋好友的集合;地缘逻辑是嵌合成员地理层级要求的网络集合内层逻辑,是基于地理位置要求的人的集合;业缘逻辑构筑的是个人社会角色关系链集合;趣缘逻辑在当下互联网社会展现出强大活力,它是用户离身化网络活动中所表现的情感认同、价值取向的深层逻辑,通过相同的兴趣爱好和价值观建构相应的网络圈群。网缘逻辑是指网络技术革新带来的拟态空间的群集可能,具有依托于网络节点的泛在性;闪缘逻辑,它建立在学者提出的"泡沫圈群"[19]的基础之上,意指一种随时建构或随时消散的圈群聚集逻辑,具有边界模糊、虚实交错的特点,但却可以通过用户个人的收藏、转发或再检索完成再定位,从而实现由虚拟向实在的转变。

网络圈群的建构意味着传播方式的变革,后疫情时代人们在社交媒体呈现出惯习式的生存样态,这加剧了传播模式的革新速度。圈群化传播,描述了传播的基本单位,也说明了传播的概念形式,如图4所示,人们基于一定的逻辑需求构建起网络圈群,圈群之间的信息传递依靠不同圈群中相同成员来实现,圈群传播的传播效果受到传播主体的信度和效度影响。例如圈群A中的信息接受者是圈群E中的传播主体,他将在圈群A中所获得的信息传输到圈群E或者其他圈群中。传播效率越快,效度越高,圈群越聚合;效率越慢,效度越低,圈群越离散。传播主体信度越高,传播效果越好,刻画的传播主体形象越高大,越容易出现在圈群的中心,反之亦然。圈群化的传播方式在防控新冠疫情期间发挥了重要作用,国家通过社交媒体发布新冠疫情信息,而处于该圈群中的人们往往会将该信息发送到家族群、老乡群或者朋友圈。后疫情时代圈群化的传播方式仍然延续,这种传播方式的嬗变横亘于技术发展和时代变迁的整个时期,表现出历时性和动态性的特征。

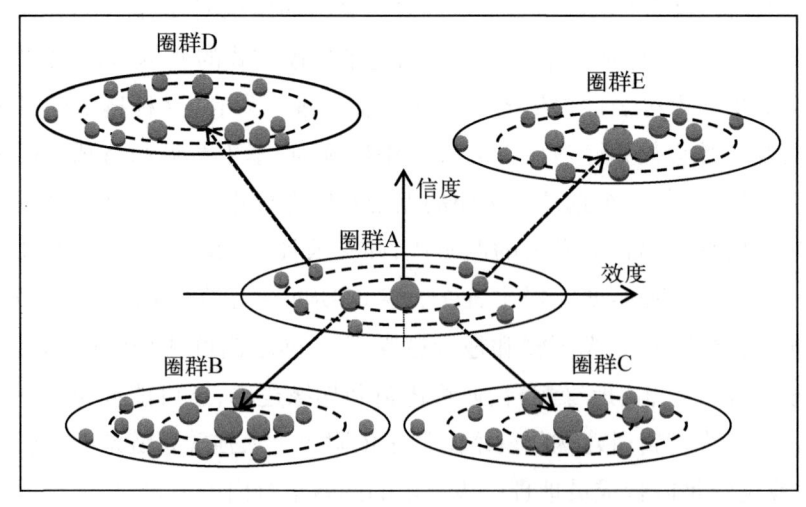

图 4 圈群化传播可视化模型

四、结论

笔者采用文献研究法和数据调查法研究后疫情时代人们的社交媒体使用行为,根据学界对社交媒体的相关研究,提炼出以人与社交媒体交叉域中所呈现的接触和传播两个层面。在对接触层面的研究分析中描绘了从常态化使用到拟态化融合再到惯习式生存的嬗变过程,并分别依据创新扩散理论、拟剧理论和学者对惯习的凝练与总结进行论证。传播层面的分析对技术可供性在中心化传播到节点化传播演变过程中发挥的作用进行分析,分别刻画了中心传播、节点化传播、圈群化传播的可视化模型。其中中心化传播模型依托于拉斯韦尔的"5W"模式模型的延伸与刻画,节点化传播根据彭兰对互联网时代节点化传播模式的相关理论论述,在圈群化传播的论述中,归纳了此前学者的研究内容并提出了圈群传播所依托的亲缘、血缘、地缘、业缘、网缘、闪缘六重内部逻辑,刻画了新时期的圈群传播可视化模型。此外,研究过程中还发现传播方式与接触模式的演变过程呈现出历时性的特点,在某个时期往往是一种或多种传播模式交叉存在。笔者使用嬗变一词来概括动态发展的传播方式变迁,对圈群化传播过程中信度和效度的具体影响因素有待进行深入的分析研究,惯习式生存和圈群化传播是人们在社交媒体使用方式的不同层次的嬗变,但是这种嬗变对人们会造成什么样的影响还有待考量。

参考文献:

[1] 殷乐,高慧敏.智能传播时代的社会交往:场景、逻辑与文化[J].中国编辑,2021(10):77-81.

[2] 喻国明,何其聪,吴文汐.传播学研究范式的创新:以媒介接触与使用的研究为例——用户媒介接触与使用的研究范式及学术框架[J].新闻大学,2017(1):85-93+150.

[3] 单小曦.媒介性主体性——后人类主体话语反思及其新释[J].文艺理论研究,2018(5):191-198.

[4] 薛艺兵.对仪式现象的人类学解释(上)[J].广西民族研究,2003(2):26-33.

[5] 胡建兰.新时代"以人民为中心"共同富裕指标体系的构建[J].改革与战略,2021(10):32-39.

[6] 吴远征,冯德正.社交媒体环境下的多模态话语治理——以新冠肺炎疫情中抖音短视频新闻为例[J].北京第二外国语学院学报,2022(2):31-50.

［7］张成良.融媒体传播论［M］.北京：科学出版社，2019：34.

［8］郑满宁.网络表情包的流行与话语空间的转向［J］.编辑之友，2016（8）：42－46.

［9］［英］理查德·道金斯.自私的基因［M］.卢允中，译.长春：吉林人民出版社，2006：3.

［10］［美］欧文·戈夫曼.日常生活中的自我呈现［M］.冯钢，译.北京：北京大学出版社，2008：15－20.

［11］ BOURDIEU P. Language and Symbolic Power［M］. Cam-bridge：Polity Press，1991：74－75.

［12］喻国明.未来媒介的进化逻辑："人的连接"的迭代、重组与升维——从"场景时代"到"元宇宙"再到"心世界"的未来［J］.新闻界，2021（10）：54－60.

［13］姜华，张原萃，位昕.新媒体时代政府网络舆情治理大数据能力建构研究［J］.传播与版权，2022（03）：54－56.

［14］常江.互联网、技术可供性与情感公众［J］.青年记者，2019（25）：92.

［15］彭兰.从"大众门户"到"个人门户"——网络传播模式的关键变革［J］//钱莲生，主编.中国新闻年鉴［J］.中国新闻年鉴社，2013：314－318.

［16］崔家新.网络社群的圈群化转变：动因、影响及应对［J］.宁夏党校学报，2020（4）：105－111.

［17］［美］阿尔文·托夫勒.第三次浪潮［M］.黄明坚，译.北京：中信出版社，2006.

［18］刘明洋，王鸿坤.从"圈层传播"到"共同体意识"建构——基于2011—2018年"十大流行语"的话语议程分析［J］.出版发行研究，2019（9）：56－62.

［19］张成良，王国芸.云端社群：虚实泛化中的关系研究与模型探索［J］.中州学刊，2021（6）：161－166.

点评

新冠疫情防控的现实状况一定程度上阻隔了人们与现实场的关联，现实场逐渐向网络空间挪移，构筑起人们生产生活的新场域，社交媒体使用出现新样态。本文以人与社交媒体所映射出的接触和传播二维交叉域为研究框架，提出接触层面从最初的二元方式到个体化转向和圈群化生活的复杂耦合，并以演绎推理的方法建构了圈群化传播可视化模型，创造性地归纳梳理出维系圈群化传播所需的亲缘、血缘、地缘、业缘、网缘、闪缘这六重逻辑基础，阐释了后疫情时代社交媒体接触与传播的嬗变表征。全文视角新颖，论述有特色，结果有说服力。

高空抛物罪的法教义阐释与司法适用研究

秦雨田*

摘要： 如何正确解构高空抛物罪以实现准确的定罪量刑，笔者从理论与实务两个维度研究，认为高空抛物罪保护抽象的社会秩序，定罪的"情节严重"应属于客观的评价要素，对其的解释不应包括反映行为人主观恶性的情形。高空抛物罪第二款属于拟制性规定，在高空抛物罪与寻衅滋事罪等犯罪发生竞合时应注重以法条竞合关系中的特别关系为分析进路进行相应定罪量刑，反对以想象竞合关系一揽子重罪处罚。有关机关应当不断完善我国的法律规制体系，尽快出台相关司法解释，统一司法裁判规则，以实现高空抛物罪的社会治理效果。

关键词： 高空抛物犯罪；实害犯；情节严重；法条竞合

引言

《刑法修正案（十一）》正式为高空抛物犯罪行为确立了独立的罪名和构成要件。自从2019年11月最高人民法院出台《关于依法妥善审理高空抛物、坠物案件的意见》（以下简称《审理意见》）将高空抛物行为认定为犯罪，这一规定开启了正式以刑罚制裁方法惩处高空抛物、坠物犯罪的序幕[①]。2020年6月28日《刑法修正案（十一）（草案）》（以下简称《草案》）将高空抛物行为归入危害公共安全类犯罪，高空抛物犯罪独立进入了刑罚规制体系内[②]。2020年10月3日《刑法修正案（十一）（草案二次审议稿）》（以下简称《二审稿》）规定将高空抛物

---

* 秦雨田，女，中国政法大学刑事司法学院，刑法学专业2022级硕士研究生。
[①] 《最高人民法院关于依法妥善审理高空抛物、坠物案件的意见》（法发〔2019〕25号），第5条。
[②] 《刑法修正案（十一）（草案）》第1条。

犯罪纳入社会秩序类犯罪,并增加"情节严重"这一条件作为定罪界限①。最终,2021年3月1日正式施行《刑法修正案(十一)》,保留了《二审稿》中对高空抛物犯罪作出的相应规定,将高空抛物犯罪定以独立罪名并归入《刑法》第六章第一节即扰乱公共秩序犯罪。自此之后,高空抛物犯罪实现了独立的刑法规制体系和构成要件系统。

刑法学界对高空抛物行为独立入罪的必要性、合理性等立法的抽象层面进行了热烈的探讨,其中不少学者持否定态度,他们的反对观点主要是认为刑法应坚守其社会保护法的本质立场,保持谦抑性而不应过于活泛化和情绪化②;也有学者认为应规范理解高空抛物入刑的恰当性③。在司法适用层面,由于此罪所保护法益不清、罪状描述过于模糊、无权威性司法解释等,导致在实际司法适用过程中难以发挥其应有之效用。

笔者主要立于理论与司法实务两个维度,对高空抛物犯罪的犯罪类型、法益保护、"情节严重"具体界定标准、第二款条文的性质以及司法适用条件等问题进行分析思考,以期能完善高空抛物罪的司法适用理论,提出具体的司法适用规则建议。

一、高空抛物犯罪的理论争议与实务困境

(一)高空抛物罪"犯罪类型""保护法益"的理论阐述

1. 高空抛物犯罪所属类型的相关争议

有学者认为高空抛物罪属于抽象危险犯④,行为人被认定为犯罪只是因为对抽象的集体法益造成了危险,《刑法修正案(十一)》将高空抛物罪等抽象危险犯独立入刑,实质上是保护的早期化、过度化;也有学者认为高空抛物犯罪属于具体危险犯⑤,认为具体危险犯的行为性质更符合刑法谦抑性的坚守,也符合罪

---

① 《刑法修正案(十一)(草案二次审议稿)》第28条。
② 韩轶:《刑法更新应坚守谦抑性本质——以〈刑法修正案(十一)(草案)〉为视角》,《法治研究》2020年第5期。
③ 赵香如:《论高空抛物犯罪的罪刑规范构造——以〈刑法修正案(十一)(草案)〉为背景》,《法治研究》2020年第6期。
④ 刘艳红:《积极预防性刑法观的中国实践发展——以〈刑法修正案(十一)〉为视角的分析》,《比较法研究》2021年第1期。
⑤ 赵香如:《论高空抛物犯罪的罪刑规范构造——以〈刑法修正案(十一)(草案)〉为背景》,《法治研究》2020年第6期。

刑相适应原则；也有学者认为高空抛物属于情节犯，基于刑法将高空抛物行为纳入社会秩序类犯罪①，或基于刑法将情节严重作为高空抛物的构成要件情节②。

2. 高空抛物犯罪保护法益的相关争议

有学者主张高空抛物犯罪的侵害法益是"社会公共秩序"③，这不仅是基于高空抛物犯罪在刑法分则中的位置考量，也是对立法转变的思考，认为现实中存在高空抛物仅侵害社会公共秩序而未威胁公共安全的情形，若一味将法益定位为"公共安全"，则难以对高空抛物行为产生实际治理效果；有学者在"公共秩序"与"公共安全"两个法益比较之间认为"公共安全"法益更符合高空抛物行为的侵害特征④，只有认定高空抛物行为的侵害法益是"公共安全"才能保护社会中的每一个不特定人和每一种具体的财产权益。

（二）高空抛物犯罪的司法适用难题

高空抛物犯罪在实践中如何具体适用以体现罪刑法定原则，司法适用问题已然成了争议的焦点之一。

截至2022年3月1日，笔者在中国裁判文书网上输入"高空抛物、刑事案件、刑事一审、裁判日期：2021-03-01 TO 2022-03-01"的条件，共得到91份结果。在这91份结果中，因高空抛物行为造成财产损失、人身伤害结果被认定为符合构成要件而被定罪处罚的案件有44例；行为人的高空抛物并未造成财产损失、人身伤害等实害结果，仅是因为实施了高空抛物行为，所抛之物处于按照社会一般观念易对法益造成隐患的地点而被定罪处罚的案件有39例；高空抛物行为"险些砸中行人"，对社会群众人身法益造成紧迫危险而被认定为犯罪的案件有8例。

通过对司法判例的分析，可以发现实务机关在适用高空抛物罪进行定罪量刑的过程中仍存在许多难题。具体来说，在司法实践中，高空抛物犯罪有以下几个问题值得关注：

1. 高空抛物犯罪的犯罪类型定性模糊

刑法理论通说认为，根据是否以发生侵害结果作为成立犯罪既遂标准，可将

---

① 彭文华：《〈刑法修正案（十一）〉关于高空抛物规定的理解与适用》，《苏州大学学报（哲学社会科学版）》2021年第1期。
② 刘在青：《高空抛物类型区分与行为定性》，《检察日报》2021年3月20日，第3版。
③ 陈兴良：《公共安全犯罪的立法思路嬗变：以〈刑法修正案（十一）〉为视角》，《法学》2021年第1期。
④ 焦冶，朱誉：《高空抛物的法律属性争议界定与归责厘清》，《阅江学刊》2021年第5期。

犯罪分为危险犯和实害犯,又可将危险犯进一步划分为具体危险犯和抽象危险犯。通过对上述91份司法案例的整理分析,实务机关对高空抛物犯罪类型的定位如表1所示。

表1 高空抛物犯罪类型定位

具体犯罪结果表现	犯罪类型	司法判例数量(例)
高空抛物行为造成人身伤害、财产损失的结果	实害犯	44
建筑物高空抛下的物品落在人行道等可能砸到人的地点	抽象危险犯	8
行为人从建筑物高空所抛之物险些砸中行人	具体危险犯	39

通过数据分析,可以看到司法机关尚未统一明确高空抛物罪的犯罪类型。在司法实务中,司法机关或将高空抛物犯罪定位为实害犯,认为高空抛物行为需造成财产损失、人身伤害等实际危害结果;也有将高空抛物犯罪认定为抽象危险犯,只要行为人的高空抛物行为有危及财产、人身安全的可能性时,就可以适用刑法进行规制;或者将高空抛物罪认定为具体危险犯,行为人的违法行为给法益造成了紧迫的危险状态时,就可以将该行为以高空抛物罪进行定罪处罚。

准确认定高空抛物罪属于实害犯还是危险犯,将有利于划定刑法规制的介入时间,避免产生保护迟延或者保护前置化等问题。

2. 高空抛物犯罪保护法益不清

高空抛物犯罪位于刑法分则第六章"社会公共秩序类"犯罪中,保护的是社会公共秩序不受妨害。通过判例研究,被告人可能因为实施高空抛物行为,造成财产受损、人身受伤结果而被定罪;亦可因为高空抛物扰乱公共秩序而被定罪;更有因为高空抛物行为威胁了公共安全而被处以刑事规制。公共安全与公共秩序都具有抽象特点,刑法理论通说认为"公共安全"包含不特定或者多数人的人身、财产安全,若抛物行为确侵犯了公共安全,如行为人从建筑物高空向下抛掷了煤气罐、炸弹等,则应该认定其危害了公共安全类犯罪。行为人实施了抛物行为是否足以认定行为侵犯了公共安全而成立高空抛物罪,存在法益定位不清导致罪刑不相适应、此罪与彼罪界限不清的问题,因此司法机关在实务中对高空抛物犯罪保护法益的模糊定位问题亟待解决。

3. 高空抛物犯罪"情节严重"存在解释漏洞

笔者查阅了91份判决书,例如判决理由中通常简单表述为"被告人从建筑物高空抛掷物品,情节严重,其行为已构成高空抛物罪,依法应予惩处。"①"造成被害人实际经济损失"②,"连续多次从建筑物高空抛掷物品"③等被认定为"情节严重",司法机关对"情节严重"的认定尚未实现统一标准,"情节严重"被赋予高空抛物罪出罪的功能或被认定是刑事入罪的门槛,现今对其解释要求立法表述严谨和司法解释明确。

4. 主观罪过的不查导致此罪与彼罪界限不明

高空抛物的行为人有不同罪过心理时,应认为构成不同的犯罪以体现主观与客观相统一原则。如案例1:被告人徐某高空抛物案中,行为人在三楼楼梯口向下观察了一下后,便将铁架从三楼扔了下去,砸中恰在一楼经过的被害人的头部,最终认定为高空抛物罪④。案例2:潘某高空抛物一案中,被告人饮酒后,因不满被害人陈某要将位于其家旁边的仓库改建为厨房,冲动之下从高约14米的自家自建房楼顶处使用水泥砖砸向位于对侧的陈某家的仓库铁皮棚,最终被认定为高空抛物罪⑤。这两例案件中的被告人虽然都有高空抛物的故意的罪过心理,但可以发现,案例1中徐某明知自己的高空抛物行为可能扰乱社会公共秩序却仍然实施,具有高空抛物的故意;案例2中的被告人意图以高空抛物行为实现损害他人财物的目的,高空抛物是行为人毁损财物的手段,其一个行为侵犯数罪名,构成想象竞合,应当以故意毁坏财物罪定罪处罚。而现实判例中,最终两罪都被定以高空抛物罪,难以最终体现社会公平正义,实现良好的社会效果。

综上,在司法实务中,高空抛物罪司法适用过程中仍存在着犯罪类型定性模糊、保护法益不清、裁判规则缺位、定罪不当等问题。基于此,笔者在高空抛物罪的理论研究基础上,就现今发现的实务问题作一些思考,期望对高空抛物罪的司法成熟化提供见解,这也是笔者研究的核心所在。

---

① 徐某涉高空抛物案,上海市静安区人民法院(2021)沪0106刑初1301号刑事判决书。
② 杨某高空抛物案,辽宁省锦州市古塔区人民法院(2021)辽0702刑初216号刑事判决书。
③ 伍某高空抛物案,四川省米易县人民法院(2021)川0421刑初161号刑事判决书。
④ 徐某高空抛物案,广东省深圳市宝安区人民法院(2021)粤0306刑初339号刑事判决书。
⑤ 潘某以危险方法危害公共安全、高空抛物案,广西壮族自治区凤山县人民法院(2021)桂0124刑初122号刑事判决书。

二、高空抛物犯罪行为性质的理论分析

（一）高空抛物罪属于"实害犯"的犯罪类型

1. 高空抛物罪的犯罪类型定位

犯罪类型化的划分并不意味着彼此之间为非此即彼的对立关系，如有的学者主张，"情节犯可能是危险犯、结果犯，也可能是行为犯或实害犯，情节犯的犯罪类型应该在具体案件中根据所保护的法益、法条规范表述、法定刑轻重、与相关犯罪关系等因素进行具体判断"①。据此，笔者认为我国的高空抛物罪应属于实害犯，这与高空抛物犯罪的立法目的、规范内容以及刑法的谦抑品格相联系。

2. 高空抛物罪的犯罪类型的理论论证

高空抛物罪独立入刑法的目的是为了保护社会人身财产安全，维护社会和谐稳定，同时我国司法机关在审判高空抛物案件时也常以造成的实害结果作为定罪量刑的标准，将高空抛物罪保护的概括性社会秩序法益具体化为物质性的财产、人身损害，也有利于解决我国有关机关与高空抛物行为作斗争的多年实践中的难题，即"取证难"的问题。因此，将高空抛物行为认定为实害犯能更好地与我国相关的司法审判实践保持一致，保持法律和司法的和谐统一和权威。

从规范规定角度，将高空抛物认定为实害犯具有合理性。高空抛物犯罪规定了作为入罪限制的"情节严重"要件，这就意味立法者旨在规制的是给法益带来实际侵害的不法行为，而不是一种避免人民群众的利益受到损害的保证。我国高空抛物罪的法定刑为"一年以下有期徒刑、拘役或者管制，并处或者单处罚金"，根据罪刑相适应原则的要求，立法机关高空抛物的法定刑设置要规制高空抛物行为造成的社会危害性，同时高空抛物罪第二款规定了竞合条款，高空抛物罪所要处罚的是那些比一般的治安违法行为的社会危害性大，但又不至于达到故意杀人、故意伤害程度，而是对人民群众的财产和安全造成了损害的犯罪行为，所以将高空抛物行为认定为实害犯更符合法条的教义解释要求。

从刑法谦抑原则角度，将高空抛物认定为实害犯有其必要性。刑法谦抑原则要求刑法不应过度地活跃，若将高空抛物行为类型化为危险犯，实质上是将刑罚处罚提前到高空抛物行为本身给社会带来风险时的阶段，也难以用确定性的

---

① 陈洪兵：《"情节严重"司法解释的纰缪及规范性重构》，《东方法学》2019年第4期。

法律条文具体化行为危险性标准。根据处罚阶段提前不符合刑法应保持谦抑的要求，将高空抛物行为类型化为实害犯更为合理且必要。

因此，合理界定高空抛物罪的犯罪类型是实害犯是正确定罪的外部标准，避免构成要件的前置化、定罪早期化。笔者认为应当将高空抛物罪类型化为实害犯，在具体案件中，司法机关既要考虑高空抛物行为本身社会危害性的轻重程度，更应将行为导致的危害性结果作为定罪基础。

（二）高空抛物罪的保护法益是"社会公共秩序"

1. 集体法益与个人法益关系的相关争议

根据法益主体的不同，刑法学界采用"三分法"将法益区分为个人法益、社会法益、国家法益[①]。根据一元论，刑法的任务和核心是保护个人法益，个人利益重于国家和社会利益，所以个人法益居于集体法益之上，集体法益不具有独立地位；二元论要求刑法对个人法益和集体法益应给予同等关注和保护，集体法益因此获得了独立地位的支持[②]。

2. 有关集体法益独立地位的相关论证

一元论与二元论都承认集体法益存在的合理性，分歧在于集体法益是否应该具有独立地位。集体法益的独立地位具有现实必然性。风险社会理论下，强调集体法益尤显重要，"现代刑法，除了保护个人法益，还需要体现刑法的秩序建构功能和安全塑造功能，并维护国民对该制度体系的信赖"[③]，"由此，更多的风险预防、以应对风险为目的的集体法益保护，就成为刑法所追求的目标、所保护的对象"[④]。集体法益在法益理论中的独立地位有其论述依据，"集体法益的特性：第一，使用上的包容性。集体法益是所有个人的利益集合（公共利益或者共同利益），因此集体法益具有使用上的包容性，任何个人都得以使用，无人能除外。……第二，消耗上的非竞争性。例如，国家安全是一项集体法益，因为国家安全可以同时供全部的个人互不冲突地享用。……第三，不可分配性。每个国民都能享受到'整份'的国家安全但国家安全不能分配给具体的公民 A 或者 B（不可分配性），也不能分割成不同的份额（不可分割性）"[⑤]。因此，国家在强调保护个人法益以保障个人自由的同时，也要加强对集体法益的保护，维持正常

[①] 张明楷：《刑法学》（第6版），法律出版社2021年版，第80页。
[②] 王永茜：《论集体法益的刑法保护》，《环球法律评论》2013年第4期。
[③] 陈家林：《法益理论的问题与出路》，《法学》2019年第11期。
[④] 孙国祥：《集体法益的刑法保护及其边界》，《法学研究》2018年第6期。
[⑤] 王永茜：《论集体法益的刑法保护》，《环球法律评论》2013年第4期。

社会生活秩序。

3. 社会公共秩序法益的认定标准

为了有效地防范风险,立法机关往往对集体法益保护前置化,该种犯罪的具体构成要件表现出危险早期化、定罪前置化的特征。但是"所有'此类前置性构成要件不会被描述得非常精确',法律适用者不可避免地会走上以司法解释为依托、以刑事政策为导向决定集体法益保护范围的道路"①。如何正确地界定法益侵害标准就变得至关重要,定罪过分前置化会导致个人自由受到过分限制,定罪过分迟延也无法起到保护法益的立法目的。

(1) 社会公共秩序法益的"隔离层"构造

对于高空抛物罪法益侵害的认定标准,有学者提出了"隔离层法益"的概念②,认为社会公共秩序法益虽然要与社会公共安全法益相区别,但不一定要相对立,主张公共秩序不可独立考察,必须要与公共安全结合判断,即形成了"公共秩序—公共安全"构造。不法行为如果对公共安全造成了危险状态,则刺破了隔离层法益,应该认定为妨害公共安全类犯罪;相反,如果行为没有刺破隔离层法益,则停留在公共秩序法益阶段进行判断。

笔者借鉴学者提出的"隔离层法益"的概念,认为高空抛物罪的保护法益是社会公共秩序,但这一集体法益概念过于模糊,容易造成司法定罪的主观化,认为应当通过一些具体化标准判断法益侵害程度。如果行为人的高空抛物行为穿透了个人利益,则可以按照相关的财产和人身犯罪处罚即可完成定罪过程;如果行为人的高空抛物行为侵害了公共秩序,则为值得刑法处罚的高空抛物罪;如果行为人的行为穿透了公共秩序的同时,造成了具体财产损失、人员伤害但尚未达到财产、人身类犯罪的定罪标准,也应认为侵犯了社会公共秩序,成立高空抛物罪。

(2) 社会公共秩序法益的具体认定标准

高空抛物行为是否侵害社会公共秩序可以通过具体的个人法益是否受到紧迫的危险或者不法行为是否造成了实害进行判断,如阮某将手推车1辆、金属垃圾桶2个扔出窗外,砸到了楼下通道内被害人石某停放的汽车,造成车辆顶棚、

---

① 刘艳红:《积极预防性刑法观的中国实践发展——以〈刑法修正案(十一)〉为视角的分析》,《比较法研究》2021年第1期。
② 吴帅帅,刘艳红:《"高空抛物"入刑的法教义学反思》,《安徽大学学报(哲学社会科学版)》2021年第6期。

机盖等多处损坏,受损汽车的维修价格为 1 152 元,即是对具体的财产造成损害,最后行为人被判处高空抛物罪①。再如,赵某向楼下抛掷铝合金窗框、塑料板材等物品,致使路过的被害人孙某头部被砸伤,即抛物行为致他人人身损害进而侵害公共秩序法益,构成高空抛物罪②。高空抛物行为产生了新的社会治理困境与难题,引发了新的安全风险,社会公共秩序这一"隔离层法益"确为必要。设立高空抛物罪的立法目的,即为保护人民群众的人身财产不受不法侵犯,增强社会群众的安全感和获得感,实现社会和谐和生活秩序的稳定。可见,该罪的保护法益解构为:为了保护具体化的人身和财产安全,通过禁止严重的高空抛物行为,进而维持正常生活秩序。又因为抽象性集体法益难以用明确的标准独立判断法益是否受到侵害,因此可以通过具体的行为对象受到侵害为标准对社会公共秩序法益进行内部标准的判断。

综上,高空抛物犯罪维护社会群众人身、财产安全的立法目的,高空抛物犯罪的刑法规范分析,刑法谦抑性的内在要求,可以认为高空抛物犯罪应属于实害犯。刑法旨在通过高空抛物罪规制扰乱社会秩序的行为,但社会秩序的法益认定存在抽象性,因此应该以具体的行为对象是否受到损害为标准认定法益是否受到侵害。

三、高空抛物犯罪司法适用的裁量探究

高空抛物犯罪行为定型化、类型化的判定具有模糊性。对高空抛物罪进行更为细化、精确的认识,正确划定定罪范围和量刑依据有待厘清。

(一)高空抛物"主客观要件""情节严重"的客观性新解读

"刑法应保持其谦抑性,即凡是适用其他法律足以抑止某种违法行为,保护合法权益时,就不要将其规定为犯罪;凡是适用其他较轻的制裁方法足以抑止某种犯罪行为,保护合法权益时,就不要规定较重的制裁方法"③。对于在认定高空抛物罪上体现刑法的谦抑性不仅要明确高空抛物罪与民事责任的界限,严守入罪标准,还要明确高空抛物罪与其他相关联性犯罪之间的边界,在正确定罪的基础上准确量刑,做到罪责适当。而在定罪时保持谦抑性的一个重要方法就是

---

① 阮某高空抛物案,浙江省海宁市人民法院(2021)浙 0481 刑初 709 号刑事判决书。
② 赵某高空抛物案,天津市滨海新区人民法院(2021)津 0116 刑初 2129 号刑事判决书。
③ 张明楷:《论刑法的谦抑性》,《法商研究(中南政法学院学报)》1995 年第 4 期。

准确明晰此罪的犯罪构成,只处罚符合犯罪构成的犯罪行为。

1. 高空抛物罪的客观要件解析

高空抛物罪的构成要件,客观方面主要从法条规范出发进行相应的具体化解释。高空抛物的客观行为是"从建筑物或者其他高空抛掷物品,情节严重的",因此从"建筑物或者其他高空""抛掷""物品"这三个角度进行理解。

(1) 建筑物或者其他高空

刑法将犯罪地点限定于建筑物或其他高空,则表明其意在处罚从建筑物的某个高空或其他高空抛物产生危害结果的行为,行为人实施犯罪行为的地点或场所应具有能产生一定的现实危害性的特征,即抛物行为具有扰乱社会秩序的危害,对人们的财产或人身安全产生了危害影响。排除了在早已废弃使用的建筑物或荒无人烟的其他高空等地点抛物行为的应受刑罚处罚的可能性。

(2) 抛掷

抛掷二字应是指带有人的主观意志的行为,而不能是由于自然力等不能预见、不可避免的意外事件导致。行为人对自己高空抛物的危害行为具有主观罪过,此时以刑罚惩罚措施来制裁该种故意行为就变得理所当然。所以我国《刑罚修正案(十一)》只是处罚行为人的高空抛物行为,而将高空坠物的情况交由我国《民法典》以侵权行为进行规制,由此形成了高空抛物、高空坠物的二元的规制体系。

(3) 物品

高空抛物行为既然要对社会秩序法益造成一定程度上的破坏与侵扰,则界定行为人所抛之物应有一定的限度,如一罐煤气罐等,因为抛掷此类的物品极易对社会安全造成现实性威胁而被认定为其他危害公共安全类犯罪。事实上,有些司法实务机关在司法判决书上会写明所抛之物的重量或大小,或明确楼高,如杨某高空抛物一案中即明确"楼高 16.78 米、物品重量约 390 克"[①],使社会公众能够明确了解高空抛物行为的社会危害性。

2. 高空抛物罪的主观要件定位

(1) 高空抛物罪主观罪过的理论争议

刑法学界对高空抛物罪的罪过心理的讨论主要集中于两种观点:一种是认为可以根据高空抛物行为构成犯罪的不同情形设置不同的罪过心理,行为人可

---

① 杨某高空抛物案,辽宁省锦州市古塔区人民法院(2021)辽 0702 刑初 216 号刑事判决书。

能是故意实施高空抛物犯罪,也可能基于过失的心理而实施高空抛物行为①;另一种观点则认为高空抛物罪是故意犯罪,但是又将行为人的故意心理区分为直接故意或者概括故意,认为行为人实施高空抛物行为时多持概括故意,而很少直接指向财产损失、人身伤害等结果②。

(2) 高空抛物罪的罪过心理的认定

高空抛物罪的主观罪过心理应是故意而不包括过失。从法定刑设置来看,根据我国刑法对不同罪过形式设置不同法定刑的规律,通常来说过失犯的法定刑较于故意犯的法定刑轻。在适用故意意图设定下,高空抛物罪的最重处罚方式为一年有期徒刑,最低刑罚方式是罚金,若适用过失心态,则似乎无处罚之必要。且若将高空抛物的罪过形式延伸到过失,则更易于与民事案件中处罚的高空抛物、坠物侵权行为产生混淆,有扩大犯罪处罚范围之嫌。某人因过失导致从高空掉下之物产生了一定的结果,就要承担最严厉的责任后果显然不符合人民群众对于公平正义的朴素法律观,自然也不会产生较好的社会效果。事实上,《审理意见》就规定了高空抛物、高空坠物的不同罪过的行为形态,而最终《刑法修正案(十一)》只在犯罪客观行为上保留了高空抛物的行为形态,因此高空抛物罪的罪过应只是故意形态。

3. 高空抛物罪"情节严重"的认定

高空抛物罪的基本罪状以"情节严重"这一定罪情节,将简单的高空抛掷物品尚未造成严重后果,不具有刑罚当罚性的行为排除,作为犯罪处理的可能性,"情节严重"这一构成要件要素限制将一般违法行为规定为犯罪,其立法旨意是为了防止刑罚处罚范围扩大化,同时也可激活适用民法和行政法规一般违法行为的活力,同时也要考虑概念的高度的抽象性和具体标准。

(1) "情节严重"认定标准的理论争议

对于"情节严重"在犯罪构成中的地位,有学者认为"情节严重"作为构成要件要素要做到既不过度司法又能罚当其罪,应包括行为人的主观恶性和行为的客观危险性;也有学者认为,构成要件要素中的情节严重,是指表明法益侵害的客观方面情节严重,体现客观性而非基于预防性,认为情节严重包括行为人的主

---

① 张明楷:《高空抛物案的刑法学分析》,《法学评论》2020 年第 3 期。
② 曹波,文小丽:《高空抛物危及公共安全的司法认定规则——兼评〈最高人民法院关于依法妥善审理高空抛物、坠物案件的意见〉》,《贵州大学学报(社会科学版)》2020 年第 3 期。

观恶性①。司法实践中,司法机关对于"情节严重"通常会颁布解释文件具体列举认定标准。截至 2022 年 1 月 22 日,笔者在"法信"平台搜索刑事案件"情节严重"的司法解释文件共有 136 份,概括而言司法机关认定"情节严重"的具体标准主要是:行为造成的经济损失总额大、实施行为次数多、适用特定化物品、行为衍生严重后果②等。尽管司法机关对于刑法分则相关规范中的"情节严重"做出了具体的定罪界限标准,但事实上罪刑相适应出现偏差并非个别现象。

(2)"情节严重"认定标准的理论论证

"情节严重"的具体认定标准应主要考虑行为的客观危险性,如行为本身、行为对象和行为盖然性结果,而不应包括反映主观心理的情节严重的情形。认定"情节严重"主要考虑行为的客观危险性是基于刑法实质解释得出的必然结论。随着建筑物高层化,刑法必须处理好风险预防,"形式入罪不等于最终能够定罪,只有形式上符合法律规定和实质上具备值得处罚的法益侵害性,这种形式与实质的统一才能最终决定某一行为是否构成犯罪。"③从建筑物高空抛掷一块棉花到废弃的场地也是高空抛物行为,将此行为认定为犯罪显然是不合理的,因此应当根据刑法的实质解释实现出罪检验,高空抛物行为只有具备一定的法益侵害性,情节严重直至达到刑罚处罚必要性时,才能实现刑事入罪。因此"情节严重"应成为高空抛物罪的实质犯罪构成要件要素而非注意性规定。

高空抛物行为的情节严重一定扰乱了社会公共秩序,"情节严重"只能是指客观行为危险性而非行为人主观恶性。

认定"情节严重"主要考虑行为的客观危险性是基于责任刑和并合主义的要求。刑罚的正当化根据在于并合主义下报应刑与预防刑的辩证结合,在一个具体犯罪中,行为人责任刑的确定基准是表现不法行为造成法益侵害程度,以及犯罪行为人主观有责任刑轻重的各种情节。预防刑的判断基准是行为人的主观恶性和再次犯罪的可能性。可以说,责任刑是定罪刑罚,预防刑是量刑刑罚。高空抛物罪中的"情节严重"只能指行为客观情节严重,而不包括如受过二次行政

---

① 陈洪兵:《"情节严重"司法解释的纰缪及规范性重构》,《东方法学》2019 年第 4 期。
② 《最高人民法院关于审理掩饰、隐瞒犯罪所得、犯罪所得收益刑事案件适用法律若干问题的解释(2021 年修正)》(法释〔2021〕8 号),第 3 条。
③ 刘艳红:《法秩序统一原理下侵害英雄烈士名誉、荣誉罪的保护对象研究》,《法律科学(西北政法大学学报)》2021 年第 5 期。

处罚等反映特殊预防可能性较大的人身危险性情节。只能是反映社会公共秩序受到侵害的客观行为情节才属于"情节严重"的具体认定标准。

(3) "情节严重"的非难可能性

根据责任原则,只有当行为人对他的行为和结果具有非难可能性时,才能将该行为和结果归责于他,并且只能在非难可能性范围内进行处罚。高空抛物行为情节严重的才能构成犯罪,司法机关认定犯罪行为"情节严重"这一构成要件要素时不可避免需要回答这一内生问题:行为人高空抛物造成一定严重后果而成立犯罪,此时行为人对基本抛物行为存在故意,但是否要求行为人对行为后果也要有故意心理?

笔者认为,只要行为人对自己的抛物行为是故意的,对造成严重后果的前提性事实具有认识可能性,那么就可以将结果归责于他,即"情节严重"是客观的超过要素(罪量因素),不需要有主观心理与之相对应。也就是说,"情节严重"是构成要件要素,更注重的是基本行为本身的罪行轻重,只要行为人实施了危害行为就具有行为无价值,但为了避免产生客观归罪和严格责任的风险,应当要求行为人对"客观超过要素"事实本身具有认识可能性。

(二) 高空抛物竞合犯罪适用"特别关系"的新进路

高空抛物罪在具体适用中既要明确罪与非罪,又要明确此罪与彼罪范畴,划清与其他关联性犯罪的重合领域,避免被过度竞合化而丧失效用。

1. 高空抛物罪第二款的性质

(1) 高空抛物罪第二款性质的相关争议

高空抛物罪可能判处的法定最高刑是一年有期徒刑,当高空抛物行为发生了严重后果时,仅适用高空抛物罪难以进行完全评价,因此立法者通过规定"有前款行为同时构成其他犯罪的,依照处罚较重的规定处罚",实现了高空抛物犯罪与其他犯罪相衔接,实现罪刑均衡。

立法者通过第二款规定将高空抛物罪与其他犯罪相衔接,有学者认为第二款属于一款注意性规定的竞合规范[①],也有学者认为第二款属于转化犯[②]。讨论第二款条文的性质属于转化犯还是竞合犯,则要解决高空抛物罪的罪数理论问题,由此解决实务机关进行定罪的依据问题。

---

① 李珈:《高空抛物罪适用中的疑难问题》,《东南大学学报(哲学社会科学版)》2021年,第S2期。

② 俞小海:《高空抛物犯罪的实践反思与司法判断规则》,《法学》2021年第2期。

（2）高空抛物罪第二款性质的认定

高空抛物罪第二款认定为拟制性规定较为合理，理由在于：首先，不具有制定注意性规定的必要。注意性规定主要作用在于提醒司法工作人员注意，发挥提示功能，如果行为人以故意杀人、故意毁坏财产的主观心理实施高空抛物行为，则可以直接将行为评价为故意杀人、故意毁坏财物罪，司法工作人员不可能对行为定性和处罚产生混淆和疑惑。其次，拟制性规定较具合理操作。行为人的罪过心理应当存在于实施高空抛物行为时，高空抛物只有一个单独行为，行为人通常只是对自己的抛物行为存在故意，不可能再通过实施其他行为来反映自己主观心理态度的转变。在现实中尚不能排除行为人对产生的杀人、财产毁坏结果存在过失心理，此时拟制为故意杀人、故意毁坏财物罪也便利了司法认定，遵循了罪刑相适应原则。事实上，将本款确定为拟制规定也利于司法操作。

第二款属于竞合犯还是转化犯有不同的理解和阐述，但都普遍认为，高空抛物发生了其他严重后果，无法适用轻刑进行完全评价，只能根据后果形态适用其他法定刑更高的犯罪进行处罚。认为第二款属于转化犯的立法例主要是根据陈兴良教授所持的《刑法修正案（十一）》中对危害公共交通工具行驶罪的规定独立危险犯①，当实施了干扰公共交通工具正常行驶却发生了致人重伤、死亡或者其他严重后果时，无法适用轻刑进行评价，因此只能根据该行为产生的后果形态适用其他法定刑更高的犯罪进行处罚。认为第二款属于竞合犯，行为人实施了一个高空抛物行为，发生了高空抛物罪犯罪构成要件范围外的严重结果，同时符合了其他犯罪的构成要件，因此适用处罚较重的犯罪进行处罚。最终，在适用何种罪名进行惩罚的实践意义上，不论是转化犯立法例还是竞合犯立法例都产生了一致的结论，因此对于司法实务机关来说，这一条款性质的讨论无足轻重。

2. 高空抛物罪第二款竞合条文的适用

高空抛物罪的法定刑相对来说属于轻刑，而极易与之竞合的其他犯罪的法定刑则较过重，轻重刑罚比较之下，若根据条文中所述"同时构成其他犯罪的"按照较重的处罚，高空抛物罪很可能被其他规范架空而丧失其独立价值，也可能产生轻罪重罚的不公平现象，而一味的重刑化也不符合刑法谦抑性下的宽容性原则，那么如何在竞合中保持刑法的谦抑性呢？笔者认为应从法条竞合的认定

---

① 陈兴良：《公共安全犯罪的立法思路嬗变：以〈刑法修正案（十一）〉为视角》，《法学》2021年第1期。

为切入点,准确认定高空抛物罪与其他犯罪之间的竞合关系。

(1) 第二款竞合条文的司法实例类型

高空抛物行为与其他犯罪发生关联的类型主要有:一是作为其他犯罪的达成犯罪既遂的手段或方式;二是基于一个犯罪意图,实施了一个高空抛物行为,造成了数个危害结果,同时触犯了其他罪名;三是由于实施的行为本身特性而与其他犯罪的客观行为产生竞合。对于第一种类型,自可根据我国刑法关于牵连犯的规定进行认定处罚,在此不赘述;第二种类型即可通过想象竞合择一重罪处理;重点关注的是第三种类型,在此情形下行为人的行为既可能与其他犯罪产生想象竞合,也有可能基于刑法规范的规定模式产生法条竞合。在我国的司法实践中,对于想象竞合和法条竞合都是从一重罪处罚,因此有的学者认为区分在高空抛物独立入刑的新情形下,对两者进行区别研究却可能成为刑法保持谦抑的突破点。

(2) 第二款竞合条文重罪化倾向的解决

以与寻衅滋事罪的竞合为例,高空抛物入刑前,司法机关通常将寻衅滋事罪作为典型的"口袋罪"加以适用;高空抛物独立入刑后看似是犯罪前置化、积极预防犯罪,实则有效降低了高空抛物行为处罚的严厉程度,实现了罪刑均衡。寻衅滋事罪要求行为人以主观故意的罪过心理实施客观行为,且有"寻求刺激、发泄情绪、逞强耍横,无事生非"的主观目的,"随意性"是其鲜明特征,高空抛物罪只要求行为人对抛物行为有故意心理即可,而不问对于由此造成的结果的罪过心理,因此实践中存在两罪的竞合。在高空抛物罪与寻衅滋事罪中,两罪之间的犯罪行为存在一定的关联,可以适用特别关系厘清两者之间的关联①。

首先,两罪之间具有一定的逻辑包容性。高空抛物罪的构成要件可知,行为人基于发泄情绪等意图而从建筑物高空或者其他高空抛掷物品且罪行情节严重时,就是置公共秩序于不顾,高空抛物的行为不论其具体的样态是什么,都不过是一种更具体化的"寻衅滋事";其次,两罪保护的法益具有一致性。两者都规定在"扰乱公共秩序"犯罪一节中,所保护的法益都是"社会公共秩序";最后,两罪之间的不法程度具有一定的包容性。对于一个高空抛物行为

---

① 陈俊秀:《高空抛物罪的教义学阐释及司法适用——以〈刑法修正案(十一)〉与〈高空抛物意见〉为中心》,《北京社会科学》2021年第8期。

的不法内容即行为的违法性,用第291条之二或者第293条都能进行充分、全面的评价。

综合以上分析,在高空抛物犯罪的司法困境解决过程中,应当严格限定高空抛物罪的入罪条件,明确充足全部构成要件的具体标准。当高空抛物犯罪与其他犯罪产生竞合时,应当重视分析行为是否符合了竞合关系中的特别关系认定标准,从而以轻罪定罪处罚,而不是一揽子作为想象竞合适用重罪处理,以完全准确定罪量刑,实现司法严谨化、科学化。

(三) 高空抛物犯罪的司法完善路径

高空抛物罪的司法科学化适用离不开司法解释的释明、规范。当刑法规范表达模糊、入罪标准尚不明确时,实务机关难以依据刑法规定直接做出定罪处罚的决定,此时若允许法官依据主观意志进行解释,则有同案不同罚、损害法权威之虞。高空抛物犯罪的司法适用过程中对"情节严重"的具体情形以及"竞合条款"的适用存在不一致认定标准,因此有关机关应当及时发布相关司法解释,统一司法适用规则。

1. 明确"情节严重"认定标准

根据高空抛物罪的保护法益原理以及"情节严重"客观要件的阐述,兹具体列举"情节严重"的具体标准:

(1) 时空环境

法益是人们在社会生活中需要的某种利益,高空抛物罪的保护法益是社会公共秩序,行为人的高空抛物行为扰乱了此秩序时,才能说行为人的行为具有社会危害性。

(2) 抛掷物的物理特性

行为人抛掷具有一定体积和重量的物品,如菜刀、酒瓶等,对人们正常生活秩序造成一定影响时,高空抛物行为才能被评价为不法行为,才能属于侵害法益情节严重并将该严重情节归责于行为人;若行为人只是从高空抛掷一块棉花或是一张纸等事实上不可能具有严重社会危害性的物品,则不宜将此评价为犯罪行为。

(3) 抛物行为"相当性"范围内的结果

所谓"相当性"范围,是指行为引起该结果是合理的、该当的,而不是异常的,例如高空抛物行为本身使不特定的人受到了伤害,造成了一定数额财产损失等。基于高空抛物罪的"隔离层"保护法益,禁止高空抛物行为以保护公共秩序法益是为了保护个人法益免受进一步的侵害，抛物行为损害的法益可以具体化为财产或人身等。如果抛物行为具有对财产或人身造成损失或伤害的危险或已经造成了损害，则可以评价为高空抛物情节严重，但是高空抛物行为不得穿透个人法益，即高空抛物行为造成的损害个人法益的后果，尚不足以评价为个人法益犯罪，否则即可以直接适用侵害个人法益的相关犯罪而没有必要独立设立高空抛物罪了。

（4）其他严重情节

一般情况下，司法机关对刑罚分则中的"情节严重"做出具体认定标准的解释时，都会在列举情形后辅之以"其他严重情节"这一兜底性条款，以防止"法律缺漏"的风险。有学者认为"列举+兜底"性的解释条款将会变成犯罪扩张的突破口，反而不利于确保法益保护的周密性[①]，笔者认为，这一条款是必要的。立法者赋予高空抛物罪维持社会公共秩序安定的作用，寄予其保护人们"头顶上的安全"以进行公共管理的厚望。也即高空抛物罪是典型的行政犯，随着社会不断进步，人们对"安全"的期望值也会变得越来越高，同时侵害公共秩序的行为也会变得多样化，高空抛物入刑即为最好例证，因此为更好地提升法的适应性和降低法的滞后性和僵硬性，也为适应社会管理需要，应当存在这一兜底性条款。面对兜底性条款中隐含范围的扩大化，应当将具体案件中的情形根据与之并列的确定性条款进行解释，最终确定是否构成"情节严重"来扎紧刑事入罪的"口袋"。

2. 明确"竞合条款"的司法适用条件

在适用想象竞合从一重罪处罚时，实务机关需要严格把握竞合条款的司法适用条件。想象竞合具有明示机能，尽管司法机关最后只以一罪定罪处罚，但仍然需要在判决书中说明行为人所涉的数罪，从而使得社会中的一般人和被告人都能充分理解刑罚规制内容。对司法机关来说，更为重要的任务是确定在具体案情中适用第二款的规则。从规范内容角度来进行分析，"有前款行为"是适用第二款的行为前提，"同时构成其他犯罪"是附加条件，"依照处罚较重的规定定罪处罚"是司法裁量得出的结果[②]。但适用这一条款时，实务机关必须要考虑

---

① 夏伟：《风险预防逻辑下高空抛物罪的教义学阐释》，《西南民族大学学报（人文社会科学版）》2021年第9期。

② 张明楷：《论"依照处罚较重的规定定罪处罚"》，《法律科学（西北政法大学学报）》2022年第2期。

如下问题：首先，行为人只需要实施高空抛物罪的客观抛物行为，而不需要满足情节严重要件，还是行为人的危害行为必须符合高空抛物罪的全部构成要件呢？其次，行为人的高空抛物行为是否需要满足"其他犯罪"的全部构成要件？针对以上两个问题，笔者认为司法实务机关适用高空抛物罪第二款认定犯罪时，行为人的危害行为需要同时满足高空抛物罪和其他竞合犯罪的全部构成要件。

行为人的高空抛物行为需要满足高空抛物罪的全部构成要件，达到值得以刑罚责备罪行的严重社会危害性。若不符合"情节严重"这一入罪限定条件，就算该实行行为充足了其他较重犯罪的构成要件，也完全不能适用第二款的规定，因为难以满足"依照处罚较重的规定"这一裁量结果的内在字义。因此，如果实行行为本身都不成立高空抛物罪，那么就不能用高空抛物罪的法定刑与其他犯罪的法定刑进行比较，进而得出适用"处罚较重"的结果。

行为人的抛物行为需要满足其他犯罪的全部构成要件，而不是只用实施其他罪的客观行为。结合上文所述，笔者认为《刑法修正案（十一）》第291条之一第二款属于拟制性规定，既然如此，在高空抛物同时构成毁坏财产犯罪时，行为人实施实行行为时不仅需要有高空抛物的故意，还需要同时具有毁坏财物的罪过心理，只有这样，行为人才能同时满足高空抛物罪和故意毁坏财物罪，才能符合第二款中的结果前提条件。

综上，实务机关在适用"有前款行为，同时构成其他犯罪，依照处罚较重的规定定罪处罚"条款进行司法裁量时，"前款行为"指的是满足高空抛物罪的全部构成要件的行为，是符合"情节严重"的、值得科处刑罚的行为；"同时构成其他犯罪"是高空抛物的行为同时构成较重犯罪的全部定罪要件。只有当行为人的行为满足了高空抛物罪第二款的行为前提和附加条件后，才能进行准确的司法裁量。

四、结语

高空抛物现象，立法机关将高空抛物入刑能更为有效地制止这一行为的发生，维护社会公众的财产、人身权益。从定罪的外部标准上来说，高空抛物罪是实害犯，这一犯罪类型的确定符合高空抛物罪的立法目的和罪刑规范设置理念，符合谦抑性的刑事政策理念。违法的实质是法益侵害，通过采取"隔离层法益"

这一概念,主张高空抛物罪的保护法益是社会公共秩序,更为实质的保护法益是个人利益,可以通过实质性的个人人身及财产的损害将抽象的集体法益侵害具体化,完成准确定罪。从定罪的内部标准来说,高空抛物罪中的"情节严重"构成要件要素的具体解释,需要充分考虑责任刑和并合主义的刑罚正当化根据,将反映行为人人身危险性和再犯可能性的主观因素予以排除,实现客观恰当的定罪量刑。高空抛物罪第二款是拟制性法律规定,不要求行为人必须有主观因素的转变,当该罪与其他类型犯罪存在竞合时,为了实现该罪独立入刑的意义,必须厘清高空抛物罪与寻衅滋事罪等其他可能与高空抛物犯罪发生关系的犯罪之间的竞合关系,通过特别法条优于普通法条的处理,完成两罪之间的适用。尽管现阶段的法条规定尚存在模糊之处,但相信在不久的将来,最高司法机关会发布相关司法解释规定,进一步将高空抛物罪的司法适用规则具体化,提高高空抛物罪的司法效用并充分发挥其存在价值。

参考文献:

[1] 韩轶.刑法更新应坚守谦抑性本质——以《刑法修正案(十一)(草案)》为视角[J].法治研究,2020(5).

[2] 赵香如.论高空抛物犯罪的罪刑规范构造——以《刑法修正案(十一)(草案)》为背景[J].法治研究,2020(6).

[3] 刘艳红.积极预防性刑法观的中国实践发展——以《刑法修正案(十一)》为视角的分析[J].比较法研究,2021(1).

[4] 彭文华.《刑法修正案(十一)》关于高空抛物规定的理解与适用[J].苏州大学学报(哲学社会科学版),2021(1).

[5] 陈兴良.公共安全犯罪的立法思路嬗变:以《刑法修正案(十一)》为视角[J].法学,2021(1).

[6] 焦冶,朱誉.高空抛物的法律属性争议界定与归责厘清[J].阅江学刊,2021(5).

[7] 张明楷.高空抛物案的刑法学分析[J].法学评论,2020(3).

[8] 林维.高空抛物罪的立法反思与教义适用[J].法学,2021(3).

[9] 陈洪兵."情节严重"司法解释的纰缪及规范性重构[J].东方法学,2019(4).

[10] [德]乌尔里希·贝克.风险社会[M].何博闻,译.译林出版社,2004.

[11] 张明楷.刑法学[M].第6版.法律出版社,2021.

[12] 陈兴良.转化犯与包容犯:两种立法例之比较[J].中国法学,1993(4).

[13] 夏伟.竞合型犯罪化反思[J].当代法学,2021(4).
[14] 陈俊秀.高空抛物罪的教义学阐释及司法适用——以《刑法修正案(十一)》与《高空抛物意见》为中心[J].北京社会科学,2021(8).
[15] 夏伟.风险预防逻辑下高空抛物罪的教义学阐释[J].西南民族大学学报(人文社会科学版),2021(9).
[16] 张明楷.论"依照处罚较重的规定定罪处罚"[J].法律科学(西北政法大学学报),2022(2).

 点评

如何正确解构高空抛物罪以实现准确的定罪量刑是一个紧迫任务。本文基于理论与实务两个维度,全面研究分析了相关问题。结论是:惩治高空抛物罪保护社会秩序,是以具体人身、财产损害结果为具体侵害标准的实害犯;定罪的"情节严重"应属于客观的评价要素;在高空抛物罪与寻衅滋事罪等犯罪发生竞合时,应注重以法条竞合关系中的特别关系为分析进路,进行相应定罪量刑。该论文写作中,调研深入细致,表述观点鲜明,结论有说服力,对有关机构不断完善我国的法律规制体系,以提升高空抛物罪的适用效果有一定参考价值。

启发式—系统式模型视角下电商直播消费者购买行为研究

张慧敏[*]

摘要：电商直播作为一种新型的商务模式，打通了线上虚拟空间和线下真实场景，蕴藏着巨大的消费和营销潜力。其中，主播作为电商直播中的核心构件，在消费者的购买行为中发挥着重要的影响作用，但现有文献尚未充分关注电商主播对消费者购买行为的影响。研究基于启发式—系统式理论模型，构建电商直播中消费者行为的影响模型。使用调查问卷收集数据，运用结构方程模型软件 SmartPLS 3.0 对有效样本数据和理论假设进行分析检验。实证结果显示：电商直播中消费者购买行为同时受到主播启发式线索和系统式线索的影响，启发式线索（感知物理特征相似性、感知价值相似性）和系统式线索（感知诊断性、感知偶然性）均对消费者购买意愿起显著的正向作用。研究探讨了电商直播中主播影响消费者购买行为的背后机制，丰富了电商直播中消费者购买行为的理论体系，并对消费者购买行为提供了一些实践策略。

关键词：电商直播；消费者购买行为；主播；启发式—系统式模型

引言

随着我国网络购物市场的快速发展，电商直播作为电子商务的重要一部分，进入爆发式增长阶段。截至 2021 年 6 月，中国电商直播交易总额超 1 万亿元，实现同期增长翻一番，预计未来三年年均复合增速为 58.3%，2023 年电商直播行业规模将突破 4.9 万亿元；我国电商直播用户数量已达到 3.88 亿，占整体网民近四成，其

---

[*] 张慧敏，女，安徽大学新闻传播学院，新闻与传播专业 2022 级硕士研究生。

中观看并下单的用户占比为66.2%,即近三分之二的用户在观看直播后产生了购买行为[1]。作为当前最为热门的网络购物方式之一,电商直播充分吸纳了直播的独特性与优点,融合了"现场+同场+互动"的特点[2],实现了线上与线下的即时互动,体现出真实性、实时互动性、娱乐性等特点,成为消费者消费和购买的主流方式。

主播,作为电商直播销量转化的核心,也伴随着电商直播的飞速发展,进入人们的视野。艾媒咨询数据显示,56.9%的用户受主播"种草"驱动而参加直播购物[3],主播在消费者的购买决策过程中发挥着重要力量。"口红一哥"曾创造1分钟卖出5 000支小金条,5分钟卖出15 000支口红的销售神话,2021年"双十一"带货销售额再破纪录,达106亿元[4],带货能力堪称"恐怖"。主播行业持续"破圈",各地政府纷纷发布一系列政策鼓励电商直播行业的发展,杭州市余杭区认定满足条件的主播享受"国家级领军人才"待遇,宁波市出台最高补助1 000万元的直播电商扶持计划,国家也发布了如《加快培育新型消费实施方案》《支持直播电商产业高质量发展的扶持激励办法(试行)实施细则》等系列文件。培育、扶持和规范电商主播的发展已经成为国家数字经济转型的关键驱动力。

现有电商直播研究大多基于宏观视角展开分析探讨。而随着电商直播新生态的形成,部分学者开始关注主播这一外部线索对消费者购买决策的影响[5],多数是在刺激—有机物—反应(Stimulus-Organism-Response,SOR)模型[6]和技术接受模型(Technology Acceptance Model,TAM)[7]的基础上进行适当的改造,或是将主播单纯地界定为网红或意见"领袖"[8],继而探讨某单一因素对消费者购买行为的影响。笔者认为电商直播对消费者购买行为是多重因素共同影响作用的,主播的多重属性均为消费者购买行为的重要刺激因素。在目前主播对消费者购买行为的影响因素和影响机制尚不明确的情况下,研究从主播角度深入挖掘,基于启发式—系统式理论模型,提出消费者与主播的四个对应维度:感知物理特征相似性、感知价值相似性、感知诊断性和感知偶然性,从而构建电商直播中消费者购买行为的影响模型,运用实证分析方法对模型和假设进行检验,得出结论为电商直播实践提供营销对策。

一、理论基础与文献综述

(一)电商直播及购买行为

电商直播,即"电商购物"+"网络直播",是一种电子商务与直播技术相融合的新型网络营销方式。以电商平台为基础,以网络直播为工具,主播通过直播形式全方位地展示和体验产品,从而刺激用户产生购买行为的一种商业模式。自2016年淘宝开设直播购物模块为标志,电商直播正式进入大众视野,并于2020年新冠疫情防控期迎来快速发展。郭全中认为电商直播是指主播借助视频直播形式推荐卖货并实现"品效合一"的新兴电商形式[2];谭羽利认为直播的出现弥补了传统电商的社交属性,电商直播是将用户和商品销售利用直播直接关联的一种商业模式[8]。

电商直播是基于电子商务技术和直播业态的一种新型购物方式,国内最早的研究开始于2016年,孙莎莎介绍波罗蜜公司为了解决消费者对海外商品"货真""价实"的质疑,开创的新的跨境电商模式——视频直播[9],电商与直播的结合首次亮相。由于电商直播兴起较晚,目前研究主要集中于两个层次:一是宏观层面下电商直播兴起原因、发展现状、营销策略、治理机制及与其他产业融合的理论分析研究;二是微观层面下消费者参与和购买行为研究。其中,电商直播消费者购买行为研究大致分为两个维度:一方面集中于电商直播过程中消费者的冲动购买行为。学者们普遍认为,与传统的线下零售相比,消费者在电商直播中更容易产生冲动性购买行为[10]。Koski等研究发现,匿名性、便捷性、多样性、促销以及信用卡的使用是推动消费者冲动网购的因素[11];龚潇潇等以SOR模型为基础构建了直播场景下氛围线索对冲动购买的影响模型,验证了氛围线索对冲动购买的正向促进作用[12];此外,消费者的心理因素也是影响冲动购买的关键因素,如社会临场感[13]、心流体验[14]、感知风险[15]等导致的认知和情绪上的变化,进而促进冲动购买行为的产生。另一方面集中于电商直播中消费者购买意愿的研究。购买意愿(Purchase Intention,PI)是指消费者产生购买行为的概率或可能性。消费者的购买意愿具有正负高低之分,通过购买意愿预测消费者的购买行为已经被众多研究所证实[16]。目前,学界针对传统的线下零售和线上网购中的消费者购买意愿研究主要集中于消费者态度[17]、感知价值[18]以及感知风险[19]三个角度。不同于传统的购物模式,电商直播的双重属性构筑了全新的拟态场域,在上述角度的基础上还引入了消费者信任[20]、交易成本[21]以及主播特征[22]等新的角度展开研究。

随着电商直播的快速发展,电商直播微观层面上的研究还不够成熟和深入,尤其是消费者购买行为的研究正处于起步阶段。现有研究多基于SOR模型和TAM模型展开研究,在理性行为理论的基础上探究各因素对消费者购买行为的影响,不能够完全揭示电商直播中消费者感性与理性相互交织的购买行为。因此笔者采用启发式—系统式模型,对电商直播中消费者购买行为的影响因素和影响机制进行重新探讨,在理论和实践上为电商直播行业和学界提供借鉴意义。

(二)启发式—系统式模型

启发式—系统式模型(Heuristic-System Model,HSM)是 Chaiken 提出的个人在接收、处理信息并作出决策过程中使用的双过程理论模型,即启发式信息处理模式和系统式信息处理模式[23]。前者是基于直觉和经验的感性行为,后者是基于逻辑和推理的理性行为。启发式—系统式模型由双重过程理论衍生而来,与其同宗的精细化—可能性模型(Elaboration Likelihood Model,ELM)不同的是,基于直觉判断的启发式信息处理模式和基于理性分析的系统式信息处理模式并非相互排斥,二者同时、独立、平行地对决策过程起作用。Eagly 等将启发式信息处理模式定义为有限的信息处理模式[24],指个体花费较少的认知努力和认知资源来接收和处理信息,仅依靠一些简单的、非内容性线索进行判断和决策,这些线索通常是个人经验或者是经过观察能够轻易得到的。而系统式信息处理模式是个体利用更多的认知努力和认知资源去识别信息内容,并对信息进行精细化加工,而将信息来源、信息数量等其他外部的线索排在次要位置。系统式信息处理模式是一种较为复杂和细致的信息处理过程,所需的处理时间也较长。

大部分学者将该启发式—系统式模型应用于对于信息的搜索和处理行为的研究中,Zhang 和 Zhao 在 Zhang 和 Watts[25]的文献基础上选择启发式—系统式模型探究在线评论对消费者决策的影响,并阐明了启发式和系统式因素之间的偏见效应[26];Kim 等通过对新浪微博中图片线索和情感线索展开实证分析,从用户的角度出发探讨社交媒体中旅游信息质量的内容和非内容线索在旅游者目的地形象形成中的作用,发现增值性、相关性、完整性、趣味性和网页设计都是影响游客目的地形象的重要因素[27]等。

启发式—系统式模型侧重于解释不同情境因素对个体认知、处理信息并形成决策的影响,但在电商直播情境中的应用还处于探索阶段。笔者认为,电商直播融合了"电商"+"直播"的双重特性,在此情境下,消费者面临的是更加丰富、多样的信息,更容易受到个人认知能力、时空限制等多种因素的影响,从而产生认知偏差和行为偏差。因此,采用启发式—系统式模型更有利于解释消费者在购买行为中感性与理性并存的复杂思维模式与策略,揭示电商直播中消费者购买行为的一般规律。

二、研究假设与模型建构

通过对电商直播、消费者购买行为和启发式—系统式模型文献和资料的整理和分析,笔者以启发式—系统式模型为基础,从电商直播消费者视角出发,归纳出电商主播的四个重要特征:感知物理特征相似性、感知价值相似性、感知诊断性和感知偶然性,将其作为刺激变量,以购买意愿为反应变量,研究电商直播情境下消费者购买行为及影响机制。在电商直播中,感知物理特征相似性和感知价值相似性只要求消费者对主播所表现的表面线索进行简单的思考,所需要的认知努力较少,笔者将其作为启发式行为的影响因素;感知诊断性和感知偶然性则需要消费者耗费较多的认知努力对电商直播中的信息进行分析,因而将其作为系统式行为的影响因素。基于此,笔者提出如下假设:

1. 在电商直播中,消费者感知的物理特征相似性对购买意愿有正向影响

感知物理特征相似性(Perceived Physical Characteristic Similarity,PPCS)是指消费者感知到自身与另一对象在物理特征上的相似程度。另一对象,就是人们在展开行动时的参照对象。在电商直播中,这个角色通常由主播来担任,消费者的购买决策更多依赖直播主播所提供的各类信息。主播是产品的展示者,主播通过高频次的互动将关于产品的基本信息告知消费者;同时,主播也是产品的体验者,电商直播的线上销售模式限制了消费者对于产品的实地感知,但在直播间里,主播通过现场试用产品,向消费者展示产品的细节,传达关于产品最真实的体验,达到了模拟试用的效果。对于和主播物理特征相似的消费者来说,提升感知的物理特征相似性,感知到产品匹配的不确定程度较低,将提高购买意愿。在之前的实证研究中,Liu S 等指出,外部相似性对用户感知、享用和信任转移具有显著影响,进而对消费者的社区购物行为产生积极的正向作用[28];Lu 等分析淘宝虚拟社区的数据,发现感知相似性对虚拟社区成员的信息获取意愿和购买意愿具有积极影响[29]。

2. 在电商直播中,消费者感知的价值相似性对购买意愿有正向影响

感知价值相似性(Perceived Value Similarity,PVS)是指消费者感知到自身与另一对象在价值观念上的相似程度。平衡理论指出,人总是期望达成平衡的

认知结构;强化理论也认为,我们倾向于选择和自己价值观念、态度等相似的人,用于满足个体对社会归属感的渴望。电商直播与传统电商的最大区别在于实现了"品效合一",即电商直播不仅带动了品牌的销量,也带来了品牌"声量"的增长,这得益于主播在与消费者的实时动态双向互动过程中,主播关于"人"的一面也被展现出来,在"关系劳动"的过程中输出着产品理念和品牌认知。主播在输出与消费者相吻合的价值观的过程中,强化了消费者的信任背书,快速拉近了与消费者的心理距离,更容易获得消费者的情感依赖,构建起情感链接。诸多的研究表明,内在特征的相似性对个人行为具有潜在作用。以美妆行业为例,刘赫指出,美妆意见领袖发布的观点和意见对消费者的态度和购买行为具有显著影响,其中价值同质性正向影响消费者的购买意愿[30]。

3. 在电商直播中,消费者感知诊断性对购买意愿有正向影响

Kempf 和 Smith 将感知诊断性(Perceived Diagnosticity, PD)定义为消费者认为购物体验有助于产品评价的能力[31], Jiang 和 Benbasat 将其定义为网站访问者认为网站在评估给定产品方面有帮助的程度[32]。故笔者将感知诊断性定义为消费者感知到有关信息能够帮助理解并评估产品的程度。电商直播本身就在一定程度上提高了消费者的感知诊断性:一方面,电商直播融合的流媒体属性能够传递更完整、多样和准确的信息;另一方面,电商直播实现了主播与消费者的实时互动沟通,主播在与消费者的互动中强势输出产品线索,消费者通过弹幕、连麦等方式直接与主播或其他消费者提问,而主播又倾向于选择涉及产品线索的信息与消费者互动,形成一个信息快速流通的循环。在这个过程中,消费者需求产品的诊断性信息不断得到补充和满足,也就越来越相信主播能帮助进行有效地评估相关产品,从而降低自身对于购买决策的判断风险,加速购买行为的产生。

Herr 基于诊断性视角进行研究,强调了感知(而非客观)诊断性决定利用信息的可能性,诊断性信息对于口碑和产品判断起到了一定的调节作用,影响着消费者购买行为[33];Filieri 等指出在线消费者评论中的专业知识是感知信息诊断的决定因素,方便消费者达成更高的认知匹配,对消费者的参与和购买行为具有重要意义[34]。因此,当消费者感知到的诊断性信息越多,越能够对产品的信息进行清晰的理解和评估,即对产品属性做出更准确的判断,进而提高消费者的购买意愿。反之,消费者缺乏对决策结果的感知诊断性,其感知风险将会大大提升。

4. 在电商直播中,消费者感知偶然性对购买意愿有正向影响

感知偶然性(Perceived Serendipity, PS)是指消费者认为网站在搜索过程中帮助消费者发现超出原有预期的有用产品的程度。偶然性的定义综合了相关性(即在满足用户需求方面的有用性)和意外性(即与用户的最初看法有足够的差异)两个特征。也就是说,与目标预期不相关的并非偶然,因为不满足用户的需求;在目标预期一致的结果并非偶然,因为它不会让用户感到与设想结果的差异。电商直播作为高度的感知不确定性的情境之一,消费者会不断接收到新的信息,这些信息是在原有目标的基础上的有价值的新发现。

在购买行为发生前,消费者如果感知到更高的偶然性,发现了超出其原始搜索意图的高质量产品,将有助于购买意愿的产生;在购买行为发生后,消费者在对售后、物流服务等感知到了较高的偶然性,也会进一步增加对购买决策的满意度,进而促进下一次购买意愿的形成。易成等人使用结构方程模型探究电商平台的主要搜索功能对消费者感知偶然和搜索效率的影响,研究显示感知偶然性和搜索效率对消费者的决策满意度具有显著影响[35]。

综上,具体的理论模型如图1所示。

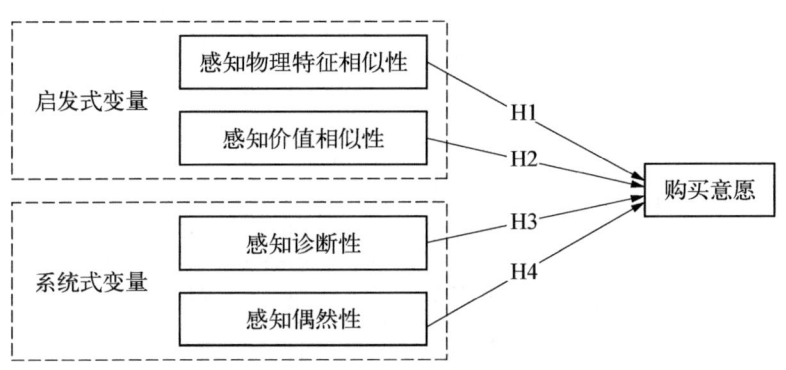

图1 启发式—系统式变量研究模型

三、研究设计

(一)数据收集

笔者研究的目的在于研究电商直播情境下消费者的购买行为,故研究调查对象为观看过电商直播并做出过购买行为的消费者,以期获得相应的研究结果。

在对问卷进行进一步修改后,采用网络形式收集数据,通过问卷星网站(https://www.wjx.cn/)进行发放和回收。本轮问卷收集工作时间为2022年2月27日至2022年3月21日,共回收636份问卷,人工剔除基于检测语句的明显无效问卷和无观看和购买经历受访者的问卷,共获得有效问卷455份,有效样本比例为71.54%。基于调查样本的收集与分析,样本的基本统计信息结果如表1所示。

表1 描述性统计分析结果

基本统计变量	类型	样本数量	样本占比数
性别	男	165	36.26%
	女	290	63.74%
年龄	18岁以下	4	0.90%
	18—25岁	262	57.58%
	26—30岁	84	18.46%
	31—40岁	55	12.09%
	41—50岁	39	8.57%
	50岁以上	11	2.41%
学历	中学及以下	33	7.25%
	高职大专	83	18.24%
	大学本科	266	58.46%
	研究生及以上	73	16.04%
可支配资金/月	1 000元以下	45	9.90%
	1 000元—2 500元	199	43.73%
	2 500元—4 000元	79	17.36%
	4 000元—6 000元	54	11.87%
	6 000元以上	78	17.14%

续表

基本统计变量	类 型	样本数量	样本占比数
观看直播时长/周	2 小时以下	262	57.58%
	2—5 小时	143	31.43%
	6—10 小时	38	8.35%
	11—15 小时	5	1.10%
	15 小时以上	7	1.54%
观看直播频率/周	一周 1 次(含以下)	195	42.86%
	一周 2—3 次	179	39.34%
	一周 3 次以上	81	17.80%
观看平台	淘宝、京东等电商平台	206	45.27%
	抖音、快手等短视频平台	206	45.27%
	微博、小红书等社交平台	43	9.45%
观看主播类型	网络主播(网红、KOL 等)	213	46.81%
	明星艺人	84	18.46%
	商家自播	158	34.73%

(二) 变量测量

笔者变量的测量均来源于国内外成熟的权威量表,并依据电商直播的具体情境做了修改和调整,确定了研究涉及的 5 个变量的测量题项,具体测量题项如表 2 所示。具体调查问卷请参见所附调查问卷。

表 2　变量测量量表

代　码	测度题项	测度依据
PPCS	感知物理特征相似性	Moore & Benbasat[36]
PPCS1	主播与我有相似的外在特征	

续表

代码	测度题项	测度依据
PPCS2	主播与我在外在特征上有较多相似之处	Moore & Benbasat[36]
PVS	感知价值相似性	Earle & Cvetkovich[37]
PVS1	主播的思考方式与我相似	
PVS2	主播目标与我相似（如健康饮食、科学育儿等）	
PD	感知诊断性	Jiang & Benbasat[32], Kempf & Smith[31]
PD1	主播有助于我对产品的评估	
PD2	主播有助于我对产品的理解	
PD3	主播有助于我熟悉该产品	
PD4	主播有助于我了解该产品的质量	
PS	感知偶然性	Oku and Hattori[38]
PS1	主播有助于我发现一些原本没有计划但却适合我的产品	
PS2	主播有助于我发现一些意想不到但有用的产品	
PS3	主播有助于我发现超出购买计划但值得一试的产品	
PS4	主播有助于我发现关于产品的其他用途	
PI	购买意愿	但鸣啸[39], 张嫒嫒[40], Ajzen & Fishbein[41]
PI1	我愿意在观看直播过程中购买商品	
PI2	我愿意持续在直播间购买商品	
PI3	我会推荐优质的电商主播给我的朋友	
PI4	购买某类商品时我会优先考虑在直播间购买	

四、实证结果和分析

（一）共同方法偏差分析

共同方法偏差（Common Method Bias，CMB）是指同种测量方法导致测量结果产生的变异。由于本研究的数据采集方法单一，且均来自电商直播消费者中的感知偏向，可能会产生共同方法偏差进而影响测量结果。因此，本研究根据 Liang 等[42]的建议，使用 SmartPLS 3.0 通过将题项升格为变量的方式，对共同方法偏差进行测量。测量结果如表 3 所示，各题项的平均实质性因素负荷量为 0.866，平均方法因素负荷量为 0.008，实质性差异与方法差异的比值为 123∶1。此外，大部分方法因素负荷量并不显著。表明本研究受共同方法偏差的影响非常小，可以忽略。

表 3 共同方法偏差分析结果

变量	实质因素负荷量（R1）	$R1^2$	方法因素负荷量（R2）	$R2^2$
PPCS1	0.982***	0.964	0.003	0.000
PPCS2	0.982***	0.964	0.013	0.000
PVS1	0.963***	0.927	0.088	0.008
PVS2	0.962***	0.925	0.122	0.015
PD1	0.926***	0.857	−0.003	0.000
PD2	0.938***	0.880	−0.045**	0.002
PD3	0.919***	0.845	−0.033	0.001
PD4	0.907***	0.823	−0.046	0.002
PS1	0.932***	0.869	−0.013*	0.000
PS2	0.933***	0.870	0.028	0.001
PS3	0.923***	0.852	−0.197	0.039

续表

变量	实质因素负荷量(R1)	$R1^2$	方法因素负荷量(R2)	$R2^2$
PS4	0.914***	0.835	0.084	0.007
PI3	0.895***	0.801	−0.04	0.002
PI4	0.895***	0.801	−0.112*	0.013
AVG		**0.866**		**0.008**

(二) 测量模型分析

1. 信效度分析

信效度分析常常被用来检验测量结果是否能够反映所测量的事物或变量，是对问卷质量的判定。信度分析是为了考察问卷的可靠性，即测量结果的内部一致性程度。效度分析是为了考察问卷的有效性，即测量结果反映所考察内容的程度。本研究采用 SmartPLS 3.0 对量表的信效度进行评估，得出的数据结果如表4至表7所示。

对于因子的信度检验主要关注 Cronbach's Alpha 值和 CR 值，两项数值的要求是要高于阈值 0.70，则说明研究模型具有良好的信度。在本研究中所有因子的 Cronbach's Alpha 值和 CR 值均大于 0.70，表示测量量表信度较好，内部一致性较高。

对于因子的效度检验主要关注内容效度、收敛效度以及区别效度。由于本研究中使用的量表均来自已经验证过的成熟量表，具有良好的内容效度。对于收敛效度的考察可以通过因子载荷和 AVE 的值来检验，要求因子载荷和 AVE 值均要大于阈值 0.50。由表4可以看出所有变量均符合要求，具有较高的收敛效度。对于区别效度的考察主要有三个维度：首先，如表5所示，所有因子平均提取方差 AVE 值的平方根均大于因子与其他因子的相关系数；其次，如表6所示，所有题项在相关变量上的载荷均大于其在其他变量上的载荷；最后，如表7所示，大部分题项的异质—单质比率(Heterotrait-Monotrait Ratio，HTMT)均低于 0.85，对于其中一项超过 0.85 的 HTMT 数值因为构面概念比较接近，阈值可以适当放宽。三个维度的分析结果都显示变量具有良好的区分效度。

总结上述数据分析，本研究的量表具有较好的信度与效度。

表 4 信度效度检验：因子载荷、Cronbach's Alpha、CR 和 AVE 值

变量	题项	因子载荷	Cronbach's Alpha	CR	AVE
PPCS	PPCS1	0.982	0.963	0.982	0.965
	PPCS2	0.982			
PVS	PVS1	0.964	0.921	0.962	0.927
	PVS2	0.962			
PD	PD1	0.927	0.942	0.958	0.851
	PD2	0.936			
	PD3	0.920			
	PD4	0.906			
PS	PS1	0.935	0.944	0.946	0.857
	PS2	0.933			
	PS3	0.922			
	PS4	0.913			
PI	PI1	0.898	0.922	0.945	0.810
	PI2	0.916			
	PI3	0.894			
	PI4	0.892			

表 5 各变量 AVE 值的平方根和相关系数

变量	PD	PI	PPCS	PS	PVS
PD	**0.922**				
PI	0.758	**0.900**			
PPCS	0.582	0.653	**0.982**		

续表

变量	PD	PI	PPCS	PS	PVS
PS	0.863	0.750	0.598	**0.926**	
PVS	0.709	0.700	0.768	0.700	**0.963**

注：对角线上数值为 AVE 的平方根。

表6 各变量的交叉负荷量

变量	PPCS	PVS	PD	PS	PI
PPCS1	**0.982**	0.756	0.573	0.584	0.639
PPCS2	**0.982**	0.754	0.571	0.590	0.644
PVS1	0.747	**0.964**	0.685	0.673	0.683
PVS2	0.732	**0.962**	0.681	0.676	0.664
PD1	0.543	0.668	**0.927**	0.786	0.722
PD2	0.499	0.638	**0.936**	0.783	0.670
PD3	0.531	0.650	**0.920**	0.824	0.710
PD4	0.574	0.660	**0.906**	0.79	0.691
PS1	0.563	0.657	0.825	**0.935**	0.739
PS2	0.546	0.654	0.804	**0.933**	0.682
PS3	0.555	0.637	0.787	**0.922**	0.686
PS4	0.548	0.645	0.777	**0.913**	0.668
PI1	0.562	0.624	0.738	0.744	**0.898**
PI2	0.631	0.646	0.682	0.661	**0.916**
PI3	0.566	0.641	0.667	0.654	**0.894**
PI4	0.594	0.610	0.637	0.637	**0.892**

表7 各变量的 HTMT 值

变量	PD	PI	PPCS	PS	PVS
PD					
PI	0.811				
PPCS	0.611	0.693			
PS	0.914	0.802	0.627		
PVS	0.761	0.759	0.816	0.751	

2. 共线性诊断

为了避免多重共线性对测量结果的影响,我们对方差膨胀系数(Variance Inflation Factors,VIF)进行了分析,如表8所示。结果显示本研究中所有变量的 VIF 值均低于阈值5,表明各个变量之间不存在多重共线性,不会对结构方程分析的路径系数造成不良影响。

表8 各变量的 VIF 值

变量	PI	变量	PI
PPCS	2.485	PS	4.213
PVS	3.333	PI	
PD	4.277		

(三)结构方程模型分析

笔者采用 SmartPLS 3.0 对模型假设进行检验,使用 Bootstrapping 重复抽样5 000次,分析结果如表9所示。其中,感知物理特征相似性对消费者购买意愿的路径系数为0.216($t=4.174$,$p<0.001$),表明感知物理特征相似性每提高1%,对购买意愿的影响就相应地提高21.6%;感知价值相似性对消费者购买意愿的路径系数为0.127($t=2.243$,$p<0.05$),感知诊断性对消费者购买意愿的

路径系数为 0.324（$t=4.475$，$p<0.001$），感知偶然性对消费者购买意愿的路径系数为 0.253（$t=3.539$，$p<0.001$），表明本研究的 1、2、3、4 假设均得到了证明，感知物理特征相似性、感知价值相似性、感知诊断性和感知偶然性对购买意愿有显著的正向作用。

表 9 假设验证结果

假设	模型建构间关系	路径系数	t 值检验	p 值检验	验证结果
H1	PPVS→PI	0.216	4.174	0.000	成立
H2	PVS→PI	0.127	2.243	0.025	成立
H3	PD→PI	0.324	4.475	0.000	成立
H4	PS→PI	0.253	3.539	0.000	成立

注：$t>1.96$，$p<0.05$ 水平显著；$t>2.58$，$p<0.01$ 水平显著；$t>3.29$，$p<0.001$ 水平显著。

此外，可以通过多重判定系数 R^2（Multiple Coefficient of Determination）对本研究中理论模型的解释能力进行分析和评价，R^2 的数值越大，表明测量变量对因变量的解释力越强。当 R^2 的值介于 0.25—0.5 时，说明该变量对潜变量的解释能力较弱；当 R^2 的值介于 0.5—0.75 时，该变量对潜变量的解释能力适中；当 R^2 的值大于 0.75 时，说明解释能力较强。本研究中 R^2 的值为 0.662，即 4 个自变量对因变量购买意愿的解释程度为 66.2%。所以，本研究中模型假设的解释能力符合要求。

五、结论与展望

（一）研究结论

根据以上的统计分析结果，笔者的研究结论可概括如下：

在电商直播情境下，启发式线索和系统式线索会对消费者的购买意愿和购买行为产生影响。研究表明，本研究的四个刺激变量对消费者的购买意愿均有直接的正向影响。其中，系统式线索对购买意愿的影响权重高于启发式线索的影响，这表明在购买行为的过程中，消费者感知诊断性和偶然性更容易刺激购买意愿的达成。相比于启发式线索,消费者对诊断性和偶然性投入更多的认知努力与认知资源,消费者感知到的不确定性和风险也就越低,也往往不愿意浪费所投入的时间、财力等成本,进而更容易产生购买意愿和购买行为。

启发式线索和系统式线索对消费者购买意愿均为显著的正向影响。其中,感知物理特征相似性、感知诊断性和感知偶然性三个变量的影响最为显著,感知价值相似性次之。一个可能的解释是,电商直播中传递的价值观等隐性信息可能并不太容易被消费者感知到,相比于能够直接被观察到的与主播的物理特征相似性,消费者购买决策链路会延长,进而影响购买行为。感知诊断性和感知偶然性导致购买风险降低也会直接促成购买意愿。

(二)理论贡献

1. 扩充了有关电商直播中消费者购买行为的相关研究

电商直播自后疫情时代迎来快速发展期,但目前的研究仍缺乏深度,研究内容也多拘于宏观角度,关于消费者购买行为的研究还不够充分,因此,本研究扩展和丰富了电商直播对消费者购买行为影响的理论模型,并通过实证分析对模型与假设进行检验,在一定程度上填补了目前研究的空缺,拓展了电商直播相关研究的范围。

2. 重点考察了电商直播情境下主播属性和消费者行为之间的关系

在目前关于电商直播的研究中,对于主播与消费者购买行为的关注较少,且将消费者与主播割裂开,单纯探讨主播属性的影响因素和机制。本研究基于启发式—系统式模型,提出了消费者感知层面的四个主播属性:感知物理特征相似性、感知价值相似性、感知诊断性、感知偶然性,在真实情境下验证了消费者感知到的主播属性对购买行为的重要作用,弥补了现有研究中的不足,为解释电商直播中消费者购买行为提供了新的研究视角。

3. 延伸了启发式—系统式模型的研究领域

本研究将启发式—系统式模型引入到电商直播情境中,扩展了启发式—系统式模型的适用范围。启发式—系统式模型已经被广泛应用于在线评论[34-36]、社交媒体[37-39]、个体行为[40-47]等领域,但是没有在电商直播中使用。本研究使用社会心理学的启发式—系统式模型,为消费者在电商直播中的购买行为作出了更加全面的解释,创新了该模型的使用情境。

(三)实践启示

根据笔者的研究,主播在展开电商直播活动时应该考虑以下几个方面:

1. 提升主播专业能力

电商直播主播作为销量转化的核心行动者,在与消费者的互动仪式中通过详细地展示产品详情,直观地演示功能效果,合理地使用工具理性,激发了消费者的购买意愿。将感知诊断性对购买行为的影响作用应用于营销实践中,消费者感知到主播对于产品的介绍越全面、越专业,其购买意愿也就更加强烈。这就要求电商主播需要具备较强的专业能力。主播的专业能力首先体现在优秀的选品能力上,要求从源头上把握产品质量关;其次,主播作为线上导购,其专业能力表现为对产品信息的了解,具有高超的销售技巧和临场发挥能力,应对消费者的各种需求,解决各种问题,与消费者进行高频互动。主播的专业化形象有助于构建消费者对主播的认同和信任,促进购买行为的达成。

2. 提高互动娱乐性

传统线下购物和网购是基于需求展开的搜索型购物,消费者往往具有非常明确的购物目的。而电商直播作为一种高度社会化的购物方式,消费者在与主播高频双向互动的过程中对产品或主播信息展开了解,实现了体验型购物的转变。在这个转变过程中,电商主播的娱乐互动将会提升消费者感知到的诊断性和偶然性,消费者会因为有趣的产品和有趣的主播而不断"种草",从而激发消费者的购买意愿。

3. 树立主播个人魅力

感知价值相似性对购买行为的显著影响也意味着消费者在选择购买某件产品时,不仅仅会考虑产品本身的质量,而且会考虑具有个人魅力和人格特征的主播,甚至会将对主播的信任和喜爱转移到产品上来。相应地,如何在众多的直播间中脱颖而出,打造个性化标签,这都需要主播在直播过程中,不断强化自己的个人风格,传递正能量与正确价值观,维护与消费者的亲密关系,才能增强自身话语权,与消费者形成情感共鸣,打造属于主播自己的私域流量池。

(四)研究局限与展望

首先,本研究采用问卷调查的方式展开实证研究,量表大部分借鉴了已经验证过的成熟量表。尽管量表在相关检验中表现出了良好的信度和效度,但是依旧不排除语言差异的问题,即在量表翻译的过程中可能会产生理解误差,导致受访者对问卷中个别问题理解的不确定,对问卷的收集结果的准确性可能会有影响。未来的研究应该尝试更合适的量表进行调研,并在正式问卷发放之前进行前测调研,根据前测的结果对正式问卷进行修正和补充,减少问卷的逻辑错误与表述问题。除了使用问卷调查获得研究数据之外,还可以发掘更多、更加复杂的研究方法,如利用大数据对电商直播消费者的数据进行抓取,展开对消费者购买行为更为全面的分析。

其次,本研究通过调查问卷获得数据,参与问卷填写的受访者以大学生为主,加之高学历者更乐于接受新兴的电商直播并参与问卷填写,因此本研究采集的数据存在结构较为单一的问题,代表性不强,一定程度上减弱研究结果的普遍性。未来的研究可以进一步扩大调查范围,如不同的区域、不同的文化背景、不同职业等,使样本层次更为丰富和准确,样本数据更加完善。

最后,本研究在梳理国内外相关文献的基础上,提出了四个影响消费者购买行为的启发式和系统式变量,而对于其他众多影响变量没有考虑到,影响因素不完全;研究模型较为简单,只考虑了几个变量简单的线性关系,并没有深入讨论变量之间的相互关系以及潜在联系,无法全面反映消费者购买行为的影响机制。未来的研究可以在本研究的基础上,结合更多的研究理论,继续纳入多种变量对消费者购买行为的影响,对研究模型进行扩展;也可以继续探讨各影响因素之间的内在联系和相互关系,更加客观全面地了解消费者在电商直播中的购买行为。

参考文献:

[1] 艾瑞咨询.中国直播电商行业报告[R].北京:艾瑞咨询研究院,2021.

[2] 郭全中.中国直播电商的发展动因、现状与趋势[J].新闻与写作,2020(8):84-91.

[3] 艾媒咨询.2021年度中国在线直播行业发展研究报告[R].北京:艾媒大文娱产业研究中心,2021.

[4] 中国产业研究院."双十一"李佳琦薇娅销售额超190亿未来电商直播带货发展趋势分析[EB/OL].中国产业研究院,2021.

[5] 黄敏学,叶钰芊,王薇.不同类型产品下直播主播类型对消费者购买意愿和行为的影响[J/OL].南开管理评论:1-21[2022-03-29].

[6] 陈咏绮.电商直播对消费者购买意愿的影响因素研究[D].暨南大学,2020.

[7] 周永生,唐世华,肖静.电商直播平台消费者购买意愿研究——基于社会临场感视角[J].当代经济管理,2021,43(1):40-47.

[8] 谭羽利.传播学视阈下的"直播+电商"模式——以聚美优品直播业务为例[J].北京印刷

学院学报,2017(1):20-26.

[9] 孙莎莎.视频直播+海淘 跨境电商有法宝[J].上海信息化,2016(2):56-58.

[10] CHAN T K H, CHEUNG C M K, LEE Z W Y. The state of online impulse-buying research: A literature analysis[J]. Information & Management, 2017(2): 204-217.

[11] KOSKI N, Mesiranta N. Impulse buying on the internet: encouraging and discouraging factors[M]//Frontiers of e-Business Research (FeBR) 2004. Tampere University of Technology and University of Tampere, 2005: 23-35.

[12] 龚潇潇,叶作亮,吴玉萍,刘佳莹.直播场景氛围线索对消费者冲动消费意愿的影响机制研究[J].管理学报,2019(6):875-882.

[13] 冯俊,路梅.移动互联时代直播营销冲动性购买意愿实证研究[J].软科学,2020(12):128-133+144.

[14] 郑兴.电商直播互动类型对消费者冲动性购买意愿的影响研究[D].重庆工商大学,2019.

[15] 朱翊敏,张洁敏.时间压力对网络冲动性购买的影响研究:交易效用和感知风险的调节[J].商业经济与管理,2021(7):55-66.

[16] 冯建英,穆维松,傅泽田.消费者的购买意愿研究综述[J].现代管理科学,2006(11):7-9.

[17] SØNDERGAARD H A, GRUNERT K G, SCHOLDERER J. Consumer attitudes to enzymes in food production[J]. Trends in Food Science & Technology, 2005(10): 466-474.

[18] ZEITHAML V A, BERRY L L, PARASURAMAN A. The behavioral consequences of service quality[J]. Journal of marketing, 1996(2): 31-46.

[19] WOOD C M, SCHEER L K. Incorporating perceived risk into models of consumer deal assessment and purchase intent[J]. ACR North American Advances, 1996.

[20] 姜锦虎,陈智武,任杰锋.C2C环境下感知信誉对购买意愿影响的实证研究[J].软科学,2011(6):130-134.

[21] 卢馨,鲁成方.电子商务交易成本与购买决策——基于台湾地区C2C电子商务的调查研究[J].经济管理,2012(10):148-156.

[22] 高云慧.电商主播特征对消费者购买意愿影响研究[D].哈尔滨工业大学,2020.

[23] CHAIKEN S. Heuristic versus systematic information processing and the use of source versus message cues in persuasion[J]. Journal of personality and social psychology, 1980(5): 752.

[24] EAGLY A H, Chaiken S. The psychology of attitudes[M]. Harcourt brace

Jovanovich college publishers,1993.

[25] ZHANG W, Watts S A. Capitalizing on content: Information adoption in two online communities[J]. Journal of the association for information systems, 2008(2): 73-94.

[26] ZHANG K Z K, ZHAO S J, CHEUNG C M K, et al. Examining the influence of online reviews on consumers' decision-making: A heuristic-systematic model[J]. Decision Support Systems, 2014, 67: 78-89.

[27] KIM S E, LEE K Y, SHIN S I, et al. Effects of tourism information quality in social media on destination image formation: The case of Sina Weibo[J]. Information & management, 2017(6): 687-702.

[28] LIU S, YAN Q, YANG C, et al. Quantifying extremely rapid flux enhancements of radiation belt relativistic electrons associated with radial diffusion[J]. Geophysical Research Letters, 2018(3): 1262-1270.

[29] LU Y, ZHAO L, WANG B. From virtual community members to C2C e-commerce buyers: Trust in virtual communities and its effect on consumers' purchase intention[J]. Electronic Commerce Research and Applications, 2010(4): 346-360.

[30] 刘赫.美妆意见领袖对消费者购买意愿的影响研究[D].华南理工大学,2019.

[31] KEMPF D S, SMITH R E. Consumer processing of product trial and the influence of prior advertising: A structural modeling approach[J]. Journal of Marketing Research, 1998(3): 325-338.

[32] JIANG Z, BENBASAT I. The effects of presentation formats and task complexity on online consumers' product understanding[J]. Mis Quarterly, 2007: 475-500.

[33] HERR P M, KARDES F R, KIM J. Effects of word-of-mouth and product-attribute information on persuasion: An accessibility-diagnosticity perspective[J]. Journal of consumer research, 1991, 17(4): 454-462.

[34] FILIERI R. What makes online reviews helpful? A diagnosticity-adoption framework to explain informational and normative influences in e-WOM[J]. Journal of business research, 2015(6): 1261-1270.

[35] 易成,周姗姗.线上消费者发现"惊喜"的产品搜索行为研究[J].中国管理科学, 2016(S1): 329-336.

[36] MOORE G C, Benbasat I. Development of an instrument to measure the perceptions of adopting an information technology innovation[J]. Information systems research, 1991(3): 192-222.

[37] EARLE T C, CVETKOVICH G. Social trust and culture in risk management[M]. Social

trust and the management of risk. Routledge,2013:23-35.

[38] OKU K, HATTORI F. User evaluation of fusion-based approach for serendipity-oriented recommender system[C]. Proceedings of the Workshop on Recommendation Utility Evaluation:Beyond RMSE(RUE 2012). 2012:39-44.

[39] 但鸣啸,武峰.网络直播营销对购买意愿的影响实证研究[J].管理观察,2018(36):41-44.

[40] 张媛媛.在线评论对消费者购买决策影响的实证研究[D].浙江财经大学,2015.

[41] AJZEN I, FISHBEIN M, Lohmann S, et al. The influence of attitudes on behavior[J]. The handbook of attitudes,2018:197-255.

[42] LIANG H, SARAF N, HU Q, et al. Assimilation of enterprise systems:the effect of institutional pressures and the mediating role of top management[J]. MIS quarterly,2007:59-87.

调 查 问 卷

尊敬的受访者:

您好!本次调查想了解您在电商直播间进行购买行为的亲身体验,我们诚挚地邀请您参与这项问卷调查。本次问卷预估可能需要花费您3—5分钟的时间完成,所有问题没有对错之分,问卷结果完全保密,请您放心填写。万分感谢您的支持!

1. 您是否观看过电商直播?

   ○是

   ○否(跳至问卷末尾,提交答卷)

2. 您是否在电商直播中购买过主播推荐介绍的商品?

   ○是

   ○否(跳至问卷末尾,提交答卷)

3. 关于您与电商主播的外在相似性,您认为:

题目\选项	非常不同意	不同意	基本不同意	一般	基本同意	同意	非常同意
主播与我有相似的外在特征	○	○	○	○	○	○	○

续表

题目\选项	非常不同意	不同意	基本不同意	一般	基本同意	同意	非常同意
主播与我在外在特征上有较多相似之处	○	○	○	○	○	○	○
几乎找不到主播和我在外在特征上的相似之处	○	○	○	○	○	○	○

4. 关于您与电商主播的内在相似性,您认为:

题目\选项	非常不同意	不同意	基本不同意	一般	基本同意	同意	非常同意
主播的思考方式与我相似	○	○	○	○	○	○	○
主播目标与我相似(如健康饮食、科学育儿等)	○	○	○	○	○	○	○

5. 当主播向您推荐产品时,您认为:

题目\选项	非常不同意	不同意	基本不同意	一般	基本同意	同意	非常同意
主播有助于我对产品的评估	○	○	○	○	○	○	○
主播有助于我对产品的理解	○	○	○	○	○	○	○
主播有助于我熟悉该产品	○	○	○	○	○	○	○
主播有助于我了解该产品的质量	○	○	○	○	○	○	○

6. 关于主播推荐的产品,您认为:

题目\选项	非常不同意	不同意	基本不同意	一般	基本同意	同意	非常同意
主播有助于我发现一些原本没有计划但却适合我的产品	○	○	○	○	○	○	○
主播有助于我发现一些意想不到但有用的产品	○	○	○	○	○	○	○
主播有助于我发现超出购买计划但值得一试的产品	○	○	○	○	○	○	○
主播有助于我发现关于产品的其他用途	○	○	○	○	○	○	○

7. 关于您在电商直播中的购买意愿,您认为:

题目\选项	非常不同意	不同意	基本不同意	一般	基本同意	同意	非常同意
我愿意在观看直播过程中购买商品	○	○	○	○	○	○	○
我愿意持续在直播间购买商品	○	○	○	○	○	○	○
我会推荐优质的电商主播给我的朋友	○	○	○	○	○	○	○
购买某类商品时我会优先考虑在直播间购买	○	○	○	○	○	○	○

8. 您的性别是?
○男
○女

9. 您的年龄是?
○18 岁以下

○18—25 岁

○26—30 岁

○31—40 岁

○41—50 岁

○50 岁以上

10. 您的学历是？

　　○中学及以下

　　○高职大专

　　○大学本科

　　○研究生及以上

11. 您每月可自由支配的收入是？

　　○1 000 元以下

　　○1 000 元—2 500 元

　　○2 500 元—4 000 元

　　○4 000 元—6 000 元

　　○6 000 元以上

12. 您每周观看电商购物直播的时长？

　　○2 小时以下

　　○2—5 小时

　　○6—10 小时

　　○11—15 小时

　　○15 小时以上

13. 您每周观看电商直播的频率是？

　　○一周 1 次（含以下）

　　○一周 2—3 次

　　○一周 3 次以上

14. 您更喜欢哪个电商直播平台？

　　○淘宝、京东等电商平台

　　○抖音、快手等短视频平台

　　○微博、小红书等社交平台

15. 您更喜欢哪个类型的主播？

○网络主播(网红、KOL 等)
○明星艺人
○商家自播

 点评

　　电商直播作为一种新型的商务模式,蕴藏着巨大的消费和营销潜力,其中电商主播在消费者的购买行为中发挥着重要的影响,充分关注此点的研究尚有深化空间。本项研究基于启发式-系统式理论模型,构建了电商直播消费者行为受影响的模型。作者采用调查问卷收集数据,运用结构方程模型软件 SmartPLS 3.0 分析检验有效样本数据。实证结果显示:主播启发式线索(感知物理特征相似性、感知价值相似性)和系统式线索(感知诊断性、感知偶然性)均对消费者购买意愿起显著的正向作用。论文研究具有创新性和独特性,论点正确,方法科学,结论可信,丰富了电商直播中主播影响消费者购买行为的背后机制研究。

论突发公共卫生事件下的患者隐私权保护

蔡 港*

摘要：突发性公共卫生事件爆发，在防控过程中频发信息泄漏事件，也暴露出了患者隐私权与相关利益的冲突问题。笔者重点分析患者隐私权与隐私权关系、患者隐私权的内容和类型化、以及与相关利益的平衡和解决。与此同时，对侵犯患者隐私权的案例进行分析，概括侵犯患者隐私权的典型类型，并阐述其背后的成因，以明确突发公共卫生事件下患者隐私权的法律属性、法律定位，结合我国实际，提出完善患者隐私权保护的建议，为现有患者隐私权保护体系的改良提供一点帮助。

关键词：突发公共卫生事件；患者隐私权保护；权利平衡

一、背景

2020年伊始全球新冠疫情爆发，疫情防控成为人们亟需共同面对的突发公共卫生事件[①]。在我国，互联网大数据技术的普遍运用，如行程码、健康码、核酸监测平台等技术手段的运用在推进防控疫情工作、提高政府治理能力和治理效率等方面彰显了作用。政府以及医疗机构开展疫情防控工作需要公布患者的部分个人信息，包括但不仅限于生活住址、行动轨迹等，这有助于对疫情进行初步的筛查，但不可否认的是这也导致了人们信息安全和隐私权遭到一定程度的侵害，甚至造成不可挽回的结果。

---

* 蔡港，男，华东政法大学国际法学院，法律（非法学）2021级硕士研究生。
① 《突发公共卫生事件》第二条规定突发公共卫生事件（以下简称突发事件），是指突然发生，造成或者可能造成社会公众健康严重损害的重大传染病疫情、群体性不明原因疾病、重大食物和职业中毒以及其他严重影响公众健康的事件。

笔者通过裁判文书网和"北大法宝"就患者隐私权案件的检索,包含"新冠""隐私"以及"病例"的案件微乎其微,进而转向"网络侵权"案例的检索,自2006年至2022年,中国裁判文书网上检索包含"网络侵权"的案件,检索到14 697篇裁判文书;自2012年至2022年,检索同时包含"网络侵权"和"隐私"的案件,检索到507篇裁判文书,占比3.45%。

随着社会进步和科技的发展,人们已经进入互联网大数据时代,网络的便利使得人们更加容易获取他人隐私。而且在疫情防控这一特殊时期,行政机构以及医疗机构需要披露或公布患者的基本信息、活动轨迹、接触史等以顺利开展疫情防控。据不完全统计,仅在2020年疫情爆发的1—2月,国内网站共报道涉及疫情的信息诉权事件60余起,发布新闻3 800余条。截至2022年2月,检察机关共批准逮捕涉疫情案件7 047件9 377人,不捕1 584件2 528人;起诉11 340件15 666人,不诉1 437件2 393人。

突发公共卫生事件背景下的患者隐私权与一般患者隐私权相比具有特殊性,不仅与医务人员的知情权有必然的联系,而且具有公共利益的属性,笔者重点分析突发公共卫生事件下患者隐私权与医务人员知情权与公共利益之间的冲突,以明确患者隐私权的法律定位、属性和内容,分析患者隐私权易受到侵犯的成因,结合我国实际,从而提出完善患者隐私权保护的建议。

二、患者隐私权与相关利益的冲突

权利的行使是具有界限的,患者隐私权强调保护患者在医疗领域进行医疗活动过程中所形成的信息、私人安宁、私人活动、私人秘密,但是患者主张隐私权保护自己的时候,会引起与其他权利的冲突,最典型的权利冲突是与医务人员利益的冲突以及与公共利益的冲突。

(一)患者隐私权与医务人员利益的冲突

此处的医务人员利益主要指医务人员的知情权。患者隐私权与医务人员的知情权有着必然的联系,患者迫切希望治愈疾病,需要告知医务人员自身的基本信息、以往病史、身体健康状况,有时还需要暴露身体的秘密部位、家族遗传史等私密信息,医务人员对患者的诊断需要以上述信息为前提,但患者往往会有所隐瞒以及尽量避免透露隐私。这引起了患者隐私权与医务人员知情权的冲突,价值位阶理论认为,患者生命健康权优先于隐私权,保护医务人员知情权是为了更好地保护患者生命健康权,患者需要适度让渡自己的隐私权。

（二）患者隐私权与公共利益的冲突

患者隐私权与公众知情权并没有必然的联系,因为隐私权属于私权领域,但在突发公共卫生事件背景下,当患者所患疾病具有公共危险性,可能会危及公众的生命健康时,患者隐私权与公众知情权存在联系。突发性公共卫生事件传播性强、致病率高以及可以通过人体传播,这时患者隐私权就会涉及公共利益,使得公众对了解疫情防控信息的需求更加迫切。卫生部门会向社会公布相关疫情防控信息,包括患者的基本信息、活动轨迹、接触历史等信信息,以减少公众的不必要恐慌和维护社会稳定,但是部分患者行使权利保护其隐私时,就造成了患者隐私权与公共利益的冲突。王进、林波[1]认为当某一权利涉及整个社会的因素更多的话,那么他就是更高的权利。诚然,公众知情权还涉及公众的生命健康权,因此患者隐私权的保护范围应受到一定的限制,但是这不是绝对适用价值位阶原则,即因公共利益优先于患者隐私,就只选择保护公共利益而不保护患者隐私权,两者都应受到法律的保护且不是绝对的排斥关系。因此,优先保护公共利益的前提是明确公众知情的需求和范围,就疫情防控而言,公众需要了解的信息主要包括：病例的发生地点、可能传播路线、传播方式路径、被传染的早期症状以及患者治疗情况等信息,而不是将患者信息不加以区分就向社会公众披露,这不仅侵犯患者的隐私权,也不利于公共利益的维护。有学者提出公布患者的姓名、住址、活动轨迹等信息有助于确定可能感染人群、有助于疫情防控,但是关于是否为防控疫情之必要,需要根据突发性公共卫生事件的传播媒介和传播路径等综合判断,而不是以公共利益为借口,任意侵犯患者隐私权,两者不是排斥关系,是对患者隐私权进行一定的限制,而且限制应以疫情防控为必要。

（三）医务人员侵犯患者隐私的案例

2021年1月,杭州市某医院感染科医生林某将境外无症状感染者流调报告上传至微信群,导致该患者隐私信息在网络平台迅速扩散,林某因侵犯他人隐私受到行政拘留5天的处罚。

2020年12月,经北京市某区警方调查,某航空安保公司员工刘某利用职务之便把流调报告私自拍摄并上传至微信群,导致流调报告中的病例以及家庭成员、接触人员、同事的姓名、联系方式、地址、身份证号码等隐私泄露。

2021年12月7日,卫某因防疫督查工作需要,接到上级的流调安排,违反其规定将流调安排表转发给与工作无关的同事微信群;在同事群里的黄某又将截图发至其他同学微信群里,引起了这个信息的持续转发扩散。卫某、黄某两人的行为侵犯了公民隐私。桂林市公安机关依据《中华人民共和国治安管理处罚法》相关规定,依法分别对卫某、黄某给予行政处罚。

2022年4月7日,海林市一份次密切接触者名单在微信群中传播,内含9名次密切接触者的姓名、身份证号、电话号码、家庭住址等个人信息。经公安机关查证,该次密切接触者名单由海林市一防控隔离点工作人员董某转发到"××家族"非工作微信群,导致扩散。依据《中华人民共和国个人信息保护法》《中华人民共和国治安管理处罚法》等法律规定,海林市公安局依法对董某处以行政拘留5日处罚。

2021年1月6日,杭州市通报一例输入境外的杨某无症状感染后,同时该无症状感染状况信息、联系电话等个人信息在网络平台传播,经公安机关查明,位于西湖区的某医院的一名执业医师林某将相关流调报告转发至微信群,并在互联网上传播,已涉嫌侵犯他人隐私,被行政拘留五天。

(四)公众侵犯患者隐私权的案例

2020年11月,在上海市报告疫情病例时,一份名为《浦东地区新冠肺炎疑似病例密切接触者×××调查情况简介》的文件在互联网上被迅速传播。此文件包含了很多个人信息和隐私,包括姓名、身份证号码、电话号码、工作单位、地址、作息时间、身高、体重、BMI,以及其他相关人员的个人信息。

成都一确诊病例赵女士疑似遭到"人肉"搜索,其姓名、身份证号码、家庭住址等个人信息及行程轨迹在互联网上流传,据报道成都警方已经介入调查。2020年12月9日的报道,近24小时内,成都确诊病例赵女士相关信息包括姓名、身份证号码、住址以及活动轨迹在网络平台流传,且讨论量达4 697条。实际上,成都市卫生健康委员会于2020年12月8日发布的官方消息,对赵女士的个人信息作了一定程度的"脱敏",仅提及其姓氏、性别、年龄、居住小区、14天内的部分行踪(曾前往成都数个酒吧)等信息。12月8日,成都市公安局网络安全保卫支队一名工作人员表示,针对"病例赵某个人隐私疑被泄露"一事,公安介入调查。

2020年12月23日,辽宁省沈阳市报告了一起疫情阳性案例。患者尹某之前从韩国返回沈阳,解除隔离后,被检测出阳性,之后尹某及其家人的个人信息在网络上流传,包括姓名、身份证号、手机号和家庭住址等。陌生人的短信和电话辱骂致使尹某和家属的精神濒临崩溃。当地公安部门介入调查。

2021年1月5日,黑河警方发现有人在手机微信群散布多条涉疫病例密接者个人信息,造成隐私信息泄露。经查,李某将相关涉疫个人信息及有关文件,分别转发到家人微信群中,李某、张某、孙某采取点对点形式转发,芦某得到信息后再次转发至多个微信群中。警方分别对李某、芦某行政拘留10日,对李某、张某、孙某行政罚款500元。对涉及泄密的公职人员,黑河警方称,将由纪检监察部门依纪依规严肃处理。

三、患者隐私权保护分析

(一)隐私权含义和内容

隐私权是患者隐私权的上位概念,隐私权的含义和内容是明确患者隐私权的前提。学者沃伦(Wallen)和布兰德斯(Brandeis)在《论隐私权》一文中将隐私界定为"免受外界干扰的、独处的"权利[2]。《侵权法》在第2条第2款首次在民事基本法律中提出了隐私权的概念,该条文是对民事权益的列举,只是表明法律上承认隐私权是民事权益[3]。《民法典》第1032条规定:隐私是自然人的私人生活安宁和不愿为他人知晓的私密空间、私密活动、私密信息。《民法典》未就隐私进行详细的规定,只是表明隐私由私人生活安宁、私密空间、私密活动以及私密信息要素构成,但这些要素的定义和内容规定比较模糊,而且学界也未有定论。一是隐私权是私人生活的秘密权利。梁慧星[4]认为隐私权作为一种现代人格权,是一种保护不想被他人知道的个人生活秘密的权利。马特、袁雪石[5]认为从狭义上讲,隐私权是私人生活的秘密权利。从广义上讲,隐私权是私人生活的权利。二是隐私权有权享有私人生活,有权对私人生活信息独立做出决定。五十岚清[6]认为,隐私权有权保护私人生活不受他人侵犯,保护私人生活信息不被他人获知和发布。三是隐私权包括生活安宁和私生活的秘密。张新宝[7]认为隐私权指的是自然人在私生活中享有安宁和私人信息隐私的个人权利,受法律保护,不被他人非法知悉、收集、使用和披露。王利明[8]认为隐私权指的是个人在私生活中享有的权利,如私生活的安宁与秘密。郭明龙[9]认为个人信息的定义主要包括隐私和身份的定义。张新宝[7]认为个人信息中有部分不属于私隐。王利明[11]认为公民个人信息不是完全属于隐私。从上述学者的观点还能得出个人信息与隐私之间存在竞合部分,但是两者之间仍然有所区别,2021年正式实行的《个人信息保护法》强调个人信息处理过程中的程序规范,其中敏感个人信息保护监督机制具有保护隐私数据的立法意图,但是患者隐私权的范围不限于医疗健康信息,因此需要法律的基础更进一步明确患者隐私的定义和内容。

(二)患者隐私权属性研究

讨论患者隐私权属性即是否有必要将患者隐私权单独列为一项人格权。大多数学者认为,患者隐私权属于一般个人隐私权的下位概念。张弛[11]认为我国侵权即《民法典》第1226条的规定与一般隐私权的区分和保护并未本质区别。理由一是患者隐私权的确定依然是以隐私权为重要基础;二是国家的法律就患者隐私权的规定不是对事物的又一次定义,而是强调在医疗领域的特定情形之下医疗机构以及医务人员应当对患者的隐私进行保密。

随着我国社会主义的发展,人权制度的完善,公民维权意识的增强,对于隐私权保护的需求也愈加强烈,而且医疗制度的进步,人类的生命长度进一步得以延伸,在保障健康权、生命权过程中形成的患者隐私权也应当得到更多的关注和保障。与一般公民隐私权保护相比,突发公共卫生事件患者隐私权的保护具有特殊性:① 突发公共卫生事件患者隐私权与医务人员的知情权存在必然的联系;② 公共卫生事件下的患者隐私权同时涉及公共安全和公共利益。笔者认为存在将患者隐私权从隐私权分离出来,作为一项特定的人格权的可能性。

(三)患者隐私类型研究

学者对患者隐私权类型的研究观点较多,但大致可以分为以下几种:一是认为患者隐私是保护患者以及包括患者个人资料在内的一切所有信息的权利。黄惠满、高家常、孙凡轲等[12]认为患者在进行医疗活动过程中所形成的所有医疗健康信息,包括个人基本信息、病情陈述、医生的诊断、复诊、治疗等信息。二是认为患者隐私可以分为生理隐私权、心理隐私权、社会隐私权和资讯隐私权。此观点的患者隐私权含义范围是非常全面的,心理隐私权包含了患者的个人性格、兴趣爱好以及其可自主选择的内容;社会隐私包含了患者的社交关系、家庭关系、私人生活等内容。李秋桂、林秋芬[13]认为患者隐私权包括生理隐私权、心理隐私权、社会隐私权以及资讯隐私权。三是认为患者隐私可分为主观隐私和客观隐私。黄惠满等[12]认为主观隐私是指患者不愿被他人所知晓的事项;客观隐私权是指以一般人的视角为前提,以患者的立场推定其所不愿让别人所知晓的事情。四是认为患者隐私权就是医疗机构以及医务人员所接触或侵犯的那部分医疗信息。五是认为患者隐私权是指患者的自主性权益。六是认为患者隐私包括患者信息、患者私人活动和患者私人空间。刘峰杰指出[14]患者隐私的内容相当广泛,主要包括患者的私人信息、私人活动和私人空间三大方面。从以上研究可以得出,对患者隐私类型的认知和分类,因地域不同、阶层不同,对患者隐私的理解也不同,涵盖的内容也不同。在患者隐私权研究中,为了适应患者隐私法律体系的完善,需要考虑多个因素,从不同的角度进行分析。突发公共卫生事件下患者隐私权的类型化也应充分考虑多个因素,从不同角度进行分析,而且与患者隐私权相比,突发公共卫生事件患者隐私权更具特殊性:一是卫生部门有权收集和公布突发公共卫生事件患者的基本信息、活动轨迹、接触史,有公权力的参与;二是隐私主体范围扩大,卫生部门需要收集突发公共卫生事件患者的家庭信息或密切接触的相关人员的信息;三是突发公共卫生事件患者隐私权本身涉及公共安全和公共利益。因此,在分析突发公共卫生事件患者隐私的类型化时,必须充分考虑各个因素和各个角度,以适应新型突发公共卫生事件大爆发下特殊患者隐私保护的立法需求。

四、突发公共卫生事件背景下"患者隐私安全"案例的思考

(一)"信息安全"事件的典型类型

根据上述案例可以初步得出突发公共卫生事件下的两种典型的侵犯患者隐私权的案件类型:一是卫生行政部门以及医疗机构的医务人员泄漏患者的信息;二是公众根据网络上已经公布的信息,对患者进行"人肉"搜索,并将搜索到的信息发布到网上,而"人肉"搜索往往又伴随着网络暴力,不仅侵犯患者的隐私权,也易造成患者"社会性死亡"。

(二)患者隐私权易受到医务人员侵犯的原因分析

1. 地位不对等

在医疗行业,医生完全占据主导地位,且医生具有专业性和权威性,患者通常也不会提出异议,这种地位的不对等也使得医生可以轻易获得患者的隐私信息。

2. 医疗信息的数据化

科技的发展以及在医疗领域的适用,传统的病历资料、医疗诊断情况等医疗过程中形成的患者隐私变为数据的方式储存,医疗信息数据化改变了医疗信息

的传播方式和控制的路径,未加密访问更加容易,医疗机构的患者医疗信息保护成本上升,患者对自身隐私的保护变得更加被动。高昭昇、冯东雷等[15]指出医疗信息数据化过程中患者隐私泄漏的问题主要有:医疗数据传输和共享中的不合理访问与隐私泄漏;患者电子病历数据的共享;第三方机构对患者信息数据的查询。

（三）患者隐私权易受到公众侵犯的原因分析

1. 隐私保护意识淡薄

我国相较于西方,对公民隐私以及隐私权的保护较晚,隐私的保护意识与隐私权的保护体系仍不完善。同时我国传统观念强调"集体高于个人",在疫情防控的公共利益面前,公民隐私权受到了一定的限制。不仅公民个人对其隐私的保护意识淡薄,而且对隐私保护的权利、义务存在认知不全面的问题。在疫情防控的特殊时期,网民自认为拥有"为防控疫情的公共利益的正当理由"的情况下,随意"人肉"病例信息和隐私,并披露和传播他人信息和隐私。

2. 网络应用平台数据安全保护措施不足

防控疫情政策的开展、病例接触人员的流调需要运用网络大数据的排查和筛选,而在防控疫情的紧急情况下,部分地区所采取的线上的信息登记、申报和应用平台简化甚至缺乏应用平台正式运行的安全评估流程,没有严格采取数据安全保护措施,为防控疫情下侵犯患者隐私权事件的发生埋下了隐患。

3. 网络未实名制

相比现实社会中的真实身份,网络世界使用的是虚拟身份,相当部分的网民认为在网络上的发言不需要承担责任。人们在现实中线下交流受到的约束较多,一旦进入网络世界,无需实名,在一个虚拟身份的背后,有隐藏感,认为可以随意发表言论且不用承担后果。

4. 信息不对称

信息不对称也是网络暴力产生的一个原因。在一些社会热点事件中表现得更加明显,在一些事件发生后,有时真相还未完全露出水面,是非曲直也还没有权威的结论,大家了解到的信息是片面的,甚至是错误的,有时候事情还可能出现反转。在一知半解的情况下,一些网友就擅自根据自己掌握的信息发言,若此后真相反转,定会给当事人生活造成很大影响。

5. 黑产生意

黑公关、黑水军兴风作浪、煽风点火,初步形成虚假热点;平台责任缺位,唯利是图、放任自流地推送相关信息;受虚假热点信息误导的普通网民纷纷加入,形成真假民意混合的"怪胎";媒体不加求证迫切发声,不甘落后匆忙表态站位,急速加剧事件的出圈,导致网络暴力达到失控状态。

6. 调停者缺位

根据"沉默的螺旋"(The Spiral of Silence),人们倾向于观察自己所处的舆论环境,以避免在发表意见之前被孤立和攻击。对于通过互联网获得的事件信息,很多人不是事件的当事人也并不了解其因果关系。当网络霸凌者拥有话语权时,旁观者会受到主流观点的影响,趋同于霸凌者的观点和行为,即使有些旁观者不同意,但是出于自我保护意识,他们中的大多数人也陷入了一个沉默的螺旋。

7. 群体对立感——共情反转

一般而言,旁观者理应对受害者抱有同理心,即对确诊患者、疑似患者、密切接触者的处境表示同情,对陷入同样困境的恐惧表示同情,但在某些情况下,旁观者的情绪反应可能与受害者的情绪反应不一致,甚至相反,这是一种共情反转。

突发公共卫生事件的爆发、传播迅速、难以控制等因素的叠加,公众对疫情易产生不安、烦躁、恐惧等不良情绪,通常情况下,公众对于不幸传染的群体会产生同情情绪[16],但是也存在疑似患者没有遵守疫情防控政策导致疫情扩大的事例。例如,2021年7月21日,一名来自南京的64岁毛某,离开南京封控区,擅自来到扬州,住在她姐姐家。7月28日,两人都被诊断为新型冠状肺炎。流调报告显示,这对姐妹在过去的一周里去过两个棋牌室以及扬州市区的餐馆、商店、诊所、棋牌室、农贸市场等活动场所,导致了疫情的蔓延。警方以"涉嫌妨碍传染病防治罪"对她提起诉讼。此外还有沈阳的尹某事件,公众很难不产生不良情绪,这也会进一步扩大共情鸿沟。

五、疫情背景下的隐私权保护的对策建议

(一)明确患者隐私权

患者隐私权的法律属性、定位需要法律进一步确定,就隐私权与患者隐私权两者之间的上下位概念的界线需要进一步的明确[17],在突发公共卫生事件背景下,患者隐私权不仅是隐私权的下位概念,因其自身的特殊属性,涉及医务人员

的知情权以及公共利益，法律应提供不同于保护一般隐私权的保护方式进行保护，而且，突发公共卫生事件下的患者隐私权除了具有一般隐私权的人格属性、财产属性，还具有公共属性，法律应进一步明确患者隐私权。

（二）增强公民隐私保护意识

政府、医疗机构与相关隐私权保护协会等组织积极开展"隐私权保护"的主题活动，国家主流媒体应当承担其宣传义务，加大对侵犯隐私安全事件尤其是网络暴力案件的宣传力度，引起每一个公民对网络暴力的防范和警惕意识。

（三）加强道德层面的引导、教育

社会也应该从道德层面进行教育和引导。网络暴力的施加者是一个个网友，他们都是网络前活生生的人，他们的素质对于网络暴力的根治起着重要作用。社会应该强化宣传教育，倡导大家提高素质，在实际生活中做一个文明人，在网络上也要做一个文明人。而且可以通过当地的传统文化形式当作宣传教育的载体，比如，戏曲、书法、绘画、武术等传统文化形式，用当地人民群众喜闻乐见的形式进行道德层面的引导和教育。

（四）落实医疗机构的隐私数据保管责任

《传染病防治法》第52条：医疗机构应当妥善保管患者的相关资料。医疗机构对其采集的疫情患者隐私数据应当进行全面的保管。同时明确数据在流通或共享时的保管责任即"谁采集谁负责、谁保管谁负责"，对患者隐私数据的流通和共享采取严格的管控制度，保管资格的确定、保管能力的审核、数据的保管情况以及数据流通的权限要求；形成一套全面保管患者隐私数据的制度[18]。

（五）加强网络平台网站数据安全保护措施

一是针对不同平台采取重点不同的保护措施。已经上线的信息登记、健康状况申报等应用平台，比如健康宝、健康云、健康码、行程码、核酸检测服务平台等，定期就数据安全合规进行自评估工作，并由各地网信部门对评估工作进行审核，严格落实疫情数据信息的收集使用、共享披露以及流程的合规性审查，加强安全措施的审计和对数据传输途径的监测巡查，通过对平台网站数据安全的评估和审核来科学防范疫情数据安全事件的发生；未上线但即将上线运行的应用平台，应当加强安全评估流程，如设置加密访问、个人敏感信息的双重保护和监管，加强数据安全保障能力。

二是行业主管部门积极履职，加强防控疫情期间个人信息保护监督管理。

针对防控疫情期间个人信息保护问题,各单位应积极响应工信部的工作要求以及履行法律规定的义务,将个人信息保护各项要求落到实处。根据工信部和中央网信办的有关部署,地方通信管理部门组织地方企业严格落实数据脱敏、数据最小化收集等措施,加强风险评估和动态跟进数据安全事件情况,对相关安全事件问题进行监控、分析、评估和判断,在确保用户信息安全的前提下,配合相关部门开展疫情防控形势分析、疫情预警和调查等工作。

三是三家基础电信企业充分发挥全网数据集中优势,快速形成大数据应用解决方案并向全国部署,提供防控疫情态势分析报告、交付疫情防控大数据平台、上线疫情风险预警平台以及提供"14天内到访地查询"等服务,有效支撑疫情防控工作。与此同时,在数据分析使用过程中,严格落实数据安全和个人信息保护相关措施。通过在数据流转、使用等各环节部署防攻击、防泄露、防窃取等安全防护技术手段措施,切实加强数据安全保护。

四是科研机构加强评估研判,开展防控疫情数据安全风险态势监测和研究。在工信部网络安全管理局指导下,中国信通院评估中心每日监测数据安全事件,研判风险并及时上报汇编情况,借助技术平台重点针对疫情信息登记平台、相关行业系统、APP进行风险监测分析。开放安全应用服务平台共享、推进数据开放共享标准制定等方面助力开展数字化疫情防控工作。此外,各地网络信息部门落实重大数据安全事件上报、调查问责、公告等工作部署。

(六)完善隐私权法律保护体系

一是实施网络实名制。通过立法对网络世界的用户实施实名,有助于精准打击黑公关、黑水军等背后的黑产生意;同时实名制可以有效地震慑每一个网络用户的发言,有效追踪散播不实信息的用户从而减少负面影响。此外,应当加强网络平台与媒体的规范义务,发挥网络平台与媒体的正确引导作用,因为平台与媒体不仅仅是无关的第三人,而是参与者,这需要平台、媒体和相关负责部门相互协作。此外,对于一些热议的防控疫情安全事件,政府部门应主动调查和跟进案情,及时向公众公布调查结果。

二是强调平台的提前干预和积极介入的责任。法律虽然承担着惩戒、震慑违法犯罪的职能,但更多承载着保护每一位公民隐私安全、人格独立、有尊严地参与社会活动的职能,对网络暴力更多的思考路径是将网络暴力扼杀在摇篮里,将影响降至最低,最好是消除所有不良影响,尽可能减少网络暴力所造成的伤害,对违法犯罪份子的惩戒只是附属结果,更重要的是发挥法律的保护公民隐私权的职能。因此强调网络平台的提前干预和积极介入的责任。

三是网络诽谤、侮辱犯罪情节严重的转为公诉。目前严重的网络暴力案件需要承担刑事责任的,可适用的刑法罪名一般为诽谤罪和侮辱罪,但这两个罪名是亲告罪,之所以制定为亲告罪是制定时的时代背景、传播特性使得立法者认为这两个犯罪行为的社会危害性不大,由被害人自己决定是否追究加害人的法律责任。但现今网络时代,谣言和侮辱性的话语的传播性极强、传播速度极快,分分钟可以让被害者"社会性死亡",社会危害性极大,被侮辱、被诽谤了的受害者却常常需要拖着伤痕累累的身心自己去法院起诉维权,维权时间长、取证难、维权效果差,很多受害者最后可能就放弃维权了。网络暴力案件中极易产生的侮辱罪、诽谤罪作为亲告罪,显然已经滞后于时代的发展了。在当下互联网大数据时代下,网络暴力可能只需要一天就可以对被害人造成不可挽回的伤害,但是受害者却需要长时间的维权来"挽回"这不可挽回的伤害。因此,严重的网络暴力案件构成诽谤罪或侮辱罪,且情节十分严重的,可转为由公诉机关提起公诉。例如,最高人民检察院第三十四批指导性案例①。其次,实践方面,利用网络实施的诽谤、侮辱行为,通过自诉进行救济面临现实的困境,即取证难、举证难与证明难,上述困境直接影响了防控疫情安全案件的效果,无罪率也远远超过公诉案件,转为公诉案件后,由公权力机关进行侦查取证和证明,与被害人的一己之力相比,不仅可以缓解被害人的取证压力和证明压力,而且也能够更有力地打击疫情下的网络侮辱、诽谤等犯罪行为。再次,责任追究方面,应当加大惩罚力度。在刑法上因侮辱、诽谤导致被害人自伤、自杀的,不具有刑法的因果关系,现实生活中侮辱、诽谤针对的是不特定第三人,且在公共场所,但是现实中的场所人员的数量相对来说是较少的,根据时代和科技的发展,网络平台也属于公共场所,因为可以针对不特定第三人进行转发和传播,与现实公共场所相比,网络平台的不特定第三人的数量是极其庞大的,传播速度迅速,影响程度严重,随着时代的发展,侮辱、诽谤等犯罪行为也应当进行调整,加大惩处力度,提高犯罪成本,为公民个人隐私的保护守住最后一道防线。

四是完善患者信息披露方式。在新冠疫情爆发前期,公众渐渐意识到了解疫情患者的旅居史、行动轨迹的重要性。因此,各个城市地区的政府部门争相在

---

① 郎某、何某诽谤案,先是由杭州市余杭区公安分局对郎某、何某进行行政处罚;接着被害人提起自诉;之后因情节严重扰乱网络社会公共秩序,给广大人民群众造成了不安全感,严重危害社会秩序,经杭州市余杭区人民检察院建议,杭州市公安局启动公诉立案侦查。

第一时间披露患者、密切接触者的年龄、居住地址、行动场所等信息,本着安抚群众,使之及时避免涉足相关场所、并且进行初步自我排查的目的,官方所公布的个人信息以及时详尽而为大众认可。殊不知这种行为给患者的隐私权带来了极大的危害风险,其一定程度上是相关机构失责的表现。国家应当进一步明确规范防疫部门的工作。有关部门应当减少暴露于公众视野的患者信息,从而减少患者隐私权受到侵害的风险。政府卫生行政部门应当弱化公民疫情自查行为,包括自查是否为患者的密切接触、是否和患者曾经去往同一场所,同时应当增强对疫情的筛查工作,由各个机构合力对疫情患者的行迹、密切接触者进行追踪,并在第一时间封锁控制各个场所,对相关人员进行疫情检测并采集环境样本。如此可减少个人隐私的泄露风险,又能及时减少疫情风险地区的人员流动和疫情传播。当筛查完毕后公布疫情风险地区,如此可以减少公众不必要的恐慌,提高疫情防控的时效性。

五是保障患者的"隐私被遗忘权"。突发公共卫生患者在感染之后本身就处在弱势地位,其让渡出一部分个人的隐私于国家机关,若因此遭受到诽谤或者"人肉"搜索甚至网络暴力,国家机关应当依照相关法律规定对诽谤侮辱犯罪行为、非法获取个人隐私者加以惩治。与此同时,当患者治愈后脱离了患者的身份,卫生行政部门以及医疗机构应当及时删除患者信息,根据相关法理以及欧盟法院判决,信息主体理应享有"被遗忘权",政府及医疗机构应当将此前的病例信息进行删除,同时也是隐私权保护正当性原则的体现。

六、结语

随着互联网的普及、5G 的普及,医疗大数据信息采集更加的普遍,个人隐私泄漏的风险也在增加,患者隐私权与医疗机构利益的冲突以及与公共利益的冲突加剧,医务人员侵犯患者隐私和公众进行人肉搜索、网络暴力案件频发且影响巨大,就防控疫情背景下的患者隐私权保护造成了严重的威胁,因此就如何协调患者隐私权与相关利益的冲突和保护突发公共卫生事件下的患者隐私权也变得尤为重要。

最高人民检察院将郎某、何某诽谤案,岳某侮辱案,传播淫秽物品牟利案,柯某侵犯公民个人信息案等极具典型的网络侵犯隐私权的案例选入第三十四批指导性案例;全国人大代表鲁曼、张晓庆、李东生等人也就网络侵犯公民隐私权以及网络暴力问题积极呼吁立法进行严格规范和打击。因此，不仅需要增强公民隐私保护意识和加强道德层面的引导、教育，而且需要完善隐私权具体的配套保护体系：实施网络实名制，强调平台的提前干预和积极介入的责任，网络诽谤、侮辱情节严重的转为公诉，完善患者信息披露方式，"隐私被遗忘权"等方式，以尽可能平衡患者隐私权与医务人员知情权和公众知情权之间的冲突。

参考文献：

[1] 王进,林波.权利的缺陷[M].经济日报出版社,2001.

[2] WARREN S D, BRANDEIS L D. Right to privacy[J]. Harv. L. Rev., 1890, 4：193.

[3] 向燕.人权保护视野下的证人隐名制度[J].证据科学,2008(3).

[4] 梁慧星.民法总论[M].4版.法律出版社,2001.

[5] 马特,袁雪石.人格权法教程[M].中国人民大学出版社,2007.

[6] 五十岚清.人格权法[M].铃木贤,葛敏,译.北京大学出版社,2009：160.

[7] 张新宝.隐私权的法律保护[M].2版.群众出版社,2004.

[8] 王利明.隐私权概念的再界定[J].法学家,2012(1)：108-120.

[9] 郭明龙.个人信息权利的侵权法保护[M].北京：中国法制出版社,2012：61.

[10] 王利明.隐私权概念的再界定[J].法学家,2012(1)：108-120.

[11] 张驰.患者隐私权定位与保护论[J].法学,2011(3)：41-48.

[12] 黄惠满,高家常,孙凡轲,等.隐私权及病人隐私权之概念与法律规范[J].长庚护理,2010(3)：314-322.

[13] 李秋桂,林秋芬.比较住院病人对隐私权的重视与获得程度之差异[J].护理杂志,2015(5)：61-71.

[14] 刘峰杰.患者权利保护问题研究[D].北方工业大学,2009.

[15] 高昭昇,冯东雷,徐静,等.患者隐私信息访问控制研究[J].中国数字医学,2015(12)：68-70.

[16] 夏金莲.大数据时代疫情防控中的信息披露与隐私保护[J].西昌学院学报(社会科学版),2020(3)：42-8+114.

[17] 蔡宏伟,龚赛红.患者隐私权法律保护研究述评[J].医学与哲学(A),2017(5)：59-63.

[18] 蒋言斌,李响.我国医疗大数据患者隐私权保护及其模式选择[J].医学与法学,2018(1)：1-7.

 **点评**

  本文研究近年来新冠疫情防控中的公共卫生事件隐私权保护问题,颇具现实意义。论文从基础理论入手,先阐述隐私权的含义和内容,重点分析患者隐私权的属性,研究患者隐私权易受医务人员和公共利益伤害的缘由;同时通过对侵犯患者隐私权的案例进行分析,概述侵犯患者隐私权的典型类型和成因,并提出完善患者隐私权保护的建议。所研究的问题与实际联系紧密,说服力颇强。

标准必要专利国际诉讼中禁诉令的适用条件研究

谷艳羽[*]

摘要：标准必要专利禁诉令在我国的司法实践中缺乏明确的法律基础，但作为国家主权理论中立法权能的体现，国际法对其效力一般没有限制，因此具有正当性。我国对标准必要专利禁诉令的适用依托于民事诉讼法中的行为保全制度，但二者的功能定位并不一致，导致禁诉令制度的运行错位。标准必要专利禁诉令制度的基本功能在于排除国际平行诉讼的违法妨害，应基于这一功能定位，明确国家与个人、个人与个人、国家与国家这三对标准必要专利禁诉令中的本质关系，并在现有基础上进一步体系化标准必要专利禁诉令的签发条件。

关键词：标准必要专利；禁诉令；国际礼让原则；行为保全

一、标准必要专利禁诉令制度的正当性

专利权的地域性和标准必要专利许可模式的全球性使得标准必要专利权人与标准实施者均可能选择在自己熟悉的法域和对自己有利的法院就相同或实质类似的纠纷提起诉讼，由此产生大量涉标准必要专利的国际平行诉讼问题[①]。发生平行诉讼后，为争夺管辖权、取得对己方有利的判决，各方都会寻求法院颁发禁诉令，由此开启了广泛的全球禁诉令竞赛。广义的禁诉令是指法院应一方请求对另一方当事人签发的，以避免其在其他法院进行诉讼程序，或强制其终止在其他法院诉讼程序的命令，范围包括禁止他国诉讼的狭义禁诉令、禁止执行他

---

[*] 谷艳羽，女，中南财经政法大学，知识产权学院知识产权法专业 2021 级硕士研究生。
[①] 祝建军：《标准必要专利禁诉令与反禁诉令颁发的冲突及应对》，《知识产权》2021 年第 6 期。

国法院裁决的禁执令、禁止执行他国狭义禁诉令与域外禁执令的反禁诉令,甚至是反反禁诉令等①。

"禁诉令"作为发轫于英美法系的概念,在我国立法上亦缺乏相应的法律移植和规定。中国法院作出"禁诉令"判决所援引的法律条文事实上均是有关行为保全的规定。2020年,以《民事诉讼法》第103条(原第100条)和《知识产权纠纷行为保全案件适用法律若干问题的规定》第7条为基础,最高人民法院在华为公司与康文森公司案中签发了我国首个禁诉令,后又确立了我国行为保全性质禁诉令的适用条件和五大考量因素。但是,禁诉令制度在我国的实践运用存在明显欠缺甚至错位,引发了一系列学界争议。其中,是否引入禁诉令,如何在法律上证成禁诉令的正当性,据此进行何种法律配置,成为当前备受争议的焦点。

(一) 禁诉令制度的正当性之辩

探讨某一制度的去留或引入与否,应对其正当性和必要性进行论证。标准必要专利禁诉令的正当性是该制度存废问题的关键所在,是有关该制度系列命题的论证起点。

禁诉令被批评甚至被反对的主要原因在于其对国际礼让原则的违反。国际礼让原则在司法领域主要体现于承认和执行外国的判决和命令之中,原则上,只要一国法院对案件享有管辖权,该法院就有权独立适用该国法律及诉讼程序解决争端②。然而,颁布禁诉令会使法院获得排他性管辖权,从而剥夺当事人在他国法院提起或参加诉讼的可能。若一国法院为了获取排他性管辖权而过度放宽禁诉令的适用条件,就极有可能导致管辖权的不当竞争,损害司法秩序,有侵犯他国司法主权之嫌,这也正是广为学者所诟病的一点。此外,从功能上说,禁诉令无法解决平行诉讼和管辖权冲突问题,一方面,不同司法管辖区的法律观念与法律制度均存在差异,裁判的矛盾难以避免;另一方面,平行诉讼的解决应依靠国际司法协作解决,禁诉令等单边手段的行使反而可能进一步加剧管辖权冲突,使当事人陷入"禁诉令—反禁诉令—反反禁诉令"的循环往复之中,致使禁诉令的理想制度目标难以实现③。还有学者认为,禁诉令是英美国家经济利益扩张

---

① 《中国知识产权审判发出的首例禁诉令——案件合议庭详解康文森公司与华为公司标准必要专利许可纠纷案》,最高人民法院知识产权法庭,2021年2月26日。最后访问日期:2022年9月10日。
② 赵威:《论国际诉讼管辖权冲突中的禁诉令制度——以标准必要专利诉讼案为例》,《理论探索》2021年第4期。
③ 宁立志、龚涛:《禁诉令大战的理论意蕴与实践应对》,《政法论丛》2021年第6期。

的产物,是对他国司法程序的不信任,而这种不信任极易损害国际司法协助体系,在国际法上并不具有存在的合理性①。

在我国司法已经对建立健全中国的禁诉令制度作出案例探索的现状下,多数学者认为禁诉令制度的引入是正当且必要的。从正面来看,首先,基于司法主权平等、独立的原则,当我国法院与纠纷有实质性联系的情况下,"当管则管",对相关纠纷依法行使管辖权是我国司法主权的重要体现和不容突破的司法底线,他国无权干涉②。其次,禁诉令制度在功能上能够解决平行诉讼和管辖权冲突,确保当事人在方便法院进行诉讼,对于一国法院而言,既保证了我国法院依法行使司法管辖权,又保障了我国司法裁决在他国的承认和执行③。再次,从制度环境来看,禁诉令制度需要同时衡量公共利益和私人利益,而我国原已存在的行为保全制度多只考量私人利益,并不能容纳禁诉令制度对公共政策的考量④,因此,禁诉令制度的司法功能在当下司法制度环境内是独一无二的,具有引进和发展的必要性。并且,禁诉令制度虽然是一种典型的普通法系的权利救济方式,但其引入并不突兀,我国已在涉外司法中承认并逐步发展"禁令"这一衡平救济制度和不方便法院原则,而禁诉令制度恰好与其密切相关联的不方便法院原则形成了有效衔接,可以说,禁诉令制度的引进在我国并不存在法律文化上的障碍⑤。从反面来看,禁诉令制度的缺乏将导致我国与其他国家在司法上的不对等。近年来,欧美国家在标准必要专利国际诉讼中积极扩张管辖权,在全球范围内广泛开展禁诉令竞赛,面对欧美国家发出的禁诉令,倘若我国不能建立起相应的制度设计,便无法反制外国法院针对我国签发的禁诉令,从而使我国企业被迫撤回起诉或选择和解,既无法维护我国企业权益,也不利于维护司法管辖权、树立司法竞争力⑥。

---

① 张卫平:《我国禁诉令的建构与实施》,《中国法律评论》2022 年第 2 期。
② 祝建军:《标准必要专利禁诉令与反禁诉令颁发的冲突及应对》,《知识产权》2021 年第 6 期;仲春:《专利国际诉讼中反禁令的司法应对》,《知识产权》2018 年第 4 期。
③ 张利民:《国际民诉中禁诉令的运用及我国禁诉令制度的构建》,《法学》2007 年第 3 期;赵威:《论国际诉讼管辖权冲突中的禁诉令制度——以标准必要专利诉讼案为例》,《理论探索》2021 年第 4 期。
④ 宋晓:《涉外标准必要专利纠纷禁诉令的司法方法》,《法学》2021 年第 11 期。
⑤ 王娟:《关于我国引入禁诉令制度的思考》,《法学评论》2009 年第 6 期;宋晓:《涉外标准必要专利纠纷禁诉令的司法方法》,《法学》2021 年第 11 期。
⑥ 仲春:《专利国际诉讼中反禁令的司法应对》,《知识产权》2018 年第 4 期;沈红雨:《我国法的域外适用法律体系构建与涉外民商事诉讼管辖权制度的改革——兼论不方便法院原则和禁诉令机制的构建》,《中国应用法学》2020 年第 5 期;欧福永:《国际专利诉讼中的禁诉令制度》,《湖南大学学报(社会科学版)》2022 年第 2 期。

从国内研究现状来看,学者们对禁诉令制度合法性、正当性的论证主要围绕着英美法系国家禁诉令的实践梳理和我国司法管辖主权、产业发展诉求、个人利益保护等现实考虑展开。但是,必须认识到,首先,英美法系重在保护当事人免遭外国滥诉的自由裁量理念与其他国家追求的稳定管辖规则存在重大分歧,因此英美法系的司法实践并不足以论证禁诉令制度在我国司法语境下的正当性。其次,法律最突出的特征在于相关的解释和适用行为不是任意性的[①],对合法性、正当性的最低要求应立足于实在法,而不应考虑"应该存在的法",否则便会陷入研究者预设的价值立场而自说自话[②]。因此,应当首先明确标准必要专利禁诉令的本质属性并论证其在国际法上的正当性和合法性。

(二)禁诉令制度的正当性论证

禁诉令的本质是国家主权中立法权能的体现,该项权能的域外效力一般不受国际法限制,但其实施仍受限于事实,故仍应考虑国际礼让等事实性因素。

国家主权理论下的立法权能并不独属于一国立法机构,而可属于任何制定规则的机关[③]。例如,我国行政机关国务院制定行政法规的过程、美国司法机关联邦最高法院所作的裁判被作为判例遵循的过程,均体现了国家主权中的立法权能。我国标准必要专利诉讼中的禁诉令的本质同样是法官行使国家的立法权能。理由在于,该种司法实践在立法上没有明确的法律依据,有赖于法官的自由裁量。标准必要专利诉讼中禁诉令的法律依据并非法律对知识产权领域的特别授权,而是一般民事诉讼法下的行为保全制度。然而,行为保全制度在理论上无法为标准必要专利禁诉令提供法律基础,因为两种制度存在目的差异——我国行为保全制度之目的为确保判决执行、防止损害扩大[④],而不是保证诉讼在我国法院进行。我国标准必要专利禁诉令的裁判者也曾表明其在行为保全制度中首次引入禁诉令的做法系附会之举[⑤]。因此,我国标准必要专利禁诉令的签发并无明确法律依据,系国家主权立法权能之体现。

---

① 陈景辉:《法律的界限——实证主义命题群之展开》,中国政法大学出版社 2007 年版,第 5 页。
② 谈萧:《规范法学的方法构成及适用范围》,《法律科学(西北政法大学学报)》2012 年第 4 期,第 37—42 页。
③ 廖诗评:《中国法域外适用法律体系:现状、问题与完善》,《中国法学》2019 年第 6 期。
④ 肖建国:《从立法论走向解释论:〈民事诉讼法〉修改的实务应对》,《法律适用》2012 年第 11 期。
⑤ 宾岳成:《禁诉令性质的行为保全裁定之考量因素及保障措施——我国知识产权诉讼首例禁诉令裁定解读》,《法律适用》2021 年第 4 期。

基于国家主权原则,除非国际法另有禁止,国家可以制定具有域外效力的法律①。因此,标准必要专利禁诉令在国际法下的合法与否,取决于国际法是否禁止该行为。应当明确,国际礼让原则缺乏连贯统一的实践,并非是具有强制约束力的国际法规则,而只是一国对外关系法的原则,只是一种国际法方面的"软约束"②。因此,在未有国际条约等其他规则的禁止时,我国法院签发禁诉令的行为作为国家立法权能的体现,在国际法下具有合法性。

虽然国际法未对此予以禁止,但标准必要专利禁诉令的实施受制于事实。在标准必要专利国际诉讼的实践中,一国法院签发的禁诉令极有可能遭到他国法院反禁诉令的拒绝。例如三星公司案中,武汉市中级人民法院(以下简称武汉中院)签发的禁诉令遭遇美国联邦得州东区法院的反禁诉令,三星公司与爱立信公司的纠纷最终以庭外和解告结。正是因为禁诉令签发后可能因事实因素无法执行,在签发禁诉令时必须考虑国际礼让等事实性、非法律性的因素。

综上所述,标准必要专利禁诉令在我国的司法实践中缺乏明确的法律基础,但其作为国家主权理论中立法权能的体现,仍在我国境内有效,并产生间接的域外效力,而国际法对该种域外效力一般没有限制,不过,其在实践中仍需考虑国际礼让等非法律因素的限制。

二、标准必要专利禁诉令制度的适用困境分析

2018年以来,我国法院已有十余件案例涉及禁诉令的签发,典型案例集中于2020年后的华为公司诉康文森公司案、小米公司诉IDC案、中兴公司诉康文森公司案、三星公司诉爱立信公司案等。禁诉令制度功能作为解决国际平行诉讼的手段,应当发挥在标准必要专利纠纷中的功用,然而我国以上司法实践中对禁诉令的运用远不如预期。有必要在检视禁诉令适用困境的基础上解决问题,激发制度活力。

(一)我国标准必要专利禁诉令制度的适用状况检视

1. 禁诉令适用条件过度宽松

禁诉令签发的前提条件或形式要件是,本国诉讼与他国诉讼构成国际平行

---

① 霍政欣:《我国法域外适用体系之构建——以统筹推进国内法治和涉外法治为视域》,《中国法律评论》2022年第1期。

② Joel R. Paul, Comity in International Law, Harvard International Law Journal 1991(1):32.见肖永平:《"长臂管辖权"的法理分析与对策研究》,《中国法学》2019年第6期。

诉讼。在国外经典的微软公司诉摩托罗拉公司案、Vringo诉中兴公司案、苹果公司诉高通公司案等标准必要专利禁诉令案件中,"本国法院是否对外国诉讼产生决定性作用"是法院判断是否签发禁诉令的第一步,也是判断本国诉讼与他国诉讼为平行诉讼的最重要考量因素。而中国法院在是否构成国际平行诉讼的问题上,对前后诉关系的论述并不充分,而是更加关注维护诉讼秩序的价值追求。以小米公司案为例,武汉中院分析的第一步便大篇幅强调了被申请人拒不尊重、配合法院诉讼的事实,表明了其对被申请人不尊重司法权威的严肃批判态度,体现我国法院对于司法权威这一公共利益的高度重视。武汉中院的第二点说理集中于对冲突裁判的担忧,认为被申请人的境外程序"可能导致与本案裁决相冲突的裁判作出",这表明我国法院对维护诉讼秩序这一价值的追求。可见,在我国标准必要专利诉讼的司法实践中,法院将诉讼秩序这一考量因素置于极其重要的地位。然而,诉讼秩序是极为主观、没有清晰边界的概念,而被轻视或者忽略了的前后诉关系才是判断国际平行诉讼构成的本质因素。

在分析和比较被申请人和申请人在禁诉令签发后的利益之轻重时,法院的论证逻辑亦存在问题。被申请人利益方面,小米公司案中,武汉中院强调被申请人的非专利实施主体(Non-Practicing Entities,NPE)地位,以此说明被申请人"通过FRAND许可谈判和诉讼盈利,并不制造和生产标准必要专利技术产品",武汉中院发布禁诉令"不会对被申请人持有的、管理的标准必要专利本身造成任何实质性损害"。此点分析看似较为完善,实则缺乏具体论证,这一逻辑很可能导致所有NPE失去选择法院的权利。三星公司案更为激进,武汉中院称"如申请人能维持甚至扩大有关产品生产、销售规模,被申请人从申请人处最终获得的许可费收益也可能会相应的增加",该种逻辑下,所有专利权人都可能失去诉讼法院选择权。申请人利益方面,从华为公司诉康文森公司案开始,法院都会着重强调不签发禁诉令对申请人造成的不利影响。再以小米公司案为例,武汉中院认为被申请人在印度德里地方法院申请了禁令,"必然影响申请人及其关联公司在印度海外市场的运行,极大地损害了申请人的利益,且其损害将难以修复"。据此,武汉中院认为如不签发禁诉令,将严重损害申请人利益。然而,所有境外诉讼活动一旦成功均必然影响申请人利益,此种分析或将导致申请人不必说明自身利益受损之情状。以上要素在无形中放宽了禁诉令的适用条件,均有待推敲,并应进一步的实质分析。

2. 禁诉令的适用存在较大不确定性

2020年华为公司诉康文森公司案中,最高人民法院知识产权法庭颁布了第一个禁诉令性质的行为保全裁定,将"域外判决临时执行对中国诉讼的影响、采取行为保全措施是否确属必要、损益平衡、采取行为保全措施是否损害公共利益、国际礼让原则"作为五大考量因素,为此后深圳中院、武汉中院提供了适用条件上的遵循。其中,对国际礼让原则的考量是不确定性最为突出的部分。

禁诉令的签发并无明确法律依据,尤其是对国际礼让原则的判断,有赖于法官自由裁量,这导致不同法院在不同情形下对国际礼让原则的适用方法和标准的考量存在较大差异。国际礼让原则的含义以及其作为颁布禁诉令的考量因素所应发挥的作用都值得理论界的持续探索。例如,我国法院在适用国际礼让原则时,往往采用正向分析的方法,即设想若发布禁诉令则给外国诉讼带来的不利影响是否可以容忍,而加拿大法院在适用国际礼让原则时更重视反向分析,认为若外国法院本身没有遵守国际礼让原则,也就不能期望加拿大法院在遵守国际礼让原则的基础上尊重其裁决,这时法院就可以颁布禁诉令。例如,在华为公司诉康文森公司案中,针对康文森公司的复议申请,最高人民法院认为涉案禁诉令是行使中国司法管辖权的结果,原裁定主要关注康文森公司在特定时间点申请执行德国法院判决对中国平行诉讼审理和华为公司造成的干扰和损害,既未对德国判决作出任何评价,也未影响其实体审理和裁判效力,不可将对特定当事人的限制等同于对德国判决行使管辖,且中国法院受理案件在先,并不违反国际礼让。

(二)标准必要专利禁诉令适用困境的原因剖析

我国利用禁诉令进行反制并引入禁诉令制度的过程可用于解释其在我国司法实践中面临困境的原因。禁诉令制度在我国依附于行为保全制度,但一方面禁诉令制度功能与行为保全制度存在不匹配性,另一方面我国现有法律未能对禁诉令作出清晰的性质界定,也未就禁诉令和行为保全建立起合理的程序规则,是禁诉令制度在我国运行错位的深层原因。事实上,在合法性争议之外,学界围绕标准必要专利禁诉令主要存有两大分歧:一是禁诉令是否属于《民事诉讼法》所规定的行为保全制度?二是禁诉令能否被拒绝承认、执行外国判决等具有类似功能的制度所替代?这些问题实际上都涉及对标准必要专利禁诉令制度与行为保全制度间关系的认定。

因不具有禁诉令的内涵,行为保全制度在被迫安上"禁诉令"性质时,难以发挥其基础价值,遑论实现禁诉令制度功能的实现。行为保全是在终局裁判作出前,法院责令一方当事人作出一定行为或不得作出一定行为的法律制度,其目的一是在于防止将来的判决不能执行或难以执行,二是在于避免因对方的继续侵害行为而给当事人造成损害,防止损害结果的扩大。然而,行为保全制度在立法规定时显然不具有禁诉令的含义和功能。从制度建构过程回溯,民事诉讼法中的保全制度肇始于1982年,且仅限于财产保全,在程序设计上与当时的苏联等国家的诉讼保全内容更为接近;而知识产权领域的诉前保全以英美法系中的禁令制度为蓝本,可见一般民事诉讼中的传统保全制度和知识产权诉讼中的行为保全在体系构建方面缺乏统一性①。同时,标准必要专利禁诉令所涉及的专利权作为知识产权,属于一种特殊的私权,又耦合国际法上的管辖权争议,在权利有效性认定、侵权行为的判定、证据的收集提供等方面皆有其特殊性,通常以复杂程度高于一般民事诉讼案件为最终表现,因而对禁诉令的程序设计的独立性和适用条件的精细化应当具有更高的要求。

此外,2020年以前,我国在全球标准必要专利禁诉令的司法实践中一直处于被动的地位,在华为公司诉无线星球公司案、康文森公司诉中兴公司案、华为公司与三星公司案等案件中,我国法院的管辖权均为外国法院所颁布的禁诉令所限制。2020年华为公司诉康文森公司案中最高人民法院知识产权法庭作出的禁诉令性质的行为保全裁定是我国主动颁布的第一例禁诉令。可见,禁诉令在我国的运用具有明显被动性,并非建立在充分理论研究与实践经验基础之上,不符合制度发展的一般规律,因而在司法实践中产生水土不服是必然的现象。因此,以功能主义的视角再次审视标准必要专利禁诉令制度,以标准必要专利的功能实现为牵引完成程序建构是值得尝试的路径。

三、以排除国际平行诉讼妨害为导向的禁诉令制度功能定位

功能主义主张将整体结构的设置定位在功能取向上,因此对功能的预期以结构的配置为前提②。结构的本质是规范,因此,必须考虑法律规范是否具备实

---

① 张海燕、苏捷:《功能主义视角下知识产权诉前行为保全制度的激活》,《中国应用法学》2020年第6期。

② [美]戴维·波普诺:《社会学》,李强、陈运辉译,中国人民大学出版社2000年版,第108—109页。转引自张海燕、苏捷:《功能主义视角下知识产权诉前行为保全制度的激活》,《中国应用法学》2020年第6期。

现期待之目的或价值的功能①。具体到标准必要专利禁诉令制度的问题上,即应当确立该制度的功能取向,并在此下系统性地建构其适用条件等法律规则。

(一) 禁诉令制度的功能定位争论

如上所述,多数学者从司法需求、法律基础等方面出发,持赞成禁诉令引入中国的观点,然而这部分学者因基于保护对象和方式的不同,对禁诉令制度的功能定位仍存不同意见,大致可分为"主动预防说"和"被动防御说"。国际司法实践中,普通法系法院偏向于主动进攻性质的禁诉令,而其他法系法院则更多签发具有防御性质的反禁诉令。

"主动预防说"观点认为,禁诉令是法院所作出的维护当事人权益和国家公共利益的积极行为,属于一种主动预防的制度,其突破了司法的克制和被动性,是司法能动主义的体现②。尽管禁诉令只对当事人有效,不直接针对外国法院,但由于诉讼本身是法院和当事人互动的司法活动,因此禁诉令虽然从效果上看是间接干预了外国法院的管辖权,但从运行方式上来看仍属主动③。这种对外国法院管辖权的"主动进攻"正是禁诉令最核心的价值所在。

"被动防御说"为更多学者所认可。他们认为,一方面,受制于国际礼让原则,禁诉令制度的运行应当秉持谨慎谦抑的态度,避免与其他国家的司法管辖权产生不必要的冲突。例如,禁诉令的反制范围不应当扩大到其他国家和地区尚未发生的诉讼行为④。另一方面,在司法领域避免采取过于激进的对抗性措施无益于纠纷的解决,制裁手段应当与我国国情和综合实力相匹配⑤。因此,面对禁诉令不断扩张的国际环境,中国建立禁诉令制度是以进为退的考虑,在这一过程中,应当严格把握禁诉令的颁发条件,有限度地使用⑥。

然而,以上功能判断方式在论证力度上均有所欠缺,由司法需求、制度运行方式而推理功能的思路存在循环论证的嫌疑,且导致其功能判断不具有唯一性。因此,还需从其他角度进一步框定标准必要专利禁诉令所应保护的对象,以明确其功能定位。

---

① 黄茂荣:《法学方法与现代民法》,法律出版社 2007 年版,第 65—66 页。
② 彭奕:《我国内地适用禁诉令制度探析》,《武汉大学学报(哲学社会科学版)》2012 年第 5 期;欧福永:《国际专利诉讼中的禁诉令制度》,《湖南大学学报(社会科学版)》2022 年第 2 期。
③ 沈红雨:《我国法的域外适用法律体系构建与涉外民商事诉讼管辖权制度的改革——兼论不方便法院原则和禁诉令机制的构建》,《中国应用法学》2020 年第 5 期。
④ 祝建军:《标准必要专利禁诉令与反禁诉令颁发的冲突及应对》,《知识产权》2021 年第 6 期。
⑤ 顾昕、宋飞云:《构建规范合理的知识产权域外适用规则》,《科技中国》2021 年第 10 期。
⑥ 彭奕:《我国内地适用禁诉令制度探析》,《武汉大学学报(哲学社会科学版)》2012 年第 5 期。

（二）以排除国际平行诉讼妨害为导向的制度功能论证

从层次利益结构出发衡量标准必要专利禁诉令的制度成本,可以为厘清其制度功能提供参考。从国际礼让的角度来看,禁诉令的签发不论有何种正当根据,都是借助公权力以强制方式将案件管辖收归本国法院,相较于运用"不方便法院"原则主动放弃管辖,只要签发禁诉令就会构成对国际礼让的违反,由此可能引发的国家形象受损、司法主权对抗和国际社会误解均是签发禁诉令的成本。从收益的角度来看,签发禁诉令则可能促进个人利益、制度利益乃至国家利益的增长①。在此基础上,通过衡量禁诉令在保护不同对象时的损益比,可有效确定其最有效率的保护范围。需要说明的是,上述利益及成本虽处于不同的价值位阶,但亦可在普遍存在的社会共识之上开展"异质性利益"的衡量②。在单独保护知识产权人的情况下,因禁诉令的签发理由与国家管辖、公共政策无涉,通常会引发外国法院的反禁诉令对抗,此时当事人基于国内优势诉讼地位所能获得的个人利益较小,对于激励创新、打造诉讼优选地等制度利益亦无太大增进作用,相反还要面临违反国际礼让、司法对抗所带来的国家利益损失,显然得不偿失。在单独保护国家管辖等利益的情况下,因不考虑当事人的诉讼状况,禁诉令只可在部分情况下增进个人利益与制度利益,虽然维护了国家利益,但会被违反国际礼让的成本抵销一部分,但此时签发禁诉令仍在整体上具有收益。在同时考虑私权保护与国家管辖及公共政策的情况下,禁诉令不仅会同时推动个人利益和制度利益的增长,还会因其签发依据较为充分而降低引发反禁诉令对抗的风险,在同样需要抵扣违反国际礼让成本的情况下,此种情形整体上面临着较高的收益和较低的成本。由此,知识产权禁诉令最佳的保护对象应当同时包含私人利益和国家利益。

在保护方式上,标准必要专利禁诉令属于预防型责任的临时实现机制。对于提起申请的一方当事人来说,签发禁诉令能够有效防止另一方当事人在外国提起平行诉讼,从而避免对当事人在国内诉讼中圆满行使权利造成妨碍,因此禁诉令是一种基于侵害财产利益所生责任的实现方式。根据《民法典》第179条的规定,民事责任根据作用方式的不同可分为预防型责任与补救型责任③,前者旨在损害尚未发生时及时排除妨害或消除危险,后者则是在损害发生后填补当

---

① 梁上上:《利益衡量论(第3版)》,北京大学出版社2021年版,第118—121页。
② 同上,第85—101页。
③ 程啸:《侵权责任法》,法律出版社2021年版,第747—748页。

事人所受损失。依照上述分类,标准必要专利禁诉令应属于预防型责任的实现机制。但是,禁诉令毕竟在事实上干预了国外正在进行或即将提起的诉讼,因此负有尽快审理解决本案纠纷的义务,待法院作出生效判决后,当事人在国外的平行诉讼便不会再对国内诉讼产生影响,维持禁诉令效力的事实基础即告终结,因此禁诉令只是一种临时性的措施。

在时效速度方面,标准必要专利禁诉令是一种高效快捷的保护措施。作为预防型责任的实现途径,禁诉令的目标在于迅速中止或结束外国的平行诉讼,从而防止当事人所遭受的妨害引起更大的损失。换言之,法院若不能高效快捷地签发禁诉令裁定,待被申请方在外国法院获得胜诉判决后,申请方将陷入被强制执行或接受不合理谈判条件的两难境地。但是,应当辩证地看待标准必要专利的快捷特征。因禁诉令在事实上干预了当事人在外国的诉权和外国法院管辖权,故需要逐一检视其中的法律关系是否具有合法性,不可因为片面追求高效快捷而偏废对权利的保护和权力的尊重,否则会进一步加剧当事人和他国对禁诉令的抵触情绪并引发新一轮的禁诉令抵抗。

可见,标准必要专利禁诉令作为一种临时性禁令,可以有效地限制当事人在外国开展诉讼活动,避免平行诉讼对本国诉讼所造成的压迫等不利影响,保障当事人对有关标准必要专利的利益得到充分实现,实现对私人利益和国家利益的双重保护。因此,标准必要专利禁诉令的制度适用仅仅依托于行为保全制度存在明显的不足和缺陷,与排除国际平行诉讼之违法妨害的功能取向并不适配。将排除国际平行诉讼的违法妨害确定为禁诉令的功能导向,以之为牵引,重新建构我国法律体系下禁诉令的适用条件,能够使规则服务于功能,使我国禁诉令制度更加切合功能主义的要求。

四、标准必要专利禁诉令适用条件的重新建构

在确定标准必要专利禁诉令制度的正当性及其功能定位后,有必要以其功能为指引,对其具体适用条件加以分析和总结,在制度层面实现其体系化构造,进而促成禁诉令功能的实现与当事人和国家利益的保障。

(一)形式要件:国际平行诉讼的认定

国际平行诉讼的认定要求各诉当事人和诉讼标的实质一致,而在标准必要专利国际诉讼中,当事人和诉讼标的的认定相较于传统海商事禁诉令而言更为

复杂。

标准必要专利国际平行诉讼中的当事人通常不完全相同,除母公司保持不变外,子公司会随诉讼地国家的变化而发生变化。从形式意义上说,不同国家的诉讼尽管牵涉不同的子公司,但实质上是与母公司一体的,更何况两个诉讼的内容均是关于同一标准必要专利的侵权或许可费率之争。因此,判断两诉当事人具有同一性,应当采用实质标准,要求两个案件的当事人"实质相同和密切关联"。从判决书上来看,英美法院在说明"当事人相同"这一要素时通常会说明两案当事人实质相同的理由,但中国判决中只是列举了平行诉讼中双方当事人的名称,以表达形式上的"当事人基本相同"之意,法院仍需具体说明子公司和母公司的关联程度,从实质上证明两案当事人的同一性。这需要我国法院在未来禁诉令实践中增加说明,明确宣示实质标准并给出具体论证[①]。

诉讼标的的认定也应遵循实质标准。标准必要专利国际诉讼通常是一方当事人在一国法院提起许可费率诉讼,另一方当事人在另一国提起侵权诉讼;或者专利权人在一国提起许可费率诉讼或侵权诉讼,专利实施人在另一国提起滥用市场支配地位的不正当竞争诉讼或反垄断诉讼。各国平行展开的标准必要专利纠纷案件的常态正是平行展开的各案件具有密切关联,但审理对象和诉讼标的从形式上看并不完全一致。这是因为专利具有地域性,从法律性质上只能认定为不同国家的专利。有学者认为,无论是从地域性还是保护范围来看,两诉专利本质上都属于不同标的,因此类专利国际诉讼并非相同之诉,不能被认为是国际平行诉讼[②]。但是,在通信领域的标准必要专利纠纷中,虽然两国法院受理的同族专利严格来说属于不同标的,但两组专利指向的是同一个技术标准,其本质上保护的是同一种技术。美国和欧盟法院在判定相同案件时会说明"本国诉讼能否解决外国诉讼"或者"本国诉讼是否会使在后的他国诉讼不再有进行的必要",以说明两诉实质相同(functionally the same),而我国法院只是从审理对象上进行分析,认为"审理对象部分重合",或者直接表示国内外诉讼构成平行诉讼或重复诉讼。有学者认为,这样的表述过于保守,就标准必要专利领域而言,各方平行提起违约之诉、侵权之诉,其目的都不是诉本身,而是希望达成许可协议,因此此类案件一般可认定为是诉讼标的相同的国际平行诉讼。但是,专利的

---

① 宋晓:《涉外标准必要专利纠纷禁诉令的司法方法》,《法学》2021年第11期。
② 刘义军:《完善我国知识产权侵权诉讼域外管辖权的若干思考》,《科技与法律》2016年第4期。

有效性诉讼和反垄断诉讼与一般的违约之诉和侵权之诉不构成平行诉讼。如 Vringo 诉中兴公司、苹果公司诉高通公司案中,一方提起的是违约之诉或许可费率之诉,另一方提起的是专利无效之诉、反垄断之诉,美国法院就以"违约与否不能解决 Vringo 是否滥用市场支配地位的判断""在先的美国诉讼不能解决国外诉讼"为由,认定不满足签发禁诉令的首要条件。

（二）实质要件：国家与个人的双重利益平衡

国际平行诉讼是法院签发禁诉令的前提条件,只有在同时满足其他实质性条件时,法院才有可能最终签发禁诉令。标准必要专利禁诉令涉及法院与诉讼当事人之间的关系,涉及国家介入个人诉权行使的限度问题,实际上涉及了双重利益平衡,即公益与私权的平衡以及当事人之间的私权平衡,如图 1 所示。

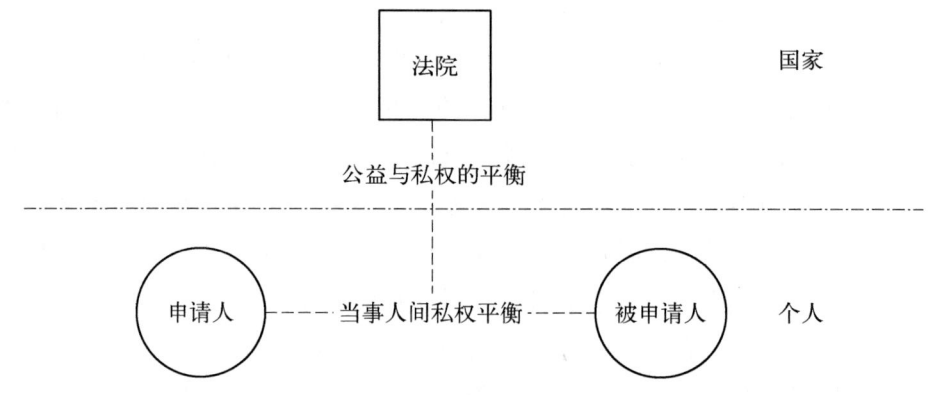

图 1　国家与个人的双重利益平衡

1. 公益与私权的平衡

在国家与个人之间的关系,即公益与私权的平衡中,一方面涉及裁判中的公共利益,一方面涉及裁判外的国家利益。在标准必要专利纠纷可能出现平行诉讼时,当且仅当公共利益超越个人选择法院之权益时,一国法院方可以禁诉令限制当事人行为。公共利益的概念较为模糊,其本质更多是政策性的考量,故存在较大解释空间。诉讼秩序是裁判中公共利益最直观的一种表现,两诉判决互相影响,这就意味着本国诉讼程序或结果必定会受到影响,也就意味着会影响到本国的诉讼秩序。具体而言,体现为两诉的判决是否互相影响,其一为过程的考量,即一诉的诉讼结果是否会对另一诉产生阻碍,其二为结果的考量,即两诉是否会产生不一致的判决。

此外，还应考量裁判外的国家利益。广义的国家利益是中国积极参与禁诉令大战的背景。自英国法院在 UP 诉华为公司案中明确英国法院可以裁定标准必要专利在全球的 FRAND 许可费率始，传统意义上专利权的地域限制受到巨大冲击，各国开始寻找限制他国法院设定全球 FRAND 许可费率的制度。正是在这一大背景下，我国为了回应广义国家利益受损之风险，开始思考引入标准必要专利禁诉令制度①。因此，在签发标准必要专利禁诉令时理应对国家利益予以考量。

2. 当事人之间私权的平衡

当事人之间的私权平衡包括被申请人的利益以及申请人的利益。当事人当然拥有在不同法院起诉的权利，法院当且仅当在禁诉令申请人的私权保护必要性大于被申请人私权保护必要性时方可签发禁诉令。首先，法院应当考虑被申请人提起境外诉讼程序的主观故意，这与美国禁诉令认定规则中考察被申请人恶意的立场较为一致②，即被申请人境外诉讼的主观恶意将减损其可应受法律保护利益之范围的考量。在国外，这一点通常被表述为被申请人是否构成滥诉。具体表现为，被申请人诉讼的目的在于威胁另一方当事人接受不合理要求，或该诉讼为无理的、压迫性的诉讼，或当事人可能获得重叠的救济。如在微软公司诉摩托罗拉公司案中，美国法院认为摩托罗拉公司以德国的禁令判决威胁微软公司，迫使其不得在德国销售有关产品，因此摩托罗拉公司在德国发起的侵权之诉构成滥诉。又如 Panoptis 诉华为公司案中，美国法院认为两诉虽然可能涉及类似的事实争议，但提供的救济并不会重叠，华为公司在中国的诉讼也就不构成滥诉。这事实上是通过对诉讼秩序（裁判中公共利益）的破坏与否来判断当事人的主观恶意。不过，对此，有学者认为，认定被申请人主观恶意需要更多证据予以支持，而认定主观恶意的最终目的在于认定被申请人滥用程序权利，从而损害申请人利益，因此，如有其他事实能够证明被申请人在客观上构成了对申请人的困扰和压制，则应避免对被申请人主观意图的探讨③。

综上所述，法院在认定禁诉令颁布的实质条件时，一要考察诉讼秩序、司法权威、国家知识产权政策等公共利益，二要考量被申请人的主观心态、被申请人

---

① 丁文严、韩萍：《标准必要专利保护的中国路径——"标准必要专利保护法律问题研究"研讨会综述》，《法律适用》2018 年第 19 期。

② S.I. Strong, Anti-Suit Injunctions in Judicial and Arbitral Procedures in the United States, 66 American Journal of Comparative Law.

③ 宋晓：《涉外标准必要专利纠纷禁诉令的司法方法》，《法学》2021 年第 11 期。

在客观上对申请人的困扰和压制、被申请人利益受损情况以及申请人的利益受损情况等私人利益,并在公共利益与私人利益之间、被申请人的私人利益与申请人的私人利益之间寻求平衡点。

（三）反思要件：国际礼让原则的限制

除国家与个人、个人与个人之间的关系外,标准必要专利诉讼还涉及国家与国家之间基于国家主权视角的关系,如图2所示。前文已经论证,标准必要专利禁诉令在国际法上的合法性和正当性,但其实施仍受制于国际礼让等事实性因素。在不违反国际礼让,或者说对国际礼让的侵犯程度可以被容忍时,禁诉令是可以颁布并被接受的。

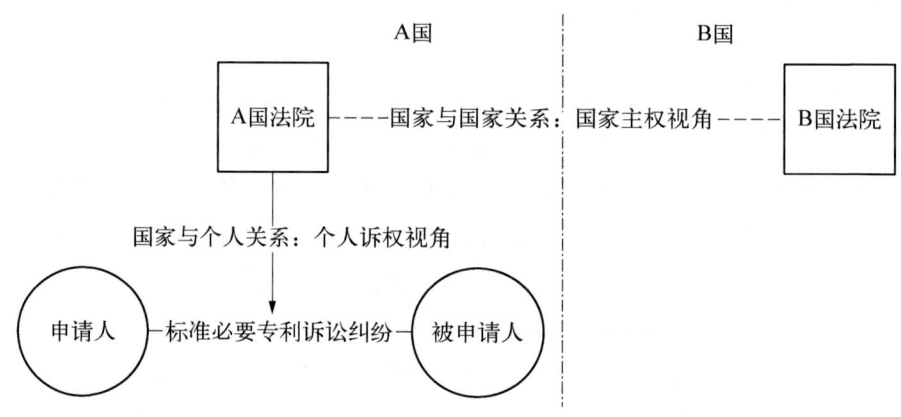

图2　国家之间基于主权视角的关系

我国现有的司法实践对国际礼让原则的说理尚显不足。例如,华为公司诉康文森公司案中,法院以"案件受理时间先后、案件管辖适当与否、对域外法院审理和裁判的影响是否适度"作为国际礼让原则的考量要素①。然而,这些要素仍然是从正面推导出禁诉令的合理性,应当属于禁诉令适用的实质条件,而非从反面论证禁诉令的签发不会影响国际礼让,这使判决在说理部分的逻辑和理由稍显混乱不清。又如武汉中院作出的小米公司案判决中仅仅简单提及国际礼让,而三星公司案中则只是间接提及"对国际民事诉讼秩序的影响",对可限制国际礼让原则的事实缺乏实质论证,且考察内容尚不明晰。

国际礼让原则在司法实践中与谦抑具有相同含义,即在法律适用上保持适

---

① 最高人民法院民事裁定书,(2019)最高法知民终732、733、734号之一。

度、克制和非冒进①。标准必要专利国际平行诉讼领域的国际礼让原则首先要求禁诉令在适用顺序上的后置性,即对于可以通过其他手段解决的平行诉讼问题,不应通过颁发禁诉令加以解决,从而避免侵犯其他国家的司法主权。其次,法院在认定禁诉令适用的形式条件和实质条件后,最终签发禁诉令前,应进行整体上的立场反思。

五、结语

当前知识产权已经成为决定国际秩序的关键因素,国家对知识产权的保护已经上升到了战略层面,随着我国在国际知识产权领域地位的提高,我国在标准必要专利纠纷领域的一举一动均引发诸多关注。我国应在坚持解决国际平行诉讼这一禁诉令基本功能的基础上,充分理解国家与个人、个人与个人、国家与国家(国际礼让原则)这三对标准必要专利禁诉令中的本质关系,并在现有基础上进一步体系化标准必要专利禁诉令的签发条件,努力从国际知识产权规则的"追随者"向规则的"制定者"转变,这对于我国积极参与国际知识产权治理规则的制定、实现从防御型法治国家向引领型法治国家转型,具有里程碑式的意义。

参考文献:

[1] 祝建军.标准必要专利禁诉令与反禁诉令颁发的冲突及应对[J].知识产权,2021(6).

[2] 赵威.论国际诉讼管辖权冲突中的禁诉令制度——以标准必要专利诉讼案为例[J].理论探索,2021(4).

[3] 宁立志,龚涛.禁诉令大战的理论意蕴与实践应对[J].政法论丛,2021(6).

[4] 张卫平.我国禁诉令的建构与实施[J].中国法律评论,2022(2).

[5] 仲春.专利国际诉讼中反禁诉令的司法应对[J].知识产权,2018(4).

[6] 张利民.国际民诉中禁诉令的运用及我国禁诉令制度的构建[J].法学,2007(3).

[7] 宋晓.涉外标准必要专利纠纷禁诉令的司法方法[J].法学,2021(11).

[8] 王娟.关于我国引入禁诉令制度的思考[J].法学评论,2009(6).

[9] 沈红雨.我国法的域外适用法律体系构建与涉外民商事诉讼管辖权制度的改革——兼论不方便法院原则和禁诉令机制的构建[J].中国应用法学,2020(5).

---

① 孔祥俊:《论反垄断法的谦抑性适用》,《法学评论》2022 年第 1 期。

[10] 欧福永.国际专利诉讼中的禁诉令制度[J].湖南大学学报(社会科学版),2022(2).
[11] 彭奕.我国内地适用禁诉令制度探析[J].武汉大学学报(哲学社会科学版),2012(5).
[12] 顾昕,宋飞云.构建规范合理的知识产权域外适用规则[J].科技中国,2021(10).
[13] 廖诗评.中国法域外适用法律体系:现状、问题与完善[J].中国法学,2019(6).
[14] 肖建国.从立法论走向解释论:《民事诉讼法》修改的实务应对[J].法律适用,2012(11).
[15] 宾岳成.禁诉令性质的行为保全裁定之考量因素及保障措施——我国知识产权诉讼首例禁诉令裁定解读[J].法律适用,2021(4).
[16] 霍政欣.我国法域外适用体系之构建——以统筹推进国内法治和涉外法治为视域[J].中国法律评论,2022(1).
[17] 肖永平."长臂管辖权"的法理分析与对策研究[J].中国法学,2019(6).
[18] 张海燕,苏捷.功能主义视角下知识产权诉前行为保全制度的激活[J].中国应用法学,2020(6).
[19] 刘义军.完善我国知识产权侵权诉讼域外管辖权的若干思考[J].科技与法律,2016(4).
[20] 丁文严,韩萍.标准必要专利保护的中国路径——"标准必要专利保护法律问题研究"研讨会综述[J].法律适用,2018(19).

点评

本文研究标准必要专利禁诉令的适用条件,是知识产权保护中的重要问题。标准必要专利禁诉令在我国的司法实践中缺乏明确的法律基础,但作为国家主权理论中立法权能的体现,国际法对其效力一般没有限制,因此具有正当性。我国对标准必要专利禁诉令的适用依托于民事诉讼法中的行为保全制度,但二者的功能定位并不一致,导致禁诉令制度的运行错位。通过深入分析得到结论:标准必要专利禁诉令制度的基本功能在于排除国际平行诉讼的违法妨害,应基于这一功能定位,明确国家与个人、个人与个人、国家与国家这三对标准必要专利禁诉令中的本质关系,并在现有基础上进一步体系化标准必要专利禁诉令的签发条件。

数字经济发展能促进居民消费"扩容提质"吗?

——基于省级和中国家庭追踪调查(CFPS)数据的实证分析

蒋青松[*]

摘要:消费是促进我国经济增长方式转换和形成国内大循环的决定性力量,数字经济能否促进居民消费是亟需解答的问题。研究基于2013—2020年省级宏观数据和CFPS2016、2018两期微观家庭匹配数据,深入讨论数字经济发展对居民消费的影响及其内在作用机制。结果表明,要继续发挥数字经济的包容性增长作用,大力推进科技创新,实现产业结构升级,推动消费型经济增长模式的实现。

关键词:数字经济;居民消费;扩容提质;消费能力;消费意愿

引言

数字经济作为我国科技产业革命的战略选择,对经济发展至关重要,据工业和信息化部发布的《全国数字经济发展指数(2021)》报告显示,我国数字经济规模从2012年11万亿元增长到2021年超45万亿元,占国内生产总值的比重也由21.6%提升至39.8%。"十四五"时期我国经济社会发展强调以高质量发展为主题,提升消费不仅仅是总量上的扩容,还要进行结构上的提质,数字经济作为继农业经济、工业经济之后的又一主要经济形态,如何利用数字经济实现居民消费"扩容提质",进而实现"双循环"战略便是当下急需解决的问题。

居民消费"扩容提质"包括"扩容"与"提质"两个方面,其中"扩容"指居民消费总量增加,"提质"则是指居民消费结构升级。

---

[*] 蒋青松,男,重庆工商大学,金融学院金融学专业2021级硕士研究生。

本研究运用2013—2020年省级宏观数据和CFPS2016、2018两期微观家庭匹配数据深入讨论数字经济对居民消费"扩容提质"影响及其作用机制,可能的边际贡献在于:(1)综合运用宏微观数据,分别从数字经济及其三个子维度探究实现居民消费的内在根源;(2)基于有效消费定义,从消费能力和消费意愿两方面综合构建数字经济对居民消费影响机制路径,弥补了以往单一路径分析的不足;(3)在探讨数字经济对消费"扩容"的基础上进一步研究数字经济对消费"提质"的影响。

研究基于现有文献梳理数字经济促进居民消费"扩容提质"及其机制分析,并提出笔者的研究假设。通过模型设定、数据说明与变量选择,从宏观层面的实证分析与微观层面的实证分析得出结论,进而提出政策建议。

一、数字经济对居民消费"扩容提质"的理论分析与研究假说

(一)数字经济对居民消费"扩容提质"的影响

居民消费"扩容提质"包含"扩容"和"提质"两个方面,随着我国"十四五"时期经济社会发展要"以推动高质量发展为主题",学者开始探讨数字经济发展对居民消费"提质"的影响。数字经济作为继农业经济、工业经济之后的主要经济形态,对居民消费影响主要体现在以下三个方面。

首先,加快形成数字经济引领下的现代产业体系。伴随互联网、大数据以及云计算等新兴技术兴起,我国经济环境逐渐兼具规模、范围和长尾效应,并通过新的生产要素投入和资源配置更好地进行市场供求匹配[1]。在此基础上,鲁玉秀等[2]认为会催生诸如区块链、无人驾驶等智能化产业链新型业态,加上数字经济本身所具备的低排放、低能耗特征,更加有利于推动我国经济高质量发展,进而推动居民消费转型升级。其次,数字经济作为"虚拟经济",打破了传统人力、技术等生产要素的区域限制,可以保障生产要素较为充分利用,从而促进区域融合发展[3]。同时将数字技术嵌入制造业生产过程,推动企业柔性制造和精益生产,使得企业商品更具有性价比。另外人工智能科技的发展在一定程度上消除了经济系统内信息的不完全性,使生产和服务的供求信息更加精确化,这样既能提高地区企业生产效率,还刺激了居民消费水平[4]。最后,数字经济改变了居民消费理念和消费行为,使得商品需求趋于多元化和个性化,互联网金融、移动支付的出现让消费更加便利,在很大程度上刺激了居民消费[5]。基于上述分析,本研究提出假设1。

假设1:数字经济的发展对居民消费存在"扩容提质"的作用,即数字经济

既能够促进居民消费增长又能够推动居民消费结构升级。

（二）数字经济影响居民消费"扩容提质"的机制分析

经济学中有效消费是指消费者对商品同时具备消费能力和消费意愿,其中消费能力是指居民具备购买某种商品的能力,消费意愿是指居民倾向于购买某种商品的动机。持久收入假说理论中认为消费主要依赖于收入,人均可支配收入在某种程度上能够衡量居民的消费能力,但却不能体现出不同群体之间的收入差距。消费理论认为低收入群体的边际消费倾向要大于高收入群体,收入差距的变化也会对消费能力产生重要影响,因此用居民人均可支配收入与收入差距两个指标能更加全面衡量居民消费能力。当市场消费品不能引起消费者的兴趣,即使居民有消费能力,也不能最终实现消费行为。数字经济作为科技产业革命的战略选择,技术创新引致的产品创新能够改善产品外观和品质特质,从而推动产业结构升级。在创新与产业结构升级交互推动下,企业生产的产品能够满足消费者的多样化需求,进而能够刺激消费者对商品的购买意愿,因此用创新产出和产业结构升级两个指标能更加全面衡量居民消费意愿。

1. 数字经济—消费能力—消费"扩容提质"传导路径

数字经济的发展可以有效缓解交易主体之间的信息不对称性,通过降低整体社会经济活动成本,提高产出和增加可支配收入[6]。一方面,数字经济催生了新的社会就业岗位,同时让人们可以获得更多就业信息,随着生产环境不断优化,居民特别是农村居民的非农工作参与率提升,工资收入开始增长[7]。同时,数字乡村建设所带来的信息红利和互联网机遇也使农村居民收入增加显著[8,9];另一方面,数字互联网的普及还可以提升居民人力资本水平,从而对高技能群体收入产生工资溢价效应[10,11],此外居民还可以通过数字普惠金融接触到更多的理财渠道,进而增加居民财产性收入。可支配收入作为居民消费能力的体现,是决定消费的核心因素,居民可支配收入的增长也往往伴随着消费的增长与消费结构的升级。

刘诚[12]认为数字经济总体上改善了收入分配关系,能够使不同群体、地区和城乡的分配更加均衡,而陈鑫鑫和段博[13]则通过实证分析验证了数字经济对收入分配的改善作用,并进一步分析了市场一体化效应、模块化分工效应对城乡收入差距缩小的直接效应与劳动力再配置效应、集聚效应的间接效应。还有学者分析了"宽带中国"战略、互联网贸易发展及互联网使用对收入差距的缩小作用[14-16]（蓝管秀锋等,2020；张永丽和李青原,2022）,周慧等[17]还进一步分析了数字经济对城乡多维差距的收敛作用。收入差距对于消费有着重要的影响,朱德云等[18]发现收入不平等对家庭消费存在一定程度的负向影响,且这一负向影响主要存在于中低收入家庭中。收入差距缩小会使得中低收入群体在经济社会发展中获得更多,这部分群体本身有着较高的边际消费倾向,因此会增加消费总量。同时随着收入增长,他们对于高品质生活追求意愿也会更加强烈,在增加的消费总量中加大对高档品的消费,使得消费结构得以升级。收入差距的缩小虽然会降低部分高收入人群的收入,但该群体由于以往支出习惯,因此其消费不会发生显著的变化,他们更多的是会用以往的储蓄来维持自己原有的消费习惯,因而收入差距的缩小不会使得高收入群体消费明显下降,只是会使得其储蓄率下降,可知收入差距的缩小有利于提升居民消费能力,从而影响消费的"扩容提质"。基于以上分析,本研究提出如下假设。

假设2:数字经济能够通过提升居民人均可支配收入与缩小收入差距来促进居民消费"扩容提质"。

2. 数字经济—消费意愿—消费"扩容提质"传导路径

企业创新需要大量的财力投入,传统金融部门由于存在金融门槛以及信息不对称性,使得企业创新普遍存在较大融资约束,融资约束的存在会对企业的创新产生阻碍作用[19],但是在数字经济的影响下,信息不对称程度会下降,创新端和消费端信息分割的矛盾会得到缓解,市场的创新需求与企业的创新资源能实现直接对接[20],有助于企业创新产品赢得消费者喜爱,从而为创新活动的开展提供源源不断的内部资金支持。另外信息不对称的下降也使得投资者能以快速且低成本的方式评估企业创新产品的风险与收益,从而有效缓解创新面临的外部融资约束,还有利于企业获得更高的商业信用和政府补贴[21]。创新的实现也离不开高素质人才的助力,数字经济下知识的快速传播及学习途径的增加,有利于加速人力资本的积累[22]。创新最终的目的是要用于为企业创造收益的,如何使得创新变现就是一个很重要问题,只有创新产生收益,才能够维持创新活动的开展。数字经济促进产学研合作与提高专利回报率[23],能够推动创新活动的持续健康发展。杜丹清[24]认为现有研究忽视了技术创新引致的供给侧产品创新与需求侧居民消费内容和方式的变革对消费的影响。事实上,随着企业不断创新,技术进步逐渐渗透生产过程,能改善现有消费品质量,并且增加消费附加服务,提升消费意愿,进而对居民消费产生"扩容提质"影响。

蓬勃发展的数字经济已经成为我国产业结构持续升级的动力源泉[25],在这一大背景下，柳志娣和张骁[26]研究了互联网发展对产业结构转型升级的推动作用。数字经济发展对产业结构升级有促进作用，并在资源配置效率、数字技术与传统产业融合、研发投入强度、人力资本和科技创新方面有中介效应[27,28]。李治国和王杰[29]认为数字经济发展具有提升企业生产效率和优化数据要素配置的双重效应，使得企业得以生产更多高端产品，数字经济在加快企业创新的同时能够进一步推动产业结构升级，减少无效和低端供给，增强对需求侧的适应性和灵活性，刺激居民消费意愿[30]，由此可知产业结构升级在数字经济推动消费的"扩容提质"过程中也发挥着重要作用。基于以上分析，本研究提出如下假设。

假设3：数字经济能够通过提升创新产出、促进产业结构升级来促进居民消费"扩容提质"。

二、模型设定、数据说明与变量选择

（一）模型设定

1. 基准回归

$$LnC_{i,t}/LnCsc_{i,t}/LnCxs_{i,t}/LnCfz_{i,t} = a_0 + a_1 digeco_{i,t} + a_2 controls_{i,t} + \delta_i + \varepsilon_{i,t} \tag{1}$$

公式（1）为数字经济对消费"扩容"影响的回归模型，LnC 表示居民人均消费支出，$LnCsc$ 表示居民生存型消费支出，$LnCxs$ 表示居民享受型消费支出，$LnCfz$ 表示居民发展型消费支出，为了减小异方差，对所有消费支出均进行了对数化处理。$digeco$ 表示数字经济指数，$controls$ 表示控制变量，δ 用以控制省级层面不可观测因素的影响。下标 i 和 t 分别代表省份与时间，$\varepsilon_{i,t}$ 表示残差。核心解释变量 $digeco_{i,t}$ 的系数 a_1 表示数字经济对消费"扩容"的影响，由假设1可知，系数 a_1 应显著为正。

$$Cup_{i,t}/Cupurb_{i,t}/Cuprur_{i,t} = b_0 + b_1 digeco_{i,t} + b_2 controls_{i,t} + \delta_i + \varepsilon_{i,t} \tag{2}$$

公式（2）为数字经济对消费"提质"影响的回归模型，Cup 表示居民消费结构升级，$Cupurb$ 表示城镇居民消费结构升级，$Cuprur$ 表示农村居民消费结构升级，其余变量含义同上。核心解释变量 $digeco_{i,t}$ 的系数 b_1 表示数字经济对消费"提质"的影响，由假设1可知，系数 b_1 应显著为正。

2. 数字经济不同维度对居民消费"扩容提质"的影响

$$LnC_{i,t} = c_0 + c_1 infor_{i,t}/internet_{i,t}/trade_{i,t} + c_2 controls_{i,t} + \delta_i + \varepsilon_{i,t} \quad (3)$$

$$Cup_{i,t} = d_0 + d_1 infor_{i,t}/internet_{i,t}/trade_{i,t} + d_2 controls_{i,t} + \delta_i + \varepsilon_{i,t} \quad (4)$$

公式(3)与(4)为数字经济不同维度对居民消费"扩容提质"的回归模型，$infor$、$internet$、$trade$ 为数字经济的三个子维度，分别表示信息化发展、互联网发展、数字交易发展，其余变量含义同上。

(二) 数据说明

本研究宏观层面研究样本为 2013—2020 年中国(不包括港澳台) 30 个省级行政单位，其中西藏自治区由于数字经济构成指标的缺失而从研究样本中删除，样本数据主要来源于中国统计年鉴(2014—2021 年)、2014—2021 年各省统计年鉴及北京大学数字普惠金融指数(2013—2020 年)。微观层面研究样本为来自与宏观层面研究样本 30 个省份相匹配的共 13 902 个家庭微观样本，也不包括港澳台与西藏自治区，样本数据来源于中国统计年鉴(2014—2021 年)和 2016 年、2018 年中国家庭追踪调查(CFPS)数据库。

(三) 控制变量

1. 被解释变量

居民人均消费支出(LnC)：参考吕志科和曾馨[31]的文章，用各省居民人均消费支出来衡量。为进一步探讨不同类型消费支出之间可能存在的区别，参考黄凯南[32]的做法，通过计算 AIDS 中的支出弹性，将居民消费支出弹性小于 1 的列为生存型消费支出，将支出弹性大于 1 的列为享受型消费支出或发展型消费支出。在支出弹性大于 1 的各类消费支出里面，教育文化娱乐支出列为发展型消费支出，其他类支出列为享受型消费支出。居民生存型消费支出($LnCsc$)：用食品烟酒、衣着、生活用品及服务、医疗保健支出之和来衡量。居民享受型消费支出($LnCxs$)：用居住、交通通信及其他用品及服务支出之和来衡量。居民发展型消费支出($LnCfz$)：用教育文化娱乐支出来表示。为了减小异方差，上述消费支出均进行了对数化处理。

居民消费结构升级(Cup)：参考刘斌等[33]的做法，用居民享受和发展型消费支出在居民人均消费支出中所占的比重来衡量。城镇居民消费结构升级($Cupurb$)：用城镇居民发展与享受型消费支出在城镇居民人均消费支出中所占的比重来衡量。农村居民消费结构升级($Cuprur$)：用农村居民发展与享受型消费支出在农村居民人均消费支出中所占的比重来衡量。

2. 核心解释变量

数字经济发展水平($digeco$):参考刘军等[34]的做法,从信息化发展($infor$)、互联网发展($internet$)、数字交易发展($trade$)三个维度共14个指标来构建数字经济发展水平指数,为避免主观赋权带来的不利影响,本研究运用熵权法对数字经济发展水平进行测度。数字经济指标构成如表1所示。

表1 数字经济发展水平指标构成

一级指标	二级指标	指标说明	指标属性
信息化发展	光缆密度	各省份光缆线路长度与省域面积的比值	正向
	移动电话基站密度	各省移动电话基站数量与省域面积的比值	正向
	信息化从业人员占比	各省信息传输、软件和信息技术服务业从业人员占总就业人数的比值	正向
	电信业务总量	各省电信业务总量(亿元)	正向
	软件业务收入	各省软件业务收入(亿元)	正向
互联网发展	互联网接入端口密度	互联网接入端口数与省域面积的比值	正向
	移动电话普及率	每百人拥有的移动电话数量(部)	正向
	宽带互联网用户人数占比	各省份固定宽带端与该省份总人口的比值	正向
	移动互联网用户人数占比	移动端互联网用户与该省份总人口的比值	正向
数字交易发展	每百家企业拥有网站数	每百家企业拥有网站数(个)	正向
	企业使用计算机情况	企业使用计算机数与该省份企业个数的比值	正向
	电子商务企业占比	有电子商务交易活动的企业占总企业数的比值	正向
	电子商务销售额	各省电子商务销售额(亿元)	正向
	网上零售额	各省网上零售额(亿元)	正向

3. 控制变量

本研究的控制变量包括：失业率（$unemploy$），用失业人数在总就业人里所占的比重，即城镇登记失业率来表示；通货膨胀率（cpi），用居民消费价格指数的增长幅度来表示；财政支农（afe），用农林水事务支出占财政总支出的比重来表示。财政支农有助于刺激农民消费潜力，进而促进消费扩容提质[35]；宏观债务负担水平（fin），用本外币贷款余额在GDP中所占的比重来表示。宏观债务负担率的提高能显著提高平均消费倾向[36]；对外开放度（$open$），用进出口总额在GDP中所占的比重来表示。对外开放与经济增长、物价相关，进而会影响到居民消费[37]；养老保险参保率（$insurance$），用基本养老保险参保人数在常住人口中的占比表示。养老保险参保能够促进家庭人均非耐用品消费[38]；财政支出（pay），用财政支出与GDP的比值来表示，见表2描述性统计分析。

表 2　描述性统计分析

变量分类	变 量	样本量	均值	标准差	最小值	最大值
被解释变量	LnC	240	9.736	0.340	9.023	10.728
	$LnCsc$	240	9.079	0.284	8.481	9.818
	$LnCxs$	240	8.720	0.443	7.750	9.993
	$LnCfz$	240	7.524	0.343	6.739	8.612
	Cup	240	0.478	0.045	0.318	0.609
	$Cupurb$	240	0.481	0.047	0.318	0.614
	$Cuprur$	240	0.462	0.038	0.317	0.540
核心解释变量	dig	240	0.222	0.124	0.073	0.768
	$infor$	240	0.078	0.049	0.021	0.304
	$internet$	240	0.077	0.027	0.028	0.141
	$trade$	240	0.068	0.057	0.013	0.361
控制变量	$unemploy$	240	0.032	0.006	0.012	0.046
	cpi	240	0.021	0.006	0.006	0.040

续表

变量分类	变量	样本量	均值	标准差	最小值	最大值
控制变量	afe	240	0.116	0.034	0.041	0.204
	fin	240	1.473	0.431	0.731	2.759
	open	240	0.253	0.269	0.008	1.342
	insurance	240	0.346	0.135	0.031	0.575
	pay	240	0.255	0.103	0.119	0.643

注：根据数据整理得出。LnC（消费扩容）、LnCsc（生存型支出）、LnCxs（享受型支出）、LnCfz（发展型支出）、Cup（消费提质）、Cupurb（城镇消费升级）、Cuprur（农村消费升级）。

三、实证分析

（一）数字经济对居民消费"扩容提质"影响

1. 数字经济对居民消费基准影响

本研究首先进行变量的多重共线性检验，结果显示各变量方差膨胀因子均小于5，表明变量间不存在多重共线性。表3为数字经济对居民消费"扩容提质"的基准回归结果，（1）、（3）列为未加入控制变量时的回归结果，（2）、（4）列为加入控制变量后的回归结果。具体而言，（1）至（2）列表示数字经济对消费"扩容"的影响，由结果可知，数字经济对居民消费支出的回归系数在1%的水平上显著为正，表明数字经济能够促进居民消费的"扩容"。（3）至（4）列表示数字经济对消费"提质"的影响，由结果可知，数字经济对居民消费结构升级的回归系数在1%的水平上显著为正，表明数字经济能够促进居民消费的"提质"。另外，由表3的回归结果也可知，数字经济对于消费扩容的促进作用是要大于消费提质的。数字经济的发展推动居民收入增加，进而提升居民的消费能力，同时产业结构也实现了优化升级，使得高端商品与服务的供给增加，进一步刺激了居民的消费意愿，从而推动了居民消费的增长与消费结构的升级[27]，表明数字经济对消费存在"扩容提质"作用，假设1得到证实。

表3 基准回归

变量	消费扩容		消费提质	
	(1) lnC	(2) lnC	(3) Cup	(4) Cup
digeco	1.917*** (0.237)	1.560*** (0.207)	0.251*** (0.029)	0.215*** (0.036)
unemploy		−7.474*** (2.623)		−0.975* (0.501)
cpi		−1.453* (0.717)		−1.797*** (0.258)
afe		0.211 (0.510)		−0.136 (0.149)
fin		0.179* (0.099)		0.020* (0.010)
open		0.182 (0.107)		−0.047 (0.034)
insurance		1.785*** (0.632)		0.050 (0.134)
pay		−0.632 (0.465)		−0.049 (0.083)
cons	9.310*** (0.053)	8.869*** (0.252)	0.422*** (0.007)	0.492*** (0.046)
省份固定	YES	YES	YES	YES
N	240	240	240	240
R^2	0.767	0.861	0.424	0.581

注：括号中为稳健标准误，$*p<0.1$，$**p<0.05$，$***p<0.01$，下同。

2. 数字经济对不同类型的消费支出与消费结构升级的影响

表4的（1）至（3）列为数字经济对不同类型的消费支出的回归结果，（4）至（5）列为数字经济对城乡居民消费结构升级的回归结果。由（1）至（3）列的回归结果可知，数字经济对生存型、享受型、发展型支出均在1%的水平上为正，表明数字经济对不同类型的消费都存在显著的促进作用。其中数字经济对

享受型、发展型消费支出的促进作用要大于生存型消费支出,也从另一个层面验证了数字经济对消费结构升级的促进作用。

(4)至(5)列表示数字经济对消费"提质"不同类型的影响,可知数字经济对城镇居民消费结构升级及农村居民消费结构升级的系数均在1%的水平上显著为正,且数字经济对城镇居民消费结构升级的促进作用要远大于农村居民,表明数字经济推动居民消费结构升级的效应主要是由城镇居民消费结构升级引起。

表4 数字经济对不同类型的消费支出与消费结构升级的回归结果

变量	消费"扩容"分类			消费"提质"分类	
	(1) lnCsc	(2) lnCxs	(3) lnCfz	(4) Cupurb	(5) Cuprur
digeco	1.175*** (0.165)	2.307*** (0.315)	1.185*** (0.289)	0.242*** (0.038)	0.167*** (0.048)
unemploy	-6.381*** (2.036)	-8.839** (3.725)	-18.147*** -(4.170)	(0.516) -0.876	-1.233* (0.668)
cpi	0.712 (0.607)	-8.278*** (1.237)	-2.902* (1.616)	-2.087*** (0.223)	-1.468*** (0.347)
afe	0.589 (0.371)	-0.207 (0.768)	1.268 (1.022)	-0.196 (0.146)	0.078 (0.212)
fin	0.164* (0.093)	0.230* (0.128)	0.335** (0.136)	0.016* (0.009)	0.020 (0.028)
open	0.201** (0.091)	-0.023 (0.266)	0.248 (0.175)	-0.031 (0.036)	-0.008 (0.043)
insurance	1.706*** (0.444)	2.249** (0.947)	0.646 (0.904)	0.061 (0.136)	0.006 (0.160)
pay	-0.530 (0.394)	-0.700 (0.633)	-0.795 (0.730)	0.048 (0.073)	-0.196 (0.147)
cons	8.192*** (0.195)	7.756*** (0.379)	7.181*** (0.361)	0.473*** (0.052)	0.507*** (0.056)

续表

变量	(1) lnCsc	(2) lnCxs	(3) lnCfz	(4) Cupurb	(5) Cuprur
省份固定	YES	YES	YES	YES	YES
N	240	240	240	240	240
R^2	0.867	0.812	0.614	0.583	0.407

注：括号中为稳健标准误，*$p<0.1$，**$p<0.05$，***$p<0.01$，下同。

3. 数字经济不同维度对居民消费影响

表5为数字经济三个子维度对居民消费"扩容提质"的结果。具体而言，(1)至(3)列表示数字经济对消费"扩容"的影响，从结果可以看出数字经济的三个子维度对居民人均消费支出的回归系数在1%的水平上显著为正，表明数字经济的三个子维度都能够促进居民消费支出的增加；(4)至(6)列表示数字经济对消费"提质"的影响，从结果可以看出数字经济的三个子维度对居民消费结构升级至少在5%的水平上显著为正，表明数字经济的三个子维度对于居民消费结构升级也存在显著的促进作用。另外还可以发现在数字经济的三个子维度中，互联网发展对居民消费支出、消费结构升级的促进作用最大。互联网发展作用最大的可能原因是，一方面它能够减少经济活动的交易成本和搜索成本，弱化预算约束和流动约束，改善居民消费环境[39]；另一方面互联网时代技术创新引致的供给侧产品创新与需求侧消费内容和方式的变革也有助于静态提升消费结构，提升消费质量[24]。

表5　数字经济不同维度对消费"扩容提质"的回归结果

变量	消费扩容			消费提质		
	(1) lnC	(2) lnC	(3) lnC	(4) Cup	(5) Cup	(6) Cup
infor	2.809*** (0.426)			0.365*** (0.075)		
internet		6.612*** (0.559)			0.940*** (0.095)	

续表

变量	(1) lnC	(2) lnC	(3) lnC	(4) Cup	(5) Cup	(6) Cup
trade			2.642*** (0.781)			0.380** (0.158)
unemploy	−10.017*** (2.832)	−4.872** (1.815)	−11.212*** (2.632)	−1.366** (0.501)	−0.572 (0.403)	−1.465*** (0.508)
cpi	−1.648* (0.814)	0.146 (0.451)	0.654 (0.741)	−1.791*** (0.283)	−1.586*** (0.222)	−1.518*** (0.241)
afe	0.105 (0.568)	−0.340 (0.401)	0.294 (0.602)	−0.152 (0.157)	−0.213 (0.133)	−0.122 (0.155)
fin	0.291*** (0.102)	0.086 (0.098)	0.409*** (0.111)	0.039*** (0.011)	0.005 (0.011)	0.051*** (0.015)
open	−0.122 (0.082)	−0.132 (0.081)	−0.096 (0.147)	−0.095*** (0.028)	−0.087*** (0.021)	−0.080** (0.031)
insurance	1.424** (0.610)	0.574 (0.374)	2.423*** (0.694)	0.001 (0.130)	−0.121 (0.104)	0.144 (0.139)
pay	−0.916* (0.502)	−0.605 (0.459)	−1.369** (0.568)	−0.098 (0.089)	−0.039 (0.085)	−0.146 (0.105)
cons	9.204*** (0.250)	9.282*** (0.140)	8.802*** (0.300)	0.540*** (0.044)	0.548*** (0.031)	0.478*** (0.057)
省份固定	YES	YES	YES	YES	YES	YES
N	240	240	240	240	240	240
R^2	0.827	0.910	0.793	0.554	0.617	0.542

注：各列回归结果的模型选择由豪斯曼检验的 p 值确定，括号中为稳健标准误，* $p<0.1$，** $p<0.05$，*** $p<0.01$，限于篇幅未列出控制变量回归结果，下同。

4. 数字经济对居民消费动态叠加影响分析

为进一步考察数字经济对居民消费"扩容提质"是否存在动态叠加影响，本研究参考唐松等[40]的做法，分别讨论数字经济在滞后一至四期维度下对居民消费"扩容提质"的影响。表6为数字经济对居民消费"扩容提质"动态叠加影响回归结果,具体而言,(1)至(4)列分别表示数字经济在滞后一至四期的情况下,对消费"扩容"的影响,从结果可以看出数字经济在滞后一至四期的情况下仍然对人均消费支出产生显著正向影响;表明数字经济对人均消费支出具有持续影响;(5)至(8)列分别表示数字经济在滞后一至四期的情况下,对消费"提质"的影响,从结果可以看出,数字经济在滞后一至三期的情况下,对居民消费结构升级依然产生显著正向影响。由此可知,数字经济对于居民消费"扩容提质"的影响具有可持续性,且这一影响在居民消费的"扩容"方面更加显著。

表6 数字经济对居民消费动态叠加影响

变量	消费扩容				消费提质			
	(1) lnC	(2) lnC	(3) lnC	(4) lnC	(5) Cup	(6) Cup	(7) Cup	(8) Cup
$L.digeco$	1.334*** (0.180)				0.074*** (0.024)			
$L2.digeco$		1.236*** (0.196)				0.077*** (0.025)		
$L3.digeco$			1.363*** (0.232)				0.088*** (0.026)	
$L4.digeco$				1.134*** (0.178)				-0.019 (0.029)
$unemploy$	-7.136*** (2.288)	-5.262** (1.950)	-4.232** (1.818)	-2.453 (1.610)	-0.591 (0.374)	-0.442 (0.371)	-0.300 (0.359)	-0.286 (0.349)
cpi	2.588*** (0.820)	5.218*** (0.826)	4.279*** (0.745)	5.498*** (0.598)	0.051 (0.205)	0.282 (0.202)	0.129 (0.206)	0.499** (0.202)
afe	0.604 (0.507)	-0.162 (0.441)	-0.392 (0.419)	0.008 (0.345)	-0.023 (0.092)	-0.084 (0.099)	-0.078 (0.099)	-0.066 (0.093)
fin	0.130 (0.085)	0.039 (0.067)	-0.050 (0.063)	-0.075 (0.048)	0.009 (0.009)	-0.003 (0.010)	-0.016 (0.011)	-0.011 (0.012)

续表

	消费扩容				消费提质			
open	0.005 (0.099)	0.265* (0.142)	0.473*** (0.162)	0.422*** (0.135)	−0.031 (0.019)	0.023 (0.022)	0.067** (0.025)	0.025 (0.028)
insurance	1.620** (0.612)	1.619*** (0.514)	1.431*** (0.313)	0.885*** (0.188)	−0.012 (0.096)	−0.046 (0.088)	−0.109* (0.061)	−0.169*** (0.055)
pay	−0.436 (0.447)	−0.749* (0.377)	−0.486 (0.344)	−0.216 (0.313)	−0.057 (0.066)	−0.071 (0.064)	−0.016 (0.071)	−0.006 (0.075)
cons	8.957*** (0.234)	9.166*** (0.198)	9.292*** (0.153)	9.418*** (0.106)	0.505*** (0.037)	0.527*** (0.035)	0.546*** (0.032)	0.576*** (0.029)
省份固定	YES	YES	YES	YES	YES	YES	YES	YES
N	210	180	150	120	210	180	150	120
R^2	0.841	0.866	0.870	0.868	0.323	0.242	0.165	0.204

注：括号中为稳健标准误，*$p<0.1$，**$p<0.05$，***$p<0.01$，下同。

5. 内生性与稳健性检验

以上回归结果虽然表明回归结果较为显著，但是数字经济对居民消费"扩容提质"的影响仍然可能会存在内生性问题，一方面，数字经济与居民消费的"扩容提质"可能存在反向因果关系，因为居民消费的"扩容提质"会扩大经济内需，从而促进数字经济进一步发展；另一方面，受遗漏变量影响，虽然在回归分析中加入了影响居民消费的控制变量，但可能存在其他遗漏变量影响回归结果。为了克服内生性问题，本研究运用工具变量法来进行回归分析，工具变量选择如下：（1）参考 Bartik[41] 的做法，用数字经济指数的滞后一阶与其一阶差分的乘积来构建工具变量：$IV_1 = digeco_{i,t-1} \times \Delta digeco_{i,t}$。数字经济的滞后一阶、一阶差分与数字经济发展水平存在高度相关，而全国层面的数字经济发展又基本不会受到某个地区居民消费"扩容提质"的影响，因此全国层面的数字经济变化相对各地区而言是外生的，从而满足了工具变量的相关性与外生性条件。（2）参考张宇和蒋殿春[42]做法，用邻近省份的数字经济均值作为工具变量：$IV_2 = nearpro\_digeco_{i,t}$，邻近省份的数字经济会对本省的数字经济发展产生影响，但是邻近省份数字经济的发展程度又基本不会受到本省消费结构升级的影响。

表7为数字经济对居民消费"扩容提质"的内生性回归结果,(1)至(3)列为工具变量数字经济滞后一期与一阶差分的回归结果,(4)至(6)列为工具变量相邻省份数字经济均值的回归结果。

当工具变量为数字经济滞后一期与一阶差分时,由第(1)列可知工具变量对内生变量存在显著正向影响,满足了工具变量的相关性。由(2)、(3)列回归结果可知,数字经济对居民消费支出与消费结构升级的系数分别在在1%、10%的水平上为正。对于"工具变量识别不足"检验,Anderson canon.corr.LR 统计量为305.501 1,p 值为0,在1%的水平上拒绝原假设,满足了工具变量的相关性要求;对于"弱识别检验",Cragg-Donald F 统计量为659.982,10%的临界值水平为16.38,表明不存在弱工具变量问题。因此,工具变量的选取具有合理性,结果也有效。当工具变量为相邻省份数字经济均值,由第(4)列可知工具变量对内生变量存在显著正向影响,满足了工具变量的相关性,由(5)、(6)列回归结果可知,数字经济对居民消费支出与消费结构升级的系数分别在1%的水平上均为正。"工具变量识别不足"检验,Anderson canon.corr.LR 统计量为27.349,p 值为0,在1%的水平上拒绝原假设,满足了工具变量的相关性要求;对于"弱识别检验",Cragg-Donald F 统计量为27.882,10%的临界值水平为16.38,表明不存在弱工具变量问题。因此,工具变量的选取具有合理性,结果也有效。上述工具变量回归结果均表明数字经济对于消费的"扩容提质"存在显著的促进作用,与前文结论一致。

表7 内生性检验

变量	$IV_1 = L.digeco \times D.digeco$			$IV_2 = nearpro\_digeco$		
	(1) digeco	(2) lnC	(3) Cup	(4) digeco	(5) lnC	(6) Cup
digeco		0.640*** (0.183)	0.056* (0.030)		2.594*** (0.211)	0.370*** (0.057)
$L.digeco \times D.digeco$	7.015*** (0.523)					
nearpro_digeco				0.567*** (0.047)		
unemploy	-2.138*** (0.696)	-8.994*** (1.798)	-0.625** (0.298)	-2.303*** (0.774)	-2.303 (2.150)	-0.202 (0.583)

续表

变 量	(1) digeco	(2) lnC	(3) Cup	(4) digeco	(5) lnC	(6) Cup
cpi	2.294*** (0.407)	5.045*** (1.179)	0.111 (0.195)	1.464*** (0.375)	−4.090*** (1.067)	−2.191*** (0.289)
afe	−0.038 (0.209)	0.428 (0.511)	−0.029 (0.085)	−0.017 (0.223)	0.457 (0.564)	−0.099 (0.153)
fin	0.184*** (0.016)	0.301*** (0.059)	0.014 (0.010)	0.131*** (0.021)	−0.128* (0.074)	−0.026 (0.020)
open	−0.297*** (0.050)	−0.412*** (0.159)	−0.041 (0.026)	−0.409*** (0.042)	0.888*** (0.169)	0.059 (0.046)
insurance	0.177 (0.163)	1.594*** (0.398)	−0.014 (0.066)	−0.525*** (0.177)	1.977*** (0.444)	0.079 (0.120)
pay	−0.547*** (0.116)	−1.025*** (0.320)	−0.072 (0.053)	−0.465*** (0.131)	0.385 (0.375)	0.103 (0.102)
cons	0.085 (0.059)	9.118*** (0.150)	0.508*** (0.025)	0.349*** (0.063)	8.448*** (0.181)	0.429*** (0.049)
Anderson canon.corr.LR 统计量 （工具变量识别不足检验）	305.5011 (0.000)			27.349 (0.000)		
Cragg-Donald F 统计量 （弱工具变量识别检验）	659.982 (16.38)			27.882 (16.38)		
省份固定	YES	YES	YES	YES	YES	YES
N	210	210	210	240	240	240
R^2	0.873	0.817	0.329	0.855	0.806	0.541

注：Anderson canon.corr.LR 统计量为工具变量识别不足检验，括号中报告的是 p 值；Cragg-Donald F 统计量为弱工具变量识别检验，括号中为 10% 的临界值水平。其余变量的括号中均为标准误，* $p<0.1$，** $p<0.05$，*** $p<0.01$，下同。

对于稳健性检验,本研究采取以下三种方式进行:① 替换被解释变量。用人均社会消费品零售额($LnRC$)来表示居民人均消费支出,用恩格尔系数($Engel$;用食品烟酒支出在总支出中的比重来表示)来表示居民消费结构升级;② 替换核心解释变量。参考张勋等[43]的做法,使用郭峰等[44]编制的"北京大学数字普惠金融指数(2013—2020 年)"中的省级层面数据作为数字经济的替代变量,并对数字普惠金融指数($difi$)除以 100 后再进行回归分析;③ 剔除特殊样本。鉴于北京、上海、江苏、浙江、广东的经济发展程度较高,数字经济发展程度也较高,可能会使得回归结果存在偏误,因此剔除北京、上海、江苏、浙江、广东 5 省(市)的样本再进行回归分析。

稳健性检验回归结果如表 8 所示,(1)至(2)列为替换了被解释变量后的回归结果,可知数字经济仍然能够显著促进人均社会消费品零售额的增加、推动恩格尔系数下降;(3)至(4)列为替换核心解释变量后的回归结果,可知数字普惠金融也能够推动消费的"扩容提质";(5)至(6)列为剔除特殊样本后的回归结果,可知数字经济对消费"扩容提质"依然显著。

表 8 稳健性检验

变量	替换被解释变量		替换核心解释变量		剔除特殊样本	
	(1) $lnRC$	(2) $Engel$	(3) lnC	(4) Cup	(5) lnC	(6) Cup
$digeco$	1.728*** (0.380)	-0.157*** (0.031)			2.434*** (0.226)	0.356*** (0.040)
$difi$			0.249*** (0.017)	0.037*** (0.003)		
$unemploy$	-12.828*** (3.708)	1.581*** (0.460)	-3.320 (2.004)	-0.273 (0.476)	-4.061* (2.136)	-0.550 (0.448)
cpi	-2.331 (1.500)	1.405*** (0.221)	0.191 (0.353)	-1.595*** (0.233)	-1.335*** (0.464)	-1.858*** (0.249)
afe	1.016 (1.189)	0.074 (0.153)	0.043 (0.338)	-0.157 (0.121)	0.060 (0.469)	-0.178 (0.154)
fin	0.147 (0.248)	-0.032*** (0.010)	0.011 (0.066)	-0.010 (0.008)	0.058 (0.096)	0.008 (0.011)

续表

变量	(1) lnRC	(2) Engel	(3) lnC	(4) Cup	(5) lnC	(6) Cup
open	0.112 (0.185)	0.041 (0.028)	0.072 (0.059)	−0.052** (0.024)	−0.315* (0.169)	−0.061 (0.039)
insurance	1.525 (0.959)	−0.072 (0.128)	0.594* (0.295)	−0.124 (0.095)	0.657 (0.421)	−0.142 (0.113)
pay	−1.848 (1.131)	0.156* (0.089)	−0.222 (0.317)	0.028 (0.068)	−0.384 (0.439)	−0.074 (0.061)
cons	9.598*** (0.321)	0.272*** (0.041)	9.018*** (0.159)	0.507*** (0.038)	9.163*** (0.199)	0.552*** (0.037)
省份固定	YES	YES	YES	YES	YES	YES
N	240	240	240	240	200	200
R^2	0.698	0.567	0.943	0.651	0.930	0.662

注：括号中均为稳健标准误，*$p<0.1$，**$p<0.05$，***$p<0.01$，下同。

（二）进一步分析

1. 异质性分析

不同的地区由于经济社会发展存在较大的差异，因此会导致数字经济发展程度存在差异，进而对于消费升级的影响也不尽相同。因此将样本分为东部、中西部①来分析在不同区域中，数字经济对消费扩容提质是否存在异质性。另外市场化程度的不同也会对于居民的消费产生影响，因此考虑在不同的市场化程度下，数字经济对消费扩容提质是否也存在不同的差异。根据王小鲁等[45]编制的各省市场化指数的中位数将样本分为市场化程度低和市场化程度高的两个样本进行回归，为了减弱内生性对回归结果的干扰，参考王喆等[46]的做法，本研究采用2013年的指标数值进行分组②，回归结果如表9所示。

由表9可知数字经济对于中西部地区消费"扩容提质"的促进作用要大于东部地区，对低市场化程度地区消费"扩容提质"的促进作用要大于高市场化地

---

① 东部：包括北京、天津、河北、辽宁、上海、江苏、浙江、福建、山东、广东、海南11个省级行政单位；中西部：包括山西、吉林、黑龙江、安徽、江西、河南、湖北、湖南、内蒙古、广西、重庆、四川、贵州、云南、山西、甘肃、青海、宁夏、新疆19个省级行政单位。

② 为了减弱内生性，后文的异质性分析如无特殊说明均以2013年的指标中位数进行分样本检验。

区。表明数字经济展现出了益贫性的特点。可能的原因是数字经济发展程度较低的地区其经济水平也较为落后,在这些地区数字经济的发展对于收入增长作用更大,因而数字经济对于消费"扩容提质"的作用也就更强。

表9 地区与市场化程度异质性分析

变量	东部		中西部		高市场化程度		低市场化程度	
	(1) lnC	(2) Cup	(3) lnC	(4) Cup	(5) lnC	(6) Cup	(7) lnC	(8) Cup
$digeco$	1.317*** (0.190)	0.141** (0.049)	2.337*** (0.231)	0.387*** (0.059)	1.424*** (0.247)	0.208*** (0.040)	2.807*** (0.343)	0.400*** (0.070)
$unemploy$	-5.954 (3.778)	-1.006 (0.971)	-4.561* (2.461)	-0.234 (0.564)	-9.166** (4.191)	-1.510* (0.771)	-2.786 (2.964)	0.055 (0.612)
cpi	-0.478 (1.396)	-1.435** (0.561)	-1.291** (0.528)	-1.951*** (0.261)	-1.920 (1.264)	-2.337*** (0.456)	-0.870* (0.471)	-1.604*** (0.286)
afe	-1.471 (1.724)	-0.213 (0.314)	-0.349 (0.405)	-0.257 (0.160)	-0.812 (1.206)	-0.353 (0.262)	-0.561 (0.381)	-0.195 (0.148)
fin	-0.024 (0.108)	0.001 (0.020)	0.191** (0.071)	0.012 (0.020)	0.128 (0.145)	0.012 (0.019)	0.088 (0.084)	0.008 (0.016)
$open$	0.102 (0.095)	-0.097** (0.033)	-0.234 (0.193)	-0.002 (0.045)	0.138 (0.140)	-0.047 (0.032)	-0.401 (0.247)	-0.031 (0.072)
$insurance$	2.753** (1.083)	0.076 (0.243)	0.371 (0.436)	-0.175 (0.128)	2.297** (0.984)	0.353 (0.230)	0.171 (0.433)	-0.234 (0.135)
pay	1.858** (0.622)	0.324 (0.195)	-0.939** (0.369)	-0.069 (0.089)	-0.678 (0.679)	-0.021 (0.182)	-0.589 (0.448)	-0.088 (0.085)
$cons$	8.872*** (0.325)	0.506*** (0.078)	9.283*** (0.217)	0.553*** (0.042)	9.136*** (0.278)	0.458*** (0.067)	9.306*** (0.228)	0.575*** (0.045)
省份固定	YES	YES	YES	YES	YES	YES	YES	YES
N	88	88	152	152	120	120	120	120
R^2	0.843	0.586	0.948	0.669	0.841	0.604	0.941	0.613

注:括号中均为稳健标准误,*$p<0.1$,**$p<0.05$,***$p<0.01$,下同。

为进一步分析在不同的产品市场、要素市场下,数字经济对消费"扩容提质"的差异性影响,接下来以市场化指数的子指标产品市场发育程度的中位数将样本分为产品市场发育程度高与产品市场发育程度低两组;以市场化指数的子指标要素市场发育程度的中位数将样本分为要素市场发育程度高与要素市场发育程度低两组,从而来分别进行分析。

表 10 为产品市场、要素市场异质性分析回归结果,由表 10 可知,数字经济对产品市场发育程度较低、要素市场发育程度较低地区的消费"扩容提质"的促进作用要更大,数字经济在这里也展现出显著的益贫性特点,在数字经济高速发展的今天,网络购物的盛行能够弥补传统产品市场发育程度较低地区的弱点,资源配置效率的提高也能够减少对传统要素市场的依赖,从而使产品市场发育程度较低、要素市场发育程度较低地区能够从中获益更多,进而更有利于促进这些地区的消费"扩容提质"。

表 10 产品市场、要素市场异质性分析

变量	产品市场发育程度高		产品市场发育程度低		要素市场发育程度高		要素市场发育程度低	
	(1) lnC	(2) Cup	(3) lnC	(4) Cup	(5) lnC	(6) Cup	(7) lnC	(8) Cup
$digeco$	1.344*** (0.237)	0.207*** (0.048)	1.787*** (0.414)	0.238*** (0.057)	1.422*** (0.239)	0.200*** (0.035)	3.008*** (0.360)	0.499*** (0.067)
$unemploy$	−10.644*** (3.007)	−1.466* (0.751)	−5.874 (4.069)	−0.654 (0.830)	−9.653** (4.036)	−1.720** (0.723)	−1.852 (2.857)	0.516 (0.579)
cpi	−2.965** (1.319)	−2.283*** (0.285)	−0.450 (1.082)	−1.551*** (0.359)	−1.739 (1.233)	−2.328*** (0.445)	−0.980* (0.491)	−1.609*** (0.295)
afe	−0.300 (1.089)	−0.085 (0.214)	−0.036 (0.669)	−0.296 (0.209)	−0.253 (1.093)	−0.253 (0.225)	−0.550 (0.404)	−0.230 (0.140)
fin	0.312*** (0.099)	0.043* (0.023)	0.124 (0.145)	0.014 (0.012)	0.143 (0.137)	0.015 (0.017)	0.079 (0.084)	0.003 (0.018)
$open$	0.313 (0.209)	0.024 (0.059)	0.210 (0.128)	−0.065** (0.029)	0.142 (0.147)	−0.051 (0.030)	−0.237 (0.278)	0.027 (0.067)
$insurance$	1.257* (0.665)	−0.003 (0.168)	2.096** (0.880)	0.097 (0.218)	1.735* (0.860)	0.216 (0.183)	−0.093 (0.435)	−0.342** (0.116)

续表

变量	(1) lnC	(2) Cup	(3) lnC	(4) Cup	(5) lnC	(6) Cup	(7) lnC	(8) Cup
pay	−1.216* (0.628)	−0.182 (0.126)	−0.117 (0.606)	−0.002 (0.125)	−0.768 (0.635)	−0.040 (0.170)	−0.660 (0.436)	−0.113 (0.085)
cons	9.227*** (0.247)	0.512*** (0.070)	8.589*** (0.350)	0.478*** (0.081)	9.266*** (0.239)	0.499*** (0.052)	9.369*** (0.221)	0.604*** (0.045)
省份固定	YES	YES	YES	YES	YES	YES	YES	YES
N	120	120	120	120	120	120	120	120
R^2	0.885	0.593	0.860	0.602	0.844	0.605	0.945	0.647

注：括号中均为稳健标准误，*$p<0.1$，**$p<0.05$，***$p<0.01$，下同。

2. 中介效应分析

上文对数字经济与消费的扩容提质进行了多维度的回归分析。且理论部分也分析了消费能力与消费意愿在数字经济促进居民消费扩容提质中所起的传导路径，因此本研究接下来在上文理论分析的基础上进行进一步的实证分析，以验证消费能力与消费意愿在数字经济促进消费"扩容提质"中的中介效应。

（1）中介效应模型设定及变量解释

传统逐步法分析中介效应会导致统计检验功效降低，从而产生估计偏误[47、48]指出在进行中介效应分析时可以舍弃以往的逐步回归法，只要在理论上提出比较直观的中介变量对因变量的影响，再检验自变量和因变量、自变量和中介变量的影响，这样可以避免正式区分出在间接效应之外是否还有无法解释的直接效应，这在Dell[49]、宋弘等[50]文章的机制分析中均得到有效证实。因此本研究参考已有学者成果，在对数字经济与消费的"扩容提质"进行回归分析后，只对数字经济与中介变量进行线性回归分析，而对中介变量与消费"扩容提质"的影响则采用理论文献予以证明，综合分析数字经济对居民消费"扩容提质"的机制。

$$Lninc_{i,t} / theil_{i,t} = e_0 + e_1 digeco_{i,t} + e_2 controls_{i,t} + \delta_i + \varepsilon_{i,t} \qquad (5)$$

$$Lninno_{i,t} / indusup_{i,t} = f_0 + f_1 digeco_{i,t} + f_2 controls_{i,t} + \delta_i + \varepsilon_{i,t} \qquad (6)$$

公式（5）为消费能力的中介效应回归模型，公式（6）为消费意愿的中介效应回归模型。$Lninc$ 与 $theil$ 为用来衡量消费能力的两个中介变量，其中 $Lninc$ 表示全体居民人均可支配收入,*theil* 为用来衡量收入差距的泰尔指数,泰尔指数越小,表明收入差距越小①。*Lninno* 与 *indusup* 为衡量消费意愿的两个中介变量,*Lninno* 表示创新产出,用专利授权总数衡量,*indusup* 则表示产业结构升级,参照孙伟增等[51]的做法,对地区一、二、三产业占比分别赋权来进行计算,数值越大表明产业结构升级水平越高②。为减小异方差,对居民可支配收入及创新产出都进行了对数化处理,其余变量含义则同上。

（2）中介效应回归结果

表11为数字经济促进居民消费"扩容提质"的机制分析。(1)至(2)列为消费能力的中介效应分析,可知数字经济对人均可支配收入在1%的水平上为正,对收入差距在1%的水平上为负,表明数字经济能够促进收入增长与收入差距的缩小,根据前面理论分析可知,收入作为消费的基础,收入的增加会使得人们对高端产品与服务的需求增加,而收入差距的缩小则可以推动收入分配的合理化,使中低收入群体获益更多,从而能够刺激居民消费潜力,进而推动居民消费"扩容提质"。(3)至(4)列为消费意愿的中介效应分析,可知数字经济对于创新产出、产业结构升级均在1%的水平上为正,表明数字经济能够促进创新产出与产业结构升级。这是因为外部投资者和创新主体之间的信息不对称使投资者难以对创新项目的价值做出准确判断,从而阻碍了创新主体从外部为创新项目获得融资[52],而数字经济能增加有效创新知识存量和提升创新知识传播效率[53],使创新面临的约束条件得到缓解,从而促进创新产出。产业结构升级能从供给侧和需求侧两端发力,所带来的高质量产品和服务供给将创造引领居民新的消费需求,推动居民消费结构升级和生活方式改善[54]。

表11 中介效应分析

变量	消费能力		消费意愿	
	(1) *lninc*	(2) *theil*	(3) *lninno*	(4) *indusup*
digeco	1.889*** (0.178)	−0.117*** (0.030)	3.680*** (0.587)	0.402*** (0.065)

---

① 限于篇幅,此处未列出泰尔指数的具体测算方法。
② 限于篇幅,此处未列出产业结构升级的具体测算方法。

续表

变量	(1) lninc	(2) theil	(3) lninno	(4) indusup
unemploy	-5.416*** (1.818)	0.099 (0.260)	5.388 (7.832)	-1.476* (0.836)
cpi	-1.969*** (0.674)	0.444*** (0.131)	-5.301** (2.505)	-0.882* (0.457)
afe	0.584 (0.435)	0.104 (0.120)	0.086 (2.026)	0.534** (0.238)
fin	0.186** (0.076)	-0.002 (0.014)	0.325 (0.268)	0.091*** (0.028)
open	0.190 (0.136)	-0.066*** (0.020)	0.576* (0.313)	0.085* (0.048)
insurance	1.764*** (0.635)	-0.293*** (0.052)	7.459*** (2.105)	0.114 (0.243)
pay	-0.573 (0.374)	0.036 (0.060)	0.378 (1.606)	-0.270 (0.306)
cons	9.010*** (0.229)	0.201*** (0.021)	6.079*** (0.814)	2.181*** (0.087)
省份固定	YES	YES	YES	YES
N	240	240	240	240
R^2	0.918	0.430	0.791	0.732

注：括号中均为稳健标准误，*$p<0.1$，**$p<0.05$，***$p<0.01$，下同。

四、微观层面分析

由前面的分析可以看出在宏观上数字经济能够实现地区消费"扩容提质"，而微观家庭消费"扩容提质"则是实现地区消费"扩容提质"的前提与基础，因此本研究选择进一步在微观家庭层面重新定义居民消费及消费结构升级，与宏观数据进行匹配，以便进一步从微观层面分析数字经济对家庭消费"扩容提质"的影响,为前文的宏观分析结论提供坚实的微观基础支撑。

(一) 模型设定、数据说明与变量选择

1. 模型设定

$$LnCf_{i,t}/LnCsc2_{i,t}/LnCxs2_{i,t} = g_0 + g_1 digeco_{i,t-1} + g_2 controls_{i,t} + \varepsilon_{i,t} \quad (7)$$

$$Cup2_{i,t}/Cupurb2_{i,t}/Cuprur2_{i,t} = h_0 + h_1 digeco_{i,t-1} + h_2 controls_{i,t} + \varepsilon_{i,t} \quad (8)$$

公式(7)至(8)为数字经济对消费"扩容提质"影响的回归模型,$LnCf$ 表示居民家庭总消费支出,$LnCsc2$ 表示家庭生存型消费支出,$LnCxs2$ 表示家庭发展与享受型消费支出,为了减小异方差,对所有消费支出均进行了对数化处理。$Cup2$ 表示家庭消费结构升级,$Cupurb2$ 表示城镇家庭消费结构升级,$Cuprur2$ 表示农村家庭消费结构升级。$digeco$ 表示与家庭所在省份相匹配的省级数字经济发展水平,为减小内生性问题,将数字经济发展水平滞后了一期,$controls$ 表示控制变量。

2. 数据说明

本研究运用 CFPS2016 年、CFPS2018 年这两期数据分别与 2015 年、2017 年的省级数字经济发展水平相匹配,同时对 CFPS 原始数据进行清洗,以获得所需变量,具体而言,在剔除收入、支出与资产为负的样本后,保留了户主年龄在 18—85 岁的完整样本,只保留各变量均不存在缺失的样本。经过上述清洗后,CFPS2016 年保留了 7 277 个样本,CFPS2018 年保留了 6 628 个样本,在对 2016 年与 2018 年微观数据进行合并后又剔除了生存型消费支出与发展型消费为 0 的样本,最终得到了样本量为 13 902 个的两期非平衡面板数据。

3. 变量选择

由于微观数据与宏观数据统计指标统计口径存在一定差异,因此微观层面的消费升级与宏观层面的消费升级包括的消费支出种类存在一定的差异。

居民家庭总消费支出($LnCf$):用居民消费性总支出表示,并用居民人均消费支出($LnAC$)来进行稳健性检验。生存型消费支出($LnCsc2$):用食品支出、衣服鞋帽支出、居住支出、家庭设备及日用品支出之和来表示;发展与享受型支出($LnCxs2$):用文教娱乐支出、医疗保健支出、交通通信支出、其他消费性支出之和来表示。为了减小异方差,对所有消费支出均进行了对数化处理。

居民家庭消费结构升级($Cup2$):用享受型、发展型消费支出在居民家庭总消费支出中所占的比重来表示,并用家庭恩格尔系数($Engel$;用家庭食品支出占家庭总消费支出的比重来表示)来进行稳健性检验。城镇家庭消费结构升级(Cupurb2):用城镇家庭享受型、发展型消费支出在城镇家庭总消费支出中所占的比重来衡量。农村家庭消费结构升级(Cuprur2):用农村家庭享受型、发展型消费支出在农村家庭总消费支出中所占的比重来衡量。

控制变量包括家庭层面的控制变量与户主层面的控制变量两类。家庭层面的变量包括家庭过去 12 个月总收入、家庭总金融资产、家庭人情礼支出、家庭人口规模、城乡分类;户主层面的变量包括户主性别、年龄、是否是党员、已完成的受教育年限、有无配偶、健康状况①。为减小异方差,本研究对涉及家庭收入、支出及资产的控制变量均进行了对数化处理。

(二)结果分析

表 12 为从微观层面分析数字经济对居民消费"扩容提质"影响的回归结果,具体而言,(1)至(4)列表示数字经济对居民消费"扩容"的回归结果,由第(1)至(4)列的回归结果可知,数字经济对居民家庭总消费支出、居民人均消费支出、生存型消费支出、发展与享受型消费支出都存在显著的促进作用,且数字经济对发展与享受型消费支出的促进作用要大于生存型消费支出;(5)至(8)列为数字经济对居民消费"提质"的回归结果,数字经济对居民家庭消费结构升级、城镇家庭消费结构升级、农村家庭消费结构升级均存在显著的推动作用,并推动恩格尔系数下降,且数字经济对城镇家庭消费结构升级的促进作用要大于农村家庭。上述结果表明,数字经济对居民消费"扩容提质"的促进作用在微观层面依然显著,与上文宏观层面的结论一致,结果具有稳健性。

表 12　微观层面数字经济对居民消费影响回归结果

	消　费　扩　容				消　费　提　质			
	(1) LnCf	(2) LnAC	(3) LnCsc2	(4) LnCxs2	(5) Cup2	(6) Engel	(7) Cupurb2	(8) Cuprur2
digeco	1.338*** (0.194)	1.397*** (0.196)	1.113*** (0.208)	2.287*** (0.261)	0.180*** (0.052)	-0.139** (0.056)	0.180*** (0.069)	0.148* (0.088)
controls	YES	YES	YES	YES	YES	YES	YES	YES

---

① 限于篇幅,各控制变量的赋值处理未列出。

续表

	(1) LnCf	(2) LnAC	(3) LnCsc2	(4) LnCxs2	(5) Cup2	(6) Engel	(7) Cupurb2	(8) Cuprur2
cons	7.495*** (0.254)	7.349*** (0.255)	7.400*** (0.271)	5.751*** (0.310)	0.165*** (0.062)	0.675*** (0.063)	0.083 (0.083)	0.245*** (0.092)
省份固定	YES	YES	YES	YES	YES	YES	YES	YES
N	13 902	13 902	13 902	13 902	13 902	13 902	7 359	6 543
R^2	0.111	0.098	0.076	0.105	0.012	0.016	0.024	0.014

注：括号中为稳健标准误，*$p<0.1$，**$p<0.05$，***$p<0.01$，限于篇幅未列出控制变量回归结果。

五、研究结论与政策建议

本研究基于2013—2020年省级宏观数据和CFPS2016年、CFPS2018年两期微观家庭匹配数据，构建数字经济对居民消费影响分析框架，深入讨论数字经济发展对居民消费影响及其内在作用机制。主要结论如下：

第一，省级宏观层面数字经济能促进居民消费"扩容提质"，且这一作用在微观家庭匹配数据和数字经济不同维度下仍然显著，进一步发现数字经济对享受型、发展型消费支出的促进作用明显高于生存型消费，且对城镇居民消费结构升级的促进作用要大于农村居民；第二，动态叠加效应表明，数字经济在滞后期依然对居民消费存在促进作用，并且对居民消费"扩容"作用明显高于"提质"作用；第三，异质性分析表明数字经济对中西部地区与市场化程度较低的地区的影响更加显著。最后，机制分析表明，在消费能力和消费意愿中，居民人均可支配收入、收入差距、创新产出与产业结构升级在数字经济促进居民消费中均发挥着中介效应。

基于上述研究结论，本研究提出如下建议：

首先，要进一步完善数字基础设施特别是农村数字基础设施的建设，在保障现有对居民消费"扩容提质"基础上，弥补数字经济促进消费提质的短板领域，从而释放农村居民消费潜力，提升消费结构，实现城乡居民消费的双增长；其次，数字经济对不同地区和不同市场化程度地区的消费存在显著异质性，要加大对中西部地区以及市场化程度较低的地区的支持，要进一步完善该地区相应基础设施,营造良好的消费环境,从而为数字经济益贫性作用的长期实现奠定稳定的物质基础;最后,继续优化数字经济影响居民消费不同作用路径,在当前大力"稳经济、保就业"提高收入背景下,要灵活运用财政和货币政策作用缩小收入差距,从而增强居民消费能力。同时,坚持科技创新不动摇,实现产业结构高级化和合理化,为居民提供更多的优质产品与服务,进而刺激居民的消费意愿,为消费型经济增长模式奠定基础。

参考文献:

[1] 荆文君,孙宝文.数字经济促进经济高质量发展:一个理论分析框架[J].经济学家,2019(2):66-73.

[2] 鲁玉秀,方行明,张安全.数字经济、空间溢出与城市经济高质量发展[J].经济经纬,2021(6):21-31.

[3] 马中东,宁朝山.数字经济、要素配置与制造业质量升级[J].经济体制改革,2020(3):24-30.

[4] 张昕蔚.数字经济条件下的创新模式演化研究[J].经济学家,2019(7):32-39.

[5] 裴辉儒,胡月.移动支付对我国居民消费影响的实证研究[J].西安财经大学学报,2020,33(1):37-44.

[6] 闫路路,许正中.数字经济、创新绩效与经济高质量发展——基于中国城市的经验证据[J].统计与决策,2022(3):11-15.

[7] 胡拥军,关乐宁.数字经济的就业创造效应与就业替代效应探究[J].改革,2022(4):42-54.

[8] 李怡,柯杰升.三级数字鸿沟:农村数字经济的收入增长和收入分配效应[J].农业技术经济,2021(8):119-132.

[9] 汪亚楠,王海成.数字乡村对农村居民网购的影响效应[J].中国流通经济,2021(7):9-18.

[10] 胡伦,陆迁.贫困地区农户互联网信息技术使用的增收效应[J].改革,2019(2):74-86.

[11] 丁述磊,刘翠花.数字经济时代互联网使用、收入提升与青年群体技能溢价——基于城乡差异的视角[J/OL].当代经济管理,1-13[2022-07-17].

[12] 刘诚.数字经济与共同富裕:基于收入分配的理论分析[J].财经问题研究,2022(4):25-35.

[13] 陈鑫鑫,段博.数字经济缩小了城乡差距吗?——基于中介效应模型的实证检验[J].世界地理研究,2022(2):280-291.

[14] 陈阳,王守峰,李勋来.网络基础设施建设对城乡收入差距的影响研究——基于"宽带中国"战略的准自然实验[J].技术经济,2022(1):123-135.

[15] 蓝管秀锋,吴亚婷,匡贤明.互联网贸易发展与收入分配差距[J].工业技术经济,2020(10):107-115.

[16] 张永丽,李青原.互联网使用对贫困地区农户收入的影响——基于甘肃省贫困村农户的调查数据[J].管理评论,2022(1):130-141+204.

[17] 周慧,孙革,周加来.数字经济能够缩小城乡多维差距吗?——资源错配视角[J].现代财经(天津财经大学学报),2022(1):50-65.

[18] 朱德云,王溪,宫锡强.收入不平等如何影响家庭消费——基于CFPS微观数据的分析[J].财政科学,2021(5):31-45.

[19] 李春涛,闫续文,宋敏,杨威.金融科技与企业创新——新三板上市公司的证据[J].中国工业经济,2020(1):81-98.

[20] 韩兆安,吴海珍,赵景峰.数字经济驱动创新发展——知识流动的中介作用[J/OL].科学学研究,1-17[2022-07-18].

[21] 李永奎,刘晓康.市场力量与政府作用:数字金融促进企业创新的机制探究[J/OL].西部论坛,1-17[2022-06-25].

[22] 李雪,吴福象,竺李乐.数字经济与区域创新绩效[J].山西财经大学学报,2021(5):17-30.

[23] 胡山,余泳泽.数字经济与企业创新:突破性创新还是渐进性创新?[J].财经问题研究,2022(1):42-51.

[24] 杜丹清.互联网助推消费升级的动力机制研究[J].经济学家,2017(3):48-54.

[25] 陈晓东,杨晓霞.数字经济发展对产业结构升级的影响——基于灰关联熵与耗散结构理论的研究[J].改革,2021(3):26-39.

[26] 柳志娣,张骁.互联网发展、市场化水平与中国产业结构转型升级[J].经济与管理研究,2021(12):22-34.

[27] 姚维瀚,姚战琪.数字经济、研发投入强度对产业结构升级的影响[J].西安交通大学学报(社会科学版),2021(5):11-21.

[28] 刘洋,陈晓东.中国数字经济发展对产业结构升级的影响[J].经济与管理研究,2021(8):15-29.

[29] 李治国,王杰.数字经济发展、数据要素配置与制造业生产率提升[J].经济学家,2021(10):41-50.

[30] 张磊,刘长庚.供给侧改革背景下服务业新业态与消费升级[J].经济学家,2017(11):37-46.

[31] 吕志科,曾馨.城乡收入不平等对消费结构的影响——基于有限理性决策视角[J].湘潭大学学报(哲学社会科学版),2020(6):74-79.

[32] 黄凯南,郝祥如.数字金融是否促进了居民消费升级?[J].山东社会科学,2021(1):117-125.

[33] 刘斌,李川川,李秋静.新发展格局下消费结构升级与国内价值链循环:理论逻辑和经验事实[J].财贸经济,2022(3):5-18.

[34] 刘军,杨渊鋆,张三峰.中国数字经济测度与驱动因素研究[J].上海经济研究,2020(6):81-96.

[35] 蒋团标,张亚萍.财政支农支出对农村居民消费升级的影响机理[J].华东经济管理,2021(12):1-9.

[36] 卢倩倩,许坤,许光建.宏观债务负担与消费扩容[J].财贸经济,2021(1):107-119.

[37] 李涛,胡菁芯,冉光和.基础设施投资与居民消费的结构效应研究[J].经济学家,2020(11):93-106.

[38] 康书隆,余海跃,王志强.基本养老保险与城镇家庭消费:基于借贷约束视角的分析[J].世界经济,2017(12):165-188.

[39] 向玉冰.互联网发展与居民消费结构升级[J].中南财经政法大学学报,2018(4):51-60.

[40] 唐松,伍旭川,祝佳.数字金融与企业技术创新——结构特征、机制识别与金融监管下的效应差异[J].管理世界,2020(5):52-66+9.

[41] Bartik T."How Do the Effects of Local Growth on Employment Rates Vary with Initial Labor Market Conditions?" Policy Paper No.2009:005, W. E. Upjohn Institute for Economic research.

[42] 张宇,蒋殿春.FDI、政府监管与中国水污染——基于产业结构与技术进步分解指标的实证检验[J].经济学(季刊),2014(2):491-514.

[43] 张勋,万广华,张佳佳,何宗樾.数字经济、普惠金融与包容性增长[J].经济研究,2019(8):71-86.

[44] 郭峰,王靖一,王芳,孔涛,张勋,程志云.测度中国数字普惠金融发展:指数编制与空间特征[J].经济学(季刊),2020(4):1401-1418.

[45] 王小鲁,樊纲,胡鹏.中国分省份市场化指数报告(2018)[M].北京:社会科学文献出版社,2018.

[46] 王喆,陈胤默,张明.传统金融供给与数字金融发展:补充还是替代?——基于地区制度差异视角[J].经济管理,2021(5):5-23.

[47] JUDD C M, D A KENNY. Process Analysis:Estimating Mediation in Treatment

Evaluations[J]. Evaluation Revew, 1981(5): 602–619.

[48] 江艇.因果推断经验研究中的中介效应与调节效应[J].中国工业经济,2022(5): 100–120.

[49] DELL M. The Presistent Effects of Peru's Mining Mita[J]. Econometrica, 2010, 78(6): 1863–1903.

[50] 宋弘,孙雅洁,陈登科.政府空气污染治理效应评估——来自中国"低碳城市"建设的经验研究[J].管理世界,2019(6): 95–108+195.

[51] 孙伟增,牛冬晓,万广华.交通基础设施建设与产业结构升级——以高铁建设为例的实证分析[J].管理世界,2022(3): 19–34+58+35–41.

[52] 吴赢,张翼.数字经济与区域创新——基于融资和知识产权保护的角度[J].南方经济,2021(9): 36–51.

[53] 韩兆安,吴海珍,赵景峰.数字经济驱动创新发展——知识流动的中介作用[J/OL].科学学研究: 1–17[2022–07–18].

[54] 张红凤,黄璐.产业结构升级与家庭消费升级——基于 CHIP 微观数据的经验分析[J/OL].当代经济科学,1–19[2022–07–12].

点评

消费是促进我国经济增长方式转换和形成国内大循环的决定性力量,作为主要经济形态的数字经济能否促进居民消费是亟需解答的问题。本文基于2013—2020年省级宏观数据和CFPS2016年、2018年两期微观家庭匹配数据,深入讨论数字经济发展对居民消费的影响及其作用机制。研究发现:(1) 综合运用宏微观数据,分别从数字经济及其三个子维度探究实现居民消费的内在根源;(2) 基于有效消费定义,从消费能力和消费意愿两方面综合构建数字经济对居民消费影响机制路径,弥补了以往单一路径分析的不足;(3) 在探讨数字经济对消费"扩容"的基础上进一步研究数字经济对消费"提质"的影响。论文内容翔实,材料丰富,方法科学,模型有效,结果可信,是一份很好的大数据实证分析。

反目成仇：场域交换下赘婿的犯罪机理

左一曼*

摘要：近年来，赘婿犯罪的事件触发社会痛点，研究创新性地运用场域交换理论探讨命案背后社会转型对家庭秩序的冲击，得出缺乏社会支持条件的赘婿文化是与赘婿个体化交换期望相冲突的风险来源，传统赘婿场域已经难以满足重视感情和利益的现代婚姻理想，造成应然与实然间的落差。婚姻家庭的风险情境唤醒了消极情感资本，情感的恶性演化又加重风险程度，最终导致赘婿走向极端。从家庭冲突到犯罪，赘婿的悲剧不仅反映出家庭交换关系的破裂以及赘婿男女的身份争议，还映射出社会转型带来的婚姻焦虑常态化。

关键词：赘婿；犯罪；情感资本；赘婿文化；交换

引言

家庭内部"上门女婿"犯罪是较为恶劣的一类刑事案件，极易引发舆论热潮，案件的争论范围较为广泛，其产生的社会痛感和公众焦虑更是具有强烈的弥散效应，导致"恐男""恐婚""恐育"等观念蔓延。命案背后的家庭矛盾、性别对立和舆论恐慌等都表明了一个事实：预防家庭内部犯罪已然成为亟待解决的社会问题。那么，家庭是如何从避风港变成了苦难的源头？赘婿犯罪的作用机理究竟是什么？社会转型又在其中扮演何种角色？

为寻求答案，本研究基于中国裁判文书网（China Judgements Online）[①]的赘

---

* 左一曼，女，清华大学，社会科学学院社会学专业2019级博士（直博）研究生。

① 中国裁判文书网，https：//wenshu.court.gov.cn/。中国裁判文书网是中华人民共和国最高人民法院于2013年建立的全国法院统一的裁判文书公开平台，其收录的裁判文书数量众多、真实权威、清晰细致，对于案件经过、当事人及证人供述等有着较为详细的呈现，是家庭冲突型犯罪研究的绝佳文本。

婿刑事案例,重点关注场域转型对赘婿家庭秩序和交换关系的冲击,分析赘婿卷入家庭冲突到实施犯罪的行为逻辑,回应家庭冲突型犯罪走高的原因。研究试图表明,现代赘婿对于婚姻交换的期待已然与传统赘婿文化框架下的规范要求产生分歧,而社会转型在其中起到了推波助澜的作用,造成交换期望与交换现实之间的落差,进而使得身陷家庭冲突的赘婿一步步走向犯罪。不过,赘婿家庭内部犯罪并非简单意义上结构压力下无法避免的结果。实际上,赘婿家庭内部犯罪的情境产生于宏观结构与微观个体的、赘婿特殊性贯穿始终的互构,社区组织的有效介入或许可以避免悲剧的发生。期望上述研究思路可以为赘婿家庭关系如何嵌入我国婚姻变迁与社会现代化转型提供一个新的理解视角。

一、研究回顾与理论框架

(一) 文献综述

家庭内部犯罪往往是由家庭冲突演变而来。家庭冲突(family conflict)是指家庭成员由于各种原因而产生的关系不协调、矛盾和对立的现象[1-3],最基本的是夫妻冲突[4],此外还有婆媳冲突、翁婿冲突、父母子女之间的代际冲突等[3],这种状态会导致言语争执或身体攻击[5],造成家庭关系失调、家庭结构受损,家庭职能无法有效发挥[6]。家庭冲突的形式有非爆发和爆发式两种,后者的外在表现包括争吵、损坏物品、肢体攻击乃至犯罪[3]。

家庭内部犯罪是指家庭内部出现的侵犯他人人身权益的、触犯刑法的犯罪[7],一般可分为婚姻犯罪、代际犯罪及同济亲属(如兄弟妯娌)犯罪等三大类型[8]。家庭内部犯罪作为一种反社会行为,是发展中国家在现代化进程中所面临的一个社会问题[9],其犯罪率的上升会严重影响婚姻的稳定与社会的发展,研究犯罪机理就显得愈发重要。犯罪的动机是激起和推动犯罪人实施犯罪行为的心理动因[10],受多种因素和多种机制的决定[11],受到犯罪心理学、刑法学和公安学的广泛关注。广义上对于动机的探究是根据已经发生的犯罪行为去追溯行为人实施该行为的内心动因,而不要求行为人认识到其所实施的行为是否为犯罪行为[12]。人的需要是犯罪动机的本源,需要产生以后如果不能得到满足,人会因为挫折感的产生而激发行为的动力,其中就包含着犯罪的可能,因此犯罪动机的形成过程包括需要无法满足、缺乏调节能力和采用犯罪手段[13]。目前学界主要从社会转型与情感理论出发解读犯罪行为。

社会转型视角认为,家庭内部犯罪有着深刻的社会背景和社会因素,人口、经济、政治、社会和文化要素共同作用于家庭结构、关系、功能和价值取向。与社会转型相伴而生的文化模式影响着人们对于婚姻和家庭的认知和行为[14],拓展了个体在私人生活领域的选择空间,也往往会因改变了婚姻家庭的某些特征(婚姻习俗、婚姻观念等)而造成婚姻家庭的变动[15],传统与现代之间的张力会引发家庭冲突乃至犯罪,给家庭和社会带来严峻挑战。人口性别比失衡、社会流动加剧、婚姻替代资源增多、婚姻观的变化、调解机制匮乏、父母对婚姻的干预以及离婚成本降低和程序简易化等多个因素影响着婚姻生活和婚姻质量,导致离婚率趋高和家庭冲突增多[16,17]。急剧的社会转型导致价值观念的变化和道德约束力减弱[9],家庭利益与个人利益、传统的家庭道德规范与现代新观念之间存在的新旧交替的失调失序,不仅对传统社会规范造成冲击,削弱了已有的社会控制力,而且对个体情感的唤醒与表达带了更多的不确定性和不可控。史向军[18]发现,社会转型下婚姻价值观念多元化、法律脱离民俗、制度与理念不相符等造成农民婚姻生活在物质与感情上的冲突。随着利益格局固化,贫富差距扩大,社会流动受阻,社会结构固化和社会共识的丧失,社会消极情绪和社会心态危机已然成为引发社会问题的不争事实[19,20]。

因而情感理论指出,情绪或情感是犯罪动机结构的维度之一,它与生理性维度、习得性维度与认知性维度共同构成了完整的犯罪动机结构,这种犯罪动机的情感性动力不仅指向情感性目标对行为的激起、维持力量,也指向行为、活动过程本身的情感体验所具有的动力作用;在多数情况下,情感成分与犯罪动机的认知、生理、习得成分相互影响,其发挥作用的机制主要是潜意识或者低意识性的,并且伴随认知、环境力量的参与、激活与强化[11]。在婚姻个体化的背景下,情感是家庭之本,是连接文化社会、心理因素和个体行为的桥梁。因此研究家庭内部犯罪,就有必要研究情感:一、部分学者应用文化对情感的形塑来解释家庭冲突,认为婚姻中愤怒的表达受到结构事件的影响[21],夫妻冲突源于性别认知与规则意识之间的不协调。二、家庭冲突源于期望不满引发的消极情感。胡忠魁[22]运用案例历时比较法研究恋爱到婚姻转变的冲突机制,指出婚后期望从"实现"转变为"无法实现"的状态唤醒了高强度的消极情感,触发个体的自我保护,被抑制的消极情感进入恶性循环,威胁婚姻关系。孙淑敏等人[23]同样从期望入手,通过消极情感产生、累积和被催化,探讨家庭出现危机的内在机制,发现建设性沟通的缺乏、角色转换的缺少、家庭边界的模糊和归因于他人的倾向是导致消极情感持续并使婚姻关系恶化的主因。三、羞耻、愤怒、怨恨等关键情绪是婚姻冲突产生和暴力行为升级的情绪核心[24]。邢朝国[25]指出,怨恨是日常纠纷向暴力犯罪转化的重要促动力,积蓄的怨恨在无法消解的情况下会以咒骂、暴力攻击、自杀等方式释放出来。四、抗逆力观点运用个体处于逆境时的心理协调和适应能力分析家庭冲突和犯罪。王飞[26]认为面临婚姻纠纷时,个体抗逆力特质整体恶化,情绪特质越位应对风险要素,作案人将自己的无助与绝望归因于家人,选择情绪型风险应对策略进而犯罪。

实际上,赘婿家庭内部犯罪的研究可以引入场域维度与交换维度,不过目前极少有研究采用此种思路。目前学界对本土婚姻家庭犯罪问题虽然有一定研究,但相对欠缺社会与个人层面的联动分析,对于犯罪成因与机制的探究仍需要加强理论深度与人文关怀,而场域维度与交换维度恰好有助于相关研究的进一步深入,且两者能够更加精准地将转型因素与情感因素融入理论分析之中。首先,场域转型作为社会转型之下的一个层级,更能够从赘婿场域层面对动机在宏观社会因素中的位置进行溯源,探究个体所处的社会环境与文化力量如何通过同化与顺应的心理机制而发挥作用。而且,赘婿作为从我国古代就已存在的一种非主流婚姻模式,其家庭秩序和矛盾的复杂性说明这是分析社会转型影响家庭秩序变化的绝佳视角。但既有研究忽视了社会宏观因素对消极情感演化的影响,对宏观视角与微观视角的把控不够到位,没能实现文化社会、心理因素与个体行为在分析上的联动。场域维度恰恰能够应对这一问题。其次,情感维度分析家庭内部犯罪具有重要价值但仍存在不足:文化情感取向虽然有意识地提出情感在家庭冲突中的作用,但相对欠缺了微观层面的心理剖析;期望取向是很好的情感剖析范本,但已有研究对期望不满的后果分析只局限于家庭冲突,很少涉及极端犯罪;关键情绪取向只能解释一部分的家庭冲突,因为引起赘婿犯罪的消极情感资本更加复杂,往往以动态组合和演化的形式呈现;抗逆力研究过于注重个体心理分析,对于家庭冲突中的结构性因素考虑不足。而场域维度中的情感资本与交换维度中的期望与公平概念,都能够很好地弥合情感与犯罪机理之间的分析张力,使得赘婿犯罪机理的探究既能反映宏观社会因素的变动又能够贴合行动者的具体行为逻辑。

因此,本研究以赘婿在赘婿场域中的情感资本演化为研究对象,运用场域交换理论分析经济波动、文化道德等社会宏观因素如何共同作用于家庭生活中的行动者对赘婿收益和成本的权衡,获悉社会转型对人及家庭的冲击与形塑。此外,本研究还运用大数据文本分析增加故事细节与多元度。聚焦中国裁判文书网中的文本,兼顾典型案例之间的差异,对赘婿的婚姻风险与策略进行充分展示,通过分析消极情感的产生累积、压抑归因及爆发过程,来回应社会转型下赘婿犯罪的机理。

（二）理论框架：结合场域思想的新型交换理论

为更好地对赘婿犯罪机理进行理论分析,本研究提出一个新的交换概念,即"场域交换"。它是结合场域理论与社会交换论的一种分析概念。提出的原因在于将不同的社会学思想互补,使得对研究问题的分析更加贴近现实社会。"场域交换理论"在场域理论建构的环境中借用交换论的逻辑分析方法,并针对资本和惯习的不同剖析行动者的决策逻辑,进而探究他们的交换行为模式及结果。

因此,"场域交换"在本研究中的定义是,运用交换论的逻辑分析方法,研究在现代赘婿家庭的社会转型过程中,不同主体在不同阶段形成的场域中,针对自身不同类型需求所作出交换行为。

1. 交换论的引入

在众多理论视角中,社会交换论(the Social Exchange Theory)与赘婿家庭研究之间的结合由来已久,是最具有活力和延展性的分析理论之一。

在社会交换论中,互动是一种给予和获得有价值的资源的过程,并有报酬或奖赏(rewards)、代价(costs)、投资(investments)、利润(profits)、公平(justice)、期望(expectation)、情感(emotion)等基本概念以解释人们的交换行为。基于社会交换论的不同观点,彼得·布劳(Peter Michael Blau)的微观结构社会交换论更加适合分析赘婿场域交换行为。布劳认为,交换的基本原理就是个体在交往中提供自身资源以获取对方报酬并付出一定代价的行为,即向他人提供有报酬性服务的人,使他人负了回报的义务。但随着交换次数的增多,得到的利润也随之下降。社会交换只是当别人作出报答性反应就发生的有限行动,建立在信任的基础上[27]。

由此,引入交换论的原因在于本研究将赘婿家庭中的互动关系看作一种以微观交换为基础的过程。该理论对于交换中权力与地位进行了较为全面的阐释,在分析家庭内部的复杂秩序上能够起到积极作用。该理论兼顾宏观与微观结构,关注交换中的社会规范与价值共识,对考察赘婿家庭中的个体之间、个体与社会之间的关联留有研究余地。

社会交换论对行为尤其是经济行为的指导意义毋庸置疑,不过单纯依靠交换理论得出有关现代赘婿家庭关系的准确推论还存在难度。究其原因,在于交换论与现实行为不能完全一致,一些带有个人主义文化传统的交换论在文化差异和人际关系深化等方面有局限性。另外,虽然意识到社会结构与规范在交换过程中的影响,但是交换论未将更宏观的时空因素纳入理论之中,忽略了社会转型对赘婿家庭交换的作用。而我国现在正处于转型关键时期,家庭关系所受到的冲击与进行的调整如何体现在婚姻交换之中? 还需要学者进一步探察。

2. 场域理论的引入

法国社会学家皮埃尔·布迪厄(Pierre Bourdieu,1930—2002)提出场域理论,其基本概念有:场域(field)被定义为在各种位置之间存在的客观关系的一个网络(network)或一个构型(configuration)[28];资本(capital)是"一种铭写在客体或主体结构中的力量,一条强调社会世界的内在规律性的原则"[29],基本形态有经济资本(economical capital)、社会资本(social capital)、文化资本(cultural capital)和符号资本(symbolic capital);惯习(habitus)存在于社会建构的性情倾向(dispositions)系统,这些性情倾向在实践中获得,不断发挥各种实践作用[28]。

想要全面地看待赘婿的交换行为,就不能将其理解为单纯的经济问题,场域理论中的场域、资本、惯习概念都十分契合该研究。

首先,现代赘婿的形成是一个多阶段、多角色的过程,其中的交换行为包含了不同家庭角色在转型背景和家庭关系下、在不同场域中的交换行为。场域理论能够清晰地将交换中的逻辑进行分类并分析多角色多诉求之间的空间关系。其次,资本的分类具有指导意义。随着转型深入,赘婿在进行决策时会慎重考虑自身位置的多重资本诉求,这对于从综合层面分析交换行为中的报酬与代价具有重要意义。我国本土化赘婿与家庭内部犯罪的研究发现,单一的情感因素或心理因素很难完全解释犯罪动机,综合社会宏观与个体微观因素有助于进一步剖析犯罪成因与机制,并且能够较好地回应社会对于家庭内部犯罪的焦虑,解释婚姻风险产生的深层原因。因此场域视角的引入有其必然性和重要性。

而且,赘婿家庭中赘婿的行为并不是完全理性的。他们会有基于自身家庭角色的主观心理需求,如现代赘婿会受到传统赘婿文化的影响,这可通过惯习的介入进行分析,有效地将行动者的行为结合历史规律和文化传统,从而得出更加契合现实生活的结果。

3. 结合场域思想的新型交换理论

场域理论和交换论各有独特的分析优势并可以形成有机互补,故而结合两种理论分析的特点可以形成一种带有场域思想的新型交换论,即场域交换理论。

场域理论与交换论的结合点共有两处:

(1) 基础概念的结合。首先,运用场域理论进一步拓展交换论中对于行动者是社会人格的设定,承认行动者在做出交换决策时所追求的不仅是物质类报酬的最大化,而是会根据每个人所处的时代环境与家庭背景进而衍生出的独特思维模式,并将这种模式贯彻到行为习惯和行事逻辑中。其次,场域交换论认为每一个在场的行动者因为地位不一样其所占有的资源也是不同的,这就进一步解释了交换论中不同人持有不同报酬和付出不同成本的因由何在。地位和关系位置方面的结合是借助场域理论中对行动者的关系和结构形成网络的思路,将原本交换过程中人们对于报酬与代价的衡量更加有根据地进行推论。再次,将资本概念与报酬、代价概念相结合,可以更好地从关系网络和社会转型视角分析行动者的交换逻辑。最后,场域交换理论考虑到了社会转型对行动者的影响。在社会转型下,行动者所处的时空环境已经且正在发生变化,场域多阶段的分析特性可以将整个交换行为设定在一个会受外部社会制度、政策影响的场域中。该场域不仅会受到内部决策者思维的影响,也会对场域之外的社会因素产生反应,进而在内部形成自己独特的小型社会。这一设定使分析范围在一个可操作的框架之内。

(2) 分析框架的结合。在交换论的研究中有社会规则、传统文化、政府政策和社会舆论等许多影响决策的因素,没有办法完全以量化的形式展示在分析框架中,而且随着社会转型的推进,分析框架也有所调整。因此,场域交换论在继承经济理性人以多种类型的利益为交换中心和严密的逻辑链条的基础上加入了场域理论的分析框架,不仅完善了分析过程,也更为灵活地考虑研究问题。

综上,场域交换理论可以结合两种社会学理论的优势并形成互补,既增强了问题研究的逻辑严谨性,又可提高对问题研究的包容度和完整性,增强理论的本土化解释能力。而且,场域交换理论中的"场域"概念可以为行动者提供一个在各种位置间存在的客观关系的网络和争夺资源的空间,并进一步将可能影响研究问题的因素分类、归纳、整合,形成由各种类型因素组成的网络。由此,场域交换理论将交换论的解释范围拓展并深入到网络分析层面,更好地在亲密关系中阐述交换机制的特殊性,赋予个体贴近家庭交换情境中的角色身份,推进交换论在人际关系深化情况下的发展。在场域理论提供了宏大分析框架的同时,交换论的逻辑分析方法会贯穿始终地应用在场域内行动者的决策和行为分析之中,对于交换决策和最终结果的解释主要采用交换论的理论思路和框架,有效地发挥出场域交换理论的分析优势。最后,该理论在时间轴上更贴近我国社会转型的时代特征,反映现代赘婿承袭传统赘婿文化以及不同于传统赘婿的新特征,有利于回应我国现代社会中家庭关系的转变。

4. 场域交换理论与赘婿犯罪

本研究中场域交换理论的基本概念如下:

场域,在各种位置之间存在客观关系的一个网络或构型。

资本,包括经济、社会、文化、符号和身心资本(表1),均为形成的某场域中发挥作用的某些特殊权力的积蓄。经济资本,包括不同基本生产要素、经济财产、各种收入以及各种经济利益。社会资本,是指个人或群体,凭借关系网积累起来的资源总和。文化资本是能够通过时间和代际传递而在社会场域中积累、转换和传承的资本形式。身心资本指的是时间、健康、感情(情感与情绪)等具有重要价值的且与行动者身体心理密切相关的资本总和。资本优势,指的是个体在该场域的资本积累和交换中占据有利位置,资本劣势则相反。

表1 场域交换理论中报酬与代价对应下的资本交换类别

资本	经济资本	社会资本	文化资本	符号资本	身心资本
报酬	生产要素 经济财产 收入 经济利益 商品	人脉 帮助或服从 建议 前景 信息	文化商品 性情气质 体制 信息	声誉 社会赞同 自尊 家庭认同 邀请 帮助或服从	外貌 生育 感情(情绪与情感) 乐趣 健康 时间陪伴
代价	损耗以下几类: 生产要素 经济财产 收入 经济利益 商品	对其他人际关系的否定 前景暗淡 错失信息	损耗文化商品 消磨性情气质 错失信息	声誉受损 失去自尊 不被认同 被轻视 失去帮助 反抗	外貌缺憾 生育伤害 感情伤害 增加责任 影响健康 耗费时间

惯习,社会建构的性情倾向系统,在此主要指传统赘婚文化的影响。惯习优势,指的是个体在该场域的性情倾向系统中占据有利位置,惯习劣势则相反。

报酬,是对个体有价值的任何资本,既包括在家庭关系中直接获得的内在性报酬,如情感、信息、感激等;也包括在家庭关系之外获得的外在报酬,如金钱、商品、服从等,具体类别参见表1。

代价,是为获得某种特定的资本而付出的成本或惩罚性活动,如花费金钱、伤害情感等,具体类别参见表1。

期望,是人们以过去的互动经验为基础,在情境中衡量报酬与代价时对某种类型和一定数量的报酬所产生的期待。当交换结果是公平的,期望得到满足时,人们体验到积极情感,相反,则体验到消极情感。

需要,赘婿在赘婚场域中有四种基本需要:证明自我的需要,即证明自身在家庭中的角色身份;盈利交换的需要,获得安全和物质资源;群体卷入的需要,指家庭的融入情况;信任的需要,是对真诚和尊重的需求。

场域交换理论对于赘婿犯罪机理的分析如图1。首先,人类的普遍需要推动所有的互动。其次,这些需要为互动对象在场域中预设了一套交换期望,期望能否被满足受制于赘婚文化(惯习)下的宏观社会因素。理论上,期望内隐地理解了所扮演的特定角色、地位、文化框架、规范、人际之间的人口统计学和生态学的模式,然而实际上场域转型导致传统赘婚文化与赘婚交换期望不符,当被满足的期望越少时,人们体验到的消极情感(情感资本)也越多;反之,消极情感越少。再次,由于消极情感是痛苦的,因此人们经常会压抑或归因这种痛苦。压抑作为主要的防御机制,将消极的情感反应推入意识无法察觉的地方,当情感积累到一定强度时,它们会冲破认知检查,突然闯入意识。压制者将以高度的情感能量的爆发来释放这种紧张,打破情境所认可的适当性。归因则是一种更为复杂的动态过程,它使人们归结体验到消极情感的原因。而且,随着自我防御机制被唤醒,人们往往将消极情感进行外部归因①,认为是场域中的他人导致自己的交换期望没有得到满足,指向他人的愤怒也会更加强烈。在刺激性因素的作用下,这种愤怒通常会以消极的、报复的、惩罚他人的方式加以表达,导致赘婿犯罪。

---

① 外部归因,指将原因归结为他人或他人所属范畴;内部归因,指将原因归结为自身。

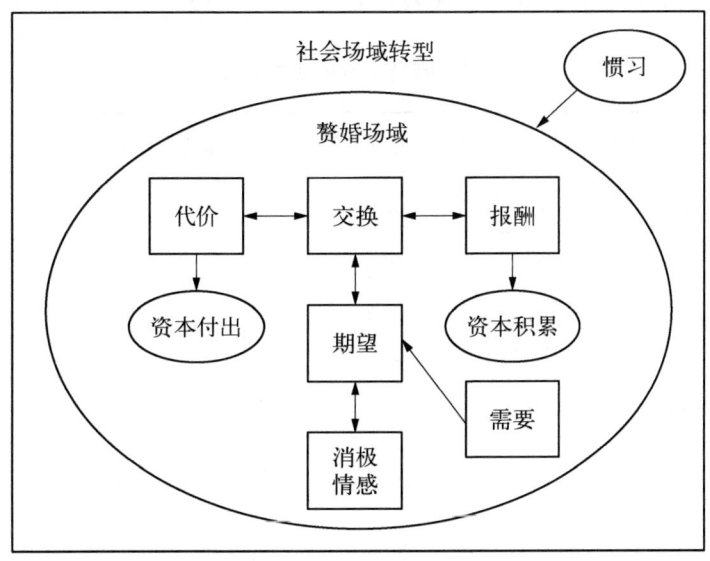

图 1 赘婿犯罪机理图

二、研究方法与案例

受到赘婿群体稀少与"家丑不可外扬"传统观念的影响,很难直接通过访谈了解家庭矛盾冲突的真相,需要借助官方大数据信息平台来获取资料。对此,笔者借助中国裁判文书网收集裁判文书,从中筛选出赘婿实施家庭内部犯罪的 208 件刑事案件,联系社会结构、家庭秩序、伦理道德、性别失衡和经济变迁等因素,剖析作案人在家庭冲突中一步步走向犯罪的情感演化,理解我国社会转型对婚姻风险和家庭稳定性的影响。具体操作如下。

对案例进行统计性分析。如表 1 所示,赘婿犯罪案例中,汉族占 70%,少数民族占 10%;出生于 1970 年至 1980 年的人最多,近四成,其次是"80"后,1970 年之前出生的赘婿也达到 16%;赘婿的文化水平整体偏低,小学学历最多,达 36%,初中 24%,文盲 12%,高中及以上仅有 2%;赘婿中务农人数最多,占比 51%,工人和无业都为 8%左右,从商人数最少,仅为 1%;刑事案由中,故意杀人占比最高,故意伤害、纵火和重婚次之;受害人中赘婿的伴侣首当其冲,岳父岳母次之,子女占 3%,其余女家亲属占 8%,同村等其他人占 9%;赘婿中只是同居但没有登记的占比 8%;处于离婚状态的有四成,有婚外情的有 17%;赘婿中有性格问题的有 25%,

179

家暴占 22%，精神问题占 15%，有不良嗜好的占 14%，被认为品行良好的只有 2%。

表 2　赘婿案例的基本信息

数量：208	性别：男		作案人身份：赘婿	裁判日期：（2012—2021）		
民族	汉族	少数民族	无记录			
	70%	10%	20%			
出生时间	1970年之前	1970至1980	1980年之后	无记录		
	16%	39%	24%	21%		
学历	文盲	小学	初中	高中及以上	无记录	
	12%	36%	24%	2%	26%	
职业	农民	工人	无业	商户	无记录	
	51%	8%	8%	1%	32%	
婚姻性质	法律婚姻	事实婚姻				
	92%	8%				
婚姻状态	婚姻存续	离婚/离婚纠纷	婚外情			
	60%	40%	17%			
案由	故意杀人	故意伤害	纵火	重婚	其他	
	45%	33%	7%	2%	13%	
受害人	妻子/前妻/同居	岳父	岳母	其余亲属	子女	其他
	57%	24%	19%	8%	3%	9%
特征	性格问题（多疑、冲动、固执、暴躁等）	家暴	精神问题（抑郁、精神障碍等）	不良嗜好（酗酒赌博）	品行良好	
	25%	22%	15%	14%	2%	

选取14篇进行详细剖析(表3)。

表3 赘婿犯罪样本信息

案例编号	姓氏	性别	身份	职业	现居地	罪名
(2018)黔2301刑初37号	敖某	男	赘婿	农民	贵州省兴义市	故意伤害
(2016)云05刑初267号	赵某	男	赘婿	农民	云南省保山市	故意伤害
(2017)浙1024刑初100号	张某	男	赘婿	农民	浙江省仙居县	故意伤害
(2017)闽08刑初21号	胡某	男	赘婿	农民	福建省龙岩市	故意杀人
(2015)梅中法刑初20号	钟某	男	赘婿	未知	广东省梅州市	故意杀人
(2018)京02刑初100号	侯某	男	赘婿	未知	北京市大兴区	故意杀人
(2020)黔04刑初45号	杨某	男	赘婿	农民	贵州省安顺市	故意杀人
(2014)崇刑初50号	梁某	男	赘婿	农民	广西壮族自治区崇左市	故意杀人
(2016)鲁1392刑初135号	姜某	男	赘婿	工人	山东省临沂市	故意杀人
(2016)鄂12刑初7号 (2016)鄂刑终264号	曹某	男	赘婿	厨师	湖北省咸宁市	故意杀人
(2018)晋04刑初25号	王某	男	赘婿	农民	山西省长治市	故意杀人
(2017)粤0222刑初15号	孙某	男	赘婿	未知	广东省始兴县	故意杀人
(2017)皖1022刑初102号	程某	男	赘婿	工人	安徽省休宁县	放火
(2020)青0222刑初144号 (2021)青02刑终6号	李某1	男	赘婿	未知	青海省民和回族土族自治县	过失致人死亡

提取相关情绪变量。在社会学家解释情感的多种研究取向中,乔纳森·特纳(Jonathan H. Turner)所代表的具有心理分析内容的符号互动主义的情感理论,能对消极情感能量的强度如何增加,如何达到破坏人际关系的水平,如何决定人们对宏观结构的承诺等提供关键线索[30],符合本研究对赘婿犯罪进行情感分析的基本思路。特纳根据基本情感的变化提出了区分基本情感的四种维度和

三种强度水平,这四种维度为满意-高兴、厌恶-恐惧、强硬-愤怒和失望-悲伤,每一维度都有低、中、高三种强度。其中,满意-高兴属于积极情感,厌恶-恐惧、强硬-愤怒和失望-悲伤则属于消极情感。但特纳的理论具有高度的推理特征,需要在经验研究中对此提供尝试性支持。本研究在特纳的基本情感研究成果上,根据案件实际情况纳入中国特色的消极情感词汇,如"不和""不睦""孤""辱"等,使变量分析更加本土化,见表4。

表4 消极情感分析的重要变量

	低强度	中等强度	高强度
厌恶-恐惧	厉害,犹豫,勉强,羞愧	疑惧,颤抖,焦虑,神圣,惊恐,失去勇气,恐慌	恐怖,惊骇,高度恐惧
强硬-愤怒	苦恼,激动,动怒,恼火,不安,烦恼,怨恨,不满	冒犯,挫败,气急败坏,敌意,愤怒,憎恶,仇恨,生气	嫌恶,讨厌,厌恶,愤恨,轻视,憎恨,火冒三丈,愤怒,狂怒,勃然大怒,义愤填膺
失望-悲伤	失落、难过	沮丧,悲伤,伤心,阴郁,宿命感,忧伤	悲痛,悲怜,悲苦,痛苦,悲哀,苦闷,闷闷不乐,垂头丧气
其他(中国式词汇)	不和、怀疑、不睦、不合、孤、不理解、轻视	气、怨、辱、怕、怨气	绝望、死心、心死

三、赘婿的交换期望

对于婚姻和家庭,人们总是抱有美好的期待,赘婿也不例外。家境窘迫、兄弟姐妹众多的男子,往往没有足够的钱财娶妻生子,加之受教育水平不高或有生理缺陷,自身在主流婚姻中缺乏竞争力。因此,为降低婚姻成本,这些男子不得已就婚于女方,成为他人眼中的赘婿。相比于嫁娶婚,赘婿似乎具备更强的目的性和更加浓厚的契约意味,因而赘婿对于婚姻和家庭成员的需要往往更加明确。

结合社会转型下的场域交换理论和实际案例,以下四种是赘婿在赘婿场域中的基本需要。其一,证明自我,案例中赘婿希望实现自我价值,常用"他们不认可我""他们瞧不起我""觉得我没有用"等话语来表达希望得到其他成员的认可;其二,盈利交换,"离婚后一无所有""这样就生活不下去"的担忧反面印证了赘婿对于物质资源和安全保障的需要;其三,群体卷入,顾名思义,指的是实现家庭融入,但赘婿认为自己只是"局外人"而且经常被人"背后指责",并没有被接纳为"自己人";其四,信任,对应赘婿希望家庭成员以真诚和尊重的态度对待自身的要求,但案例中出轨或疑似出轨的次数就多达36次,出现"责骂""辱骂""骂"等词汇81次,忠诚互信在案例中几乎不存在。其实,这些需要隶属于人类在家庭生活中普遍需要的范畴,并非刻意刁难,它们无一例外地指向赘婿对幸福家庭的渴望。在尽量满足它们的前提下,唤醒消极情感的可能性极小,赘婿场域趋于稳定协调。

在实际生活中,赘婿会根据家庭地位和角色身份,在四种需要的基础上进一步预设一套符合婚前承诺的交换期望,它可以视作四种基本需要的放大和有机结合。正是这套期望的出现,左右着赘婿在赘婚场域中的情感走向,影响着赘婚家庭出现冲突的概率。当赘婿的需要得到高满足时,与之相联系的责任、权利和义务关系就形成了伴随妥协与调整的家庭规则,各位家庭成员也在日常交往中形成稳定关系,增进了认同和互信。而当赘婿在家庭中得到满足的需要较少,或者与婚前承诺严重不符时,赘婿开始对自己的选择感到疑惑、对自我的付出感到不值,产生不满、怀疑、难过等低强度的消极情感(表5)。在相对封闭和紧密的家庭关系中,一个家庭成员的消极情感就有可能带来消极情感的扩散,阻碍正常生活,牵扯整个家庭走向不断冲突斗争的动荡过程。

表5 赘婚刑事案件中的消极情感

消极情感	低强度/出现次数		中等强度/出现次数		高强度/出现次数	
厌恶-恐惧	厉害 羞	3 1	吓 害怕 惊慌 恐	16 7 3 2 1	恐怖 惊骇 高度恐惧	无
强硬-愤怒	恨 不满 怨恨 恼	44 31 18 4	生气 仇恨	35 1	恶 愤怒 火冒三丈	26 4 1

续表

消极情感	低强度/出现次数		中等强度/出现次数		高强度/出现次数	
失望-悲伤	难过 失落	2 1	伤心	2	苦 痛苦 闷	10 2 3
其他（中国式词汇）	不和 怀疑 不睦 不合 孤 不理解 轻视	46 46 10 8 7 2 1	气 怨 怕 辱 怨气	110 46 21 15 6	绝望 心死 死心	5 1 1

四、现实的落差

赘婿依附于女方家庭，以妻之父母为父母，所生子女从妻姓。我国古代的赘婿泛指微贱之人。到了现代社会，这种传统观念对于赘婿家庭的影响还在持续。理论上，赘婿的期望也应内隐地理解了自身在家庭网络中的特定位置及其特殊的文化框架和道德规范。不过随着经济发展与社会转型，现代赘婿很难安守于那个赘婿文化惯习里的角色，传统赘婿场域已经无法满足赘婿重视情感和个人利益的现代婚姻理想。唤醒消极情感的根源，就在于赘婿文化虽然延续，但支持传统赘婿模式的社会条件正在分解，赘婿文化与个人的现代婚姻理想之间存在不容忽视的矛盾：家庭地位上，传统框架中的赘婿低人一等，现代观念却提倡平等对待；合作方式上，传统观念要求赘婿做到勤而无怨，现代赘婿则希望按劳取酬，最好能够当家作主；伦理道德上，专一互信始终是伴侣相处的前提，但赘婿中夫妻双方的婚姻忠诚感和信任感薄弱；离婚问题上，传统赘婿中的女性主导离婚决策，赘婿只能被迫听从，而现代婚姻观则主张双方自愿的原则。

首先，低下的家庭地位始于赘婿文化中关于赘婿的身份争议。原生家庭认为赘婿损害家族颜面，而女方家庭又认为赘婿上门多是有所图、有所求，所以也没有把赘婿视作真正的家人。许多赘婿对婚姻的不满就开始于女方父母无缘无故的打骂，他们认为自己应该被当作正常女婿来平等对待，而非随意侮辱的对象①。

其次，赘婚文化希望赘婿在经济合作上扮演一个勤而无怨的角色。的确，赘婿大多没有经济自主权，其所获所得常归于女方。不过，招赘家庭多为独女，缺乏成年男性劳动力，更有甚者因女方患有精神疾病或身体残疾急需招赘入户维系生活。所以作为家庭生活支柱和经济来源的赘婿，需要负担起为女方传宗接代的使命、照顾女方及其父母的责任。这便使得一部分赘婿在"低姿态"和"高责任"间形成了某种微妙的心理状态，认为婚后不应由女方主导财政大权，自己的劳动付出应该有所回报，甚至希望像普通家庭中的大多数男性一样可以当家作主②。

而且，为吸引赘婿上门，一些家庭会在婚前许诺给赘婿相应的财产继承权，但等到真正分配时又会后悔，不想兑现承诺，双方便因财产分割问题产生纠纷③。

再次，赘婚导致了伦理道德的畸形化。由于赘婚交换目的性强，择偶时间短且择偶范围有限，男女双方往往在缺乏了解的情况下就勉强搭伙过日子，婚前情感基础的缺失使得婚姻道德对于双方的约束力都不理想，夫妻之间的忠诚责任、互信互谅较少。在此情形下，女方可能不满意男子的容貌、品行和家境，未将对方视作自己真正意义上的丈夫，而是完成结婚生育任务的对象。忠诚观念淡薄的情况下，女方婚内出轨便成为案件中引发夫妻冲突的常见原因④。

相对的，男方也因情感基础薄弱而对女方极度不信任，经常担心女方有外遇⑤。

部分赘婿自身也有多疑偏执的心理特征，他们会怀疑岳父母从中挑拨并纵容妻子发生婚外情，因此对婚姻的不满进一步增加⑥。

此外，赘婿在离婚问题上也受到不平等对待，女方常因婚姻不满而单方面提

---

① 敖某故意伤害一审刑事判决书，贵州省兴义市人民法院刑事判决书（2018）黔2301刑初37号。
② 赵某故意伤害一审刑事判决书，云南省保山市中级人民法院刑事判决书（2016）云05刑初267号。
③ 张某故意伤害一审刑事判决书，浙江省仙居县人民法院刑事附带民事判决书（2017）浙1024刑初100号。
④ 胡某故意杀人一审刑事判决书，福建省龙岩市中级人民法院刑事附带民事判决书（2017）闽08刑初21号。
⑤ 钟某故意杀人一审刑事附带民事判决书，广东省梅州市中级人民法院刑事附带民事判决书（2015）梅中法刑初字第20号。
⑥ 侯金辉故意杀人一审刑事判决书，北京市第二中级人民法院刑事附带民事判决书（2018）京02刑初100号。

出离婚,赘婿只能在女方坚持下被迫离开家庭且很难获得经济补偿①。

因离婚而一无所有、无家可归是赘婿们最为担心的境地,为此产生同归于尽想法的赘婿在案例中并非少数②。

还有一些赘婿在婚姻中同时受到上述因素的综合限制,婚姻发展脱离原来的轨道,其在证明自我、盈利交换、群体卷入和信任需要上的期望无一例外全部落空,陷入因地位、经济、情感、离婚等多重问题引发的困境③④。

五、由冲突到犯罪

对"应然"的强烈期待和对"实然"的真实感受间的落差使得赘婿身陷烦乱的家庭冲突,厌恶-恐惧、强硬-愤怒、失望-悲伤等消极情感由此产生。如果可能,人们会尽力避免唤醒这些导致消极情感的人和情境,但是在赘婚场域中,人无法轻易离开,这就导致了那些持续不能满足交换期望的赘婿会遭遇曲折的情感厄运,推动他们从家庭冲突的受害者⑤一步步成为命案的加害者。

一般情况下,赘婿从普通家庭冲突到实施犯罪需要三个演变条件,不同条件的达成都包含着消极情感资本的动态演变:其一,消极情感在被压抑的进程中完成"量"上的累积,此时消极情感从较低强度变为较高强度;其二,指向场域中他人的消极惩罚会在寻找痛苦根源并进行外部归因的过程中逐渐明确,此时报复性情感往往会替代指责自我的情感;其三,在刺激性因素的触发下,消极情感资本爆发,怨怼仇恨演变为失望绝望,消极情感最终以赘婿故意杀人、伤害等极端手段表达出来,而后赘婿又可能陷入懊悔内疚的反思性情绪之中。

具体来说,由于消极情感资本是痛苦的,因此人们经常压抑并积攒这种痛苦。在案例中,仅仅描述赘婿与家人素有"积怨"的字眼达17次,"长期不和""逐渐产生矛盾""忍受"等表述也表明赘婿对于消极情感的压抑由来已久。然

---

① 杨某故意杀人一审刑事判决书,贵州省安顺市中级人民法院刑事附带民事判决书(2020)黔04刑初45号。
② 梁某故意杀人罪刑事附带民事判决书,广西壮族自治区崇左市中级人民法院刑事附带民事判决书(2014)崇刑初字第50号。
③ 周某1、姜某故意杀人罪一审刑事判决书,山东省临沂经济技术开发区人民法院,刑事附带民事判决书(2016)鲁1392刑初135号。
④ 钟某故意杀人一审刑事判决书,江西省赣州市中级人民法院刑事判决书(2019)赣07刑初49号。
⑤ 将赘婿称之为家庭冲突的受害者并不意味着赘婿在家庭冲突中毫无过错,只是因为家庭冲突会导致赘婿家庭破裂解体,所以每一位家庭成员都是家庭冲突的受害者。

而,当压制的消极情感积累到一定强度时,赘婿需要以情感能量的高度爆发来释放这种紧张,这相当于埋下了一颗定时炸弹,谁也不知道在什么情况下会爆炸。

> 2006年11月,被告人曹某入赘朱家,婚后因生活琐事对岳父母产生积怨。2015年6月21日20时许,曹某因看电视一事,与岳父发生争吵,曹某持西瓜刀致其失血死亡。"我(曹)婚后在家里做不了一点主,受了不少的委屈,大小事都不与我商量,当我不存在。妻子与我也不是一条心,我俩发生争吵,岳父母就指责我,我忍了很久……我并没有杀死岳父的意思,只是一时冲动。"①[(2016)鄂12刑初7号、(2016)鄂刑终264号]

在许多案例中,赘婿认为自己不是故意的,其当下记忆常模糊不清。这是因为较低强度的生气、伤心等情感资本已经在压抑中积累并演变为较高强度的愤怒和痛苦,一旦它们冲破理性的认知,就会突然闯入意识,使得赘婿的内心情感与所处情境完全不相称。这也是为什么压制情感的赘婿通常不能对自己和他人解释他们为什么会突然受到极度恐惧或勃然大怒等高强度、高刺激情感的惊扰。

俗语云,"冤有头,债有主"。当人们体验到消极情感时,除了会刻意压抑它,还会对消极情感的原因进行溯源,也就是考虑谁应该对现状负责,谁才是"罪魁祸首"。一般情况下,人们都愿意将满足期望和获得积极奖励归因于自己的行为,这会让人体验到更骄傲自豪等积极情感。相反,如果人们认为是自己的行为导致期望没有被满足,就会感到厌恶、内疚和羞愧,这种负面情绪又会造成消极情感的恶性循环。所以,在多数情境中,人们会对消极情感进行外部归因[30]。

当赘婿将自己痛苦经历的矛头指向家人时,他们的内疚感会减弱,面对他人的愤怒会增强,普通的消极情感会在带有偏见的眼光下演变为怨怼与仇恨,他们逐渐失去对家人的依恋和不舍,把家庭变为复仇的角斗场。

> 被告人王某因婚姻生活问题对家人心有怨恨,2017年8月7日上午7时许,王某因琐事迁怒于弟媳段某,用菜刀致其当场死亡。"我(王)感觉他们都是坏的,自从段某来到我们家之后,村上的人骂我是精神病,她把我们

---

① 曹某故意杀人一审刑事判决书,湖北省咸宁市中级人民法院刑事判决书(2016)鄂12刑初7号。

家搅乱的不行,她看不起我,瞧不起我王家祖宗,没有给王家生孙子,我就想把这个女的杀了……"①[(2018)晋04刑初25号]

被告人孙某因赌博、看病等花掉补偿费后,认为自己对家庭的付出未能得到妻子汪某理解,觉得是妻子害了自己。"这次我(孙)主要想挽回婚姻,挽回不了就想她给钱打发我,如果这样她都不理我,我就砍死她,凭什么她过得这么舒服,我就一个人孤苦伶仃,我要跟她同归于尽……我年轻时候为家里人付出很多,做工做得很苦,汪某不理解我,也不关心我、同情我,现在我一个人受苦,她就享福,所以我就用刀砍她。"②[(2017)粤0222刑初15号]

被告人程某入赘后与妻子、岳父母因婚姻家庭问题产生矛盾。2017年7月底8月初,程某将摩托车的汽油装入数个空酒瓶并放在客厅。同年8月3日,住宅因欠费被休宁县公安局停止供电,但程某怀疑是岳父断电所致,随即与其发生争吵,后一时冲动点燃汽油瓶扔向偏房,引发火灾。③[(2017)皖1022刑初102号]

被告人李某1与岳父、妻子因家庭矛盾素来不和。2020年8月9日,李某1因晒粮食问题与妻子发生争执,岳父见状手持农用耙子击打李某1,后两人争抢,岳父被踹至硬化路旁土沟下,自行爬出后在硬化路上倒地死亡。④[(2020)青0222刑初144号、(2021)青02刑终6号]

在消极情感资本的作用下,赘婿的外在表现有两种:一种是家庭氛围高度紧张和不安,小摩擦频发、敌对情绪较重但暂无严重的暴力冲突;另一种则是赘婿表现出相对平静或压抑的状态,表面上没有较多的反抗行为,但如同暴风雨来临前的黑夜,看似风平浪静,实则暗流涌动。不论是高度紧张还是平静压抑,赘婿的消极情感都在不断累积且指向他人,此时消极情感的爆发只缺一个触发点。而"压垮骆驼的最后一根稻草",就是所谓的刺激性因素。

---

① 王某故意杀人罪一审刑事判决书,山西省长治市中级人民法院刑事判决书(2018)晋04刑初25号。
② 孙某故意杀人一审刑事判决书,广东省始兴县人民法院刑事判决书(2017)粤0222刑初15号。
③ 程某放火一审刑事判决书,安徽省休宁县人民法院刑事判决书(2017)皖1022刑初102号。
④ 李某1过失致人死亡罪一审刑事判决书,青海省民和回族土族自治县人民法院刑事判决书(2020)青0222刑初144号;李某1过失致人死亡罪二审刑事判决书,青海省海东市中级人民法院刑事判决书(2021)青02刑终6号。

实际上，刺激性因素偶然发生的概率很大。刺激性因素不具备特定形态，有时是一次小的言语交锋或肢体冲突，有时只是家人的一句话或一个动作，这些都有可能成为消极情感突破的窗口。在刺激性因素的触发下，赘婿积累已久的恐、怒、苦、怨、恨等情感资本以消极的、报复的、惩罚他人的方式爆发，以极端的犯罪行为加以表达，至此赘婿沦为家庭犯罪中的加害者。

六、结语

在由感情纠葛、家庭矛盾引发的命案快速上升和婚姻风险感知弥漫的背景下，个体为何在家庭冲突中走向犯罪、社会结构变迁如何影响赘婿场域稳定，成为亟待解答的重要议题。本研究通过分析场域转型下赘婿家庭犯罪的情感演变，刻画出社会转型对于现实赘婿家庭和中国传统婚姻观念的冲击。

可以说，赘婿家庭冲突型犯罪的情境产生于宏观结构与微观个体的、赘婿特殊性贯穿始终的互构。个体视角上，赘婿对婚前承诺和实际所得的不符以及对婚姻交换期望的不满足，反映出传统赘婿家庭合作方式已经无法实现现代婚姻理想；宏观结构上，赘婿文化的传统惯习框架及婚姻忠诚、家庭和睦等道德规范对于男女双方约束力的错位，显示出赘婿家庭观念虽然延续，但支持这种传统模式的社会条件已经分崩离析。

研究表明，对于身处家庭冲突的赘婿而言，婚姻风险的增大，使得原本应该维系家庭稳定的情感纽带变为家庭经营道路上的定时炸弹。当行为不受理性认知控制时，情绪左右个体的不确定性增加，难以保证赘婿不会在冲动的情况下以极端方式撕裂家庭。因此上述互构过程以情感资本的动态演化为线索，包括以下四个要点。

第一，无法满足的交换期望唤醒消极情感。相比嫁娶婚，赘婿的家庭地位极为尴尬。不过，男性对于赘婿的选择有着很强的目的性，如降低婚姻支付成本、谋求妻家的经济利益、结婚生子成家等。因此，赘婿天然地对于婚姻家庭有更明确的期望。当现实情形无法与婚前承诺匹配时，便滋生了消极情感。

第二，压抑的消极情感埋下隐患。一般而言，赘婿为避免唤醒痛苦会刻意忍受消极情感，但最终消极情感还是会在不知不觉的情况下积累到难以控制的阶段。高强度的消极情感通常会让赘婿感受到较大的压力，为延续平稳生活增加难度。

第三,归责他人的做法转嫁且加剧矛盾。面对消极情感的困扰,个体会通过寻找责任的外部源头来转嫁一部分痛苦。当认定罪魁祸首是家人时,保护自我利益、防范他人风险将成为赘婿在家庭策略中的前提,而这种策略会恶化家人间的关系,不利于婚姻存续。

第四,家庭整合困难,刺激消极情感的爆发。消极情感的出现和累积,使得赘婿有着强烈的焦虑和不安全感,家庭很难通过互谅互信实现再整合并回归平稳。此时的家庭关系好似紧绷已久、缺乏韧性的弓弦,任何事情的发生都有可能成为弓弦绷断的触发点。最后随着消极情感的爆发和犯罪行为的实施,赘婿家庭落到家破人亡、对簿公堂的下场。

从女性来说,赘婿家庭中的女性也面临独特的婚姻困境,而这一点往往被忽视。一方面,现代赘婚中女性主动选择招赘的情况极少,她们同意招上门女婿大多是迫于父母的要求,而且父母对赘婚家庭的把控和干预也往往超出女性的预期。可见,"父母之命"仍是女性自主择偶路上的阻碍。另一方面,赘婚是一套以繁荣妻家为中心的婚姻系统,女性的家庭地位理应超然于"男尊女卑"的传统思想。但实际上,女性仍难以摆脱母亲身份为主和依附于生育功能的家庭地位,她们对于现代婚姻的情感期待和自我价值的实现往往与赘婚对于传宗接代的根本需求形成内在冲突。然而,赘婚刑事案件中的因对婚姻不满而作案的大多是赘婿,受害者则是作为妻子的女性,并且有的赘婿自身就有家暴、酗酒、赌博、好吃懒做等恶习,这跟人们对于赘婿卑微的刻板印象相悖。同时,女性的赘婚困境也反映出现代社会对于女性主体性的关注度仍然不够,在两性关系的协调发展和性别权力的平衡问题上仍存在不容忽视的矛盾。

最后,赘婚家庭的内部犯罪究竟是不是结构压力下无法避免的结果?首先我们应该承认,个体、婚姻与家庭都受到社会规范、意识形态和价值的调节,夫妻相处、家人相处也受到宏观结构及其附属文化评价的限制。这意味着社会地位、角色和文化等特征影响了个体对于婚姻的期望设置和情感动力机制。因此,结构性问题的确带来了诸如传统文化框架与现代婚姻理想、传统家庭合作方式与个体化价值追求等方面的矛盾冲突,让赘婚家庭中的成员容易陷入消极情感的漩涡。但是,家庭冲突不一定会导致犯罪,消极情感的产生也不是对一段婚姻的判刑。例如,村委会、居委会、妇联等社区或社会组织及时有效地介入可以调解家庭纠纷,在矛盾恶化前缓解家庭成员之间的敌对情绪,阻止家庭冲突的持续升级,将犯罪的萌芽扼杀在摇篮里。

参考文献：

[1] 林崇德.中国独生子女教育百科[M].杭州：浙江人民出版社,1999.

[2] 车文博.心理咨询大百科全书[M].杭州：浙江科学技术出版社,2001.

[3] 朱强.家庭社会学[M].武汉：华中科技大学出版社,2012.

[4] CUMMINGS E M & DAVIES P T. Children and marital conflict：The impact of family dispute and resolution[M]. New York, NY：The Guilford Press, 1994.

[5] 池丽萍,辛自强.儿童对婚姻冲突的感知量表修订[J].中国心理卫生杂志,2003(8)：554-556.

[6] GILBERT R, CHRISTENSEN A, MARGOLIN G.(1984). Patterns of alliances in non-distressed and multiproblem families[J]. Family Processes, 1984(23)：75-87.

[7] 秀国,彩珍,冬林,杨光才.当前农村家庭内犯罪增长的原因及预防对策[J].地方政府管理,1998(S1)：98.

[8] 王金玲,高雪玉.21世纪中国家庭内犯罪预测及对策[J].中共浙江省委党校学报,1998(3)：6.

[9] 郭砾.试论家庭内犯罪及其社会控制[J].黑龙江省政法管理干部学院学报,2001(4)：35-37.

[10] 邱国梁.犯罪动机论[M].北京：法律出版社,1988.

[11] 刘建清.犯罪动机与人格[D].中国政法大学,2009.

[12] 刘红艳.刑法中的动机理论研究[D].武汉大学,2015.

[13] 陈和华.犯罪动机的本源、性质和形成[J].政法论丛,2010(2)：21-27.

[14] 李学昌.20世纪江浙沪农村婚姻状况与社会经济变迁[J].历史教学问题,2002(5)：8-12.

[15] 李艳红.社会变迁中的已婚东乡族女教师工作家庭冲突研究[J].西北民族研究,2009(1)：200-207.

[16] 刘易平.当代中国社会变迁背景下高离婚率的社会学分析[J].四川理工学院学报(社会科学版),2012(2)：13-17.

[17] 常进锋,陆卫群."80后"青年离婚率趋高的社会学分析[J].青年探索,2013(5)：78-82.

[18] 史向军,冯炬.冲突与调适：社会变迁中的农民婚姻生活方式[J].求索,2013(5)：229-231.

[19] 段慧丹.从嫉妒到怨恨：当代中国社会情绪的变迁(1978年—至今)[D].华东师范大学,2014.

[20] 李东坡.复杂社会条件下社会心态培育研究[D].兰州大学,2015.
[21] CANCIAN F M, GORDON S L. Changing Emotion Norms in Marrage: Love and Anger in U.S. Womens Magazines Since 1900[J]. Gender & Society, 1988, 2(3).
[22] 胡忠魁.婚姻冲突的发生与干预机制研究——基于情感社会学视角的案例历时比较分析[J].中国矿业大学学报(社会科学版),2021(6):69-78.
[23] 孙淑敏,郑中瑞.情感期望视角下的婚姻冲突研究——基于县域青年的调查[J].人口与社会,2020(4):82-93.
[24] 徐四华,杨钒.大学生的愤怒情绪在社会排斥与行为冲动性间的中介作用[J].中国心理卫生杂志,2016(3):220-225.
[25] 邢朝国.情境、情感与力:暴力产生的一个解释框架[J].中国农业大学学报(社会科学版),2014(1):41-50.
[26] 王飞.婚姻纠纷促发激情灭门犯罪的机理与防治策略——基于抗逆力对彭某桃案的分析[J].犯罪与改造研究,2021(3):31-35.
[27] (美)布劳.社会生活中的交换与权力[M].孙非,张黎勤,译.北京:华夏出版社,1988.
[28] (法)布迪厄,华康德.实践与反思 反思社会学导引[M].李蒙,李康,译.北京:中央编译出版社,1998.
[29] (法)布迪厄.文化资本与社会炼金术[M].包亚明,译.上海:上海人民出版社,1997.
[30] 乔纳森·特纳,简·斯戴兹.情感社会学[M].上海人民出版社,2007.

点评

近年来,赘婿犯罪的事件触发社会痛点,本文基于中国裁判文书网刑事案例,创造性地运用场域交换理论探讨事件背后社会转型对家庭秩序的冲击。文章根据理论分析得知,缺乏社会支持条件的赘婿文化是与赘婿个体化交换期望相冲突的风险来源,传统赘婿场域已经难以满足重视感情和利益的现代婚姻理想,造成应然与实然间的落差。赘婿家庭的风险情境唤醒了消极情感资本,情感的恶性演化又加重风险程度,最终导致赘婿走向极端。论文视角新颖,材料翔实,是研究家庭社会学领域赘婿问题的优秀论文。

附　部分优秀论文摘要

行动的诗学到"非—作"的诗学
——论阿甘本对亚里士多德诗学政治的批判与重构

陈　琦　　复旦大学

摘要：亚里士多德的诗学思想围绕对"行动"的定性和分类，建立了政治伦理规定与理性认识法则相合谋的古典诗学政治范式，而悲剧是该范式的艺术实践模型。当今的艺术、政治行动是否要超越这种"行动"的诗学论，朗西埃与阿伦特曾有过争论。阿甘本回应了这一问题并指出该范式的核心逻辑实际是"功效"。"功效"的逻辑构造了一台受控于内在主义和目的主义的行动机器，参与塑造了现代主体性内含的原罪论与人类中心主义的暴力机制。阿甘本认为要超越古典诗学政治恰恰需要回到亚里士多德，他纯粹潜能的概念提供了一种"非—作"即"非—功效"的异质性的生命经验，在纯粹姿势和纯粹裸体等艺术形式中也有过回响。这种新型的行动诗学最终指向一种对于身体的新的使用方式。

关键词：亚里士多德；行动；阿甘本；主体性；内在性；潜能

去哪里找真历史：王国维"二重证据法"的学术理路反思

陈秀逸　　上海大学

摘要：对于王国维"二重证据法"的重要学术价值，学界具有广泛的共识，然而关于其学理渊源及对近现代历史学的具体影响，仍缺乏系统的梳理与思考。关于"二重证据法"的实质，以及它是否还适用于现代的经史学研究，又是否能拓展运用到其他学术领域等问题,有必要作进一步的探讨。首先,将其置于史学革命的时代背景之中,从外因、内内等角度考量王国维提出该说的缘由,寻绎该说的学理根据。其次,将"二重证据法"与同时期的其他学者的治史方法相比较,如顾颉刚的"古史辨伪"、陈寅恪的"诗史互证",发掘该方法的共时性意义。再次,梳理"二重证据法"的实践演变历程,探讨"二重证据法"到"三重证据法"乃至"五重证据法"的学理机制,斟量该方法的科学性与普适性。最后,从历史认知的角度探讨"二重证据法"对晚清以来几代学人的影响。

关键词：王国维；二重证据法；古史辨；史学革命

中国突发公共卫生事件风险沟通的知识生产：
图景、逻辑与展望
——基于文献计量分析

柴子瞳　　中国矿业大学(北京)

摘要：风险沟通是应对突发公共卫生事件的关键环节,也是决定公共卫生风险治理成败的重要因素。知识生产是不断将实践经验转化为理论成果的重要过程,对知识生产的研究有助于全方位总结应对突发公共卫生事件的风险沟通经验进而促进理论研究。研究运用 Citespace 软件进行可视化分析,对知识成果时空分布、知识生产核心议题、知识生产合作网络、知识生产助力因素等进行数据统计和可视化分析,展现我国突发公共卫生事件风险沟通知识生产特征与过程。在此基础之上,提出该领域知识生产的研究反思与展望,以期为提升后续研究的深度与广度提供参考与借鉴。

关键词：突发公共卫生事件；风险沟通；知识生产；文献计量分析

我国高等教育研究方法的应用与反思
——基于高等教育学博士学位论文视角的考察

冯祥强　　江西农业大学

摘要：高等教育研究方法是高等教育研究的重要内容和基本工具,是高等教育学学科建设与发展的知识基础和关键动力。以 2011—2021 年 CNKI 收录的 332 篇高等教育学专业博士学位论文为对象,研究发现我国高等教育研究方法既取得了重要进展:研究方法论由"单一化"走向"多元化";研究方法呈现出多样化和跨学科化发展趋势。但又存在诸多问题:研究方法缺乏体系化认知且方法论意识不高;研究方法表述不规范且交叉杂糅;重定性研究轻定量研究,重思辨研究轻质性研究。形成以上问题的原因有:高教界欠缺高等教育研究方法理论性研究和共识性意见;研究方法相关课程缺乏和研究者研究方法实践训练不够;高等教育本身的错综复杂性和传统思维模式的深刻影响;高等教育研究者群体具有复合性特征和研究方法多学科化的副作用。基于以上分析,提出了相关改进建议:提高高等教育研究者的方法意识,加强科学规范研究方法的学术素养;重视高等教育研究方法研究,完善高等教育研究方法框架结构;推动高等教育研究制度化进程,构建高等教育研究方法课程体系;平衡运用不同范式研究方法,提升高等教育研究科学化水平。

关键词:高等教育研究方法;高等教育学;博士学位论文

F 市 H 社区治理中矛盾纠纷化解工作研究

郭艳青　　上海大学

摘要:在城市化进程不断推进的背景下,城市社区矛盾纠纷凸显,把矛盾纠纷消除在萌芽、化解在基层,对维持社会稳定具有根本性意义。研究以 F 市 H 社区为研究对象,通过实地调研与案例统计,梳理 H 社区及矛盾纠纷基本情况,总结出 H 社区构建的"以党组织为核心、人民调解制度为基础、综合治理体系为保障"的多中心治理格局,在社区日常实践中发现其面临着"化解工作压力大、化解效果不佳、化解积极性不高"的三重困境,从相关主体存在的问题进行原因分析,站在社区的角度提出相应的对策建议,为提升解决实效,为城市社区矛盾纠纷化解工作提供经验。

关键词:城市社区;矛盾纠纷;化解工作

论中国宪法序言的民族叙事
——聚焦中华民族共同体建设

黄　睿　　东北大学

摘要：民族叙事是民族国家宪法律中对于相关民族的叙述性内容。对中国宪法序言的民族叙事研究具有宪法指导思想、宪法理论和宪制功能,即习近平法治思想、理想类型的宪法律和国家构成这三个方面的必要性。中国宪法序言的民族叙事在世界范围内具有鲜明独特性。"八二"宪法(1982年)序言的民族叙事继承了"五四"宪法(1954年)序言,呈现革命式、区分式和扁平式的特征。2018年中华民族语词入宪后,中国宪法序言的民族叙事迈向了复兴化、立体化和一体化;中国宪法序言终于形成了围绕"中华民族共同体"的三阶层新叙事结构:中华的民族共同体→中华民族的共同体→中华民族这一共同体。新叙事结构填补了宪法叙事与中国特色社会主义新时代的断层,为中华民族共同体建设,即完成中华民族伟大复兴的基础性历史任务指明了方向。

关键词：中国宪法序言;宪法叙事;民族叙事;中华民族共同体

透视之力：20世纪二三十年代的 X光技术与中国视觉现代性

黄艺兰　　上海大学

摘要：20世纪二三十年代,中国的X射线技术从科学拓展到了大众文化的领域,为市民带来了以"透视"为特征的新的视觉形式。X光对于身体内部影像的呈现引发了部分民众的恐慌,并在"透视"与"被透视"的视觉权力框架下转化为民众焦虑;报人和漫画家将X光与"秦镜"结合,创造出"X光镜"这一揭露真相、批判社会的启蒙工具,促成了新的现代视觉主体的形成;娱乐业和大众媒介将X光技术与"红粉骷髅"的传统观念结合,生产出以"红粉骷髅"为主题的视觉奇观,引发了观看者既迷恋又焦虑的分裂情感。X光这一视觉案例不仅为我们勾勒出近代中国视觉转型过程中新型现代视觉主体的多变面孔,更为中国视觉现代性研究提供了跳出东方/西方、现代/传统、技术/经验、理性/非理性等二元对立讨论框架的可能。

关键词：X光；透视；视觉现代性

挑战性—阻碍性压力对建言行为的影响研究
——基于心理弹性二分的U型中介效应模型

李家成　　上海应用技术大学

摘要：建言是组织内部信息交换的重要渠道，尤其在外部不确定性加剧、工作压力与日俱增背景下，深刻理解员工建言的内在逻辑、建立成熟的建言体系对于组织获得人力资本优势至关重要。研究基于资源保存理论和社会交换理论，通过对1552名高新技术企业员工的问卷调查，探讨挑战性—阻碍性压力对建言行为的影响作用机制和边界条件。研究发现：挑战性—阻碍性压力对建言行为具有U型影响；心理弹性在挑战性—阻碍性压力与建言行为之间具有U型中介效应；差错管理氛围对挑战性—阻碍性压力与心理弹性的U型关系具有调节效应，并正向调节了心理弹性的U型中介效应，高差错管理氛围中，U型中介效应更显著。组织应注意区分压力和建言概念中的双面性，努力促成阻碍性压力向挑战性压力、抑制性建言向促进性建言的有机转化，通过培育差错管理氛围对员工心理弹性进行积极建设与扩容以实现建言水平的进一步提升。

关键词：挑战性—阻碍性压力；建言行为；增益型—避损型心理弹性；差错管理氛围；U型中介效应

Predicting total retail sales of consumer goods based on web search data and deep neural networks

刘书成　　浙江工商大学

Abstract：Consumption is one of the three driving forces of economic growth, and the total retail sales of consumer goods is a key indicator of social consumption demand. However, traditional statistical forecasting methods have not yet achieved the desired results for forecasting the total retail sales of consumer goods. To make up for the shortcomings of traditional forecasting variables and forecasting techniques, this paper constructs an LSTNet & BI model that is based on the deep learning long- and short-term time series network (LSTNet) and combined with web search data and government statistics to carry out forecasting research on total retail sales of consumer goods. The model is tested with data from Zhejiang Province, and prefecture-level cities of China, while considering various benchmark forecasting models for comparative analysis. We found that (1) the introduction of web search data can effectively improve the forecasting performance and accuracy of the LSTNet model; (2) the LSTNet & BI model has better generalizability, and its forecasting performance and accuracy are better than those of the other five benchmark models (LSTNet, LSTM & BI, SVR & BI, XGB & BI and ARIMA); and (3) the LSTNet & BI model has strong robustness, and its forecasting performance for total retail sales of consumer goods in Zhejiang Province and prefecture-level cities is also better. The research results show that the LSTNet & BI model has certain practical value, and the method provides a new idea for total retail sales of consumer goods forecasting, thereby enriching the research on applications of machine learning in the field of macroeconomic index forecasting.

Keywords: Total retail sales of consumer goods; Web search data; Deep neural networks; LSTNet & BI model

后疫情时代职教教师在线教学持续使用意愿的影响机制研究

——基于ACSI与TAM的解释框架

陆宇正　天津大学

摘要：后疫情时代全球教育受到严重冲击,在线教学产生巨大变革,在此环境下教师在线教学持续使用意愿成为影响在线教学质量的关键要素之一。基于ACSI与TAM模型视角,对全国范围内120所高职院校教师在线教学进行问卷调查,得到有效问卷713份,建立AMOS结构方程模型探讨职教教师在线教学的持续使用意愿及影响机制。结果发现:职教教师的在线教学持续使用意愿受感知有用性和在线教学满意度的正向显著性影响;在线教学满意度则受感知有用性和外部支持的正向显著性影响;感知有用性受感知易用性和外部支持的正向显著性影响;感知易用性受外部支持的正向显著性影响。为此,研究提出重视职教教师内部动机,切实提升在线教学积极性;完善在线教学组织管理,降低场域切换的不满情绪;加强院校外部支持力度,提升教师在线教学持久度。

关键词:职业教育;持续使用意愿;在线教学;满意度;影响因素

算法推荐对青年价值观形成的消极影响及其对策研究

普金娜　　上海大学

摘要:随着第三代人工智能技术的广泛应用,网络平台逐渐成为青年最青睐的活动场域。算法推荐发轫于网络平台,以精准化、个性化、高速率的特点,成为塑造青年主体认知、情感及其行为的重要变量。在当前算法研究的整体谱系中,首先要厘清算法推荐的技术逻辑、资本逻辑、权力本质及意识形态属性,进一步揭示其所引发的"信息茧房""群体极化""受众本位""流量至上"等现实隐忧,可以从网络环境、价值导向、主体素养、法律法规等多场域规制算法,使算法"向善发展",成为推动智能时代青年价值观形成的积极动力。

关键词:智能时代;算法推荐;诱导偏差;核心价值观

低碳经济转型与企业出口产品质量
——基于低碳城市试点的准自然实验

彭徐彬　　安徽财经大学

摘要:低碳经济转型与贸易强国建设是经济高质量发展的重要内容。研究将低碳城市试点政策作为一项准自然实验,通过匹配2007—2015年中国海关数据和上市公司数据,实证检验低碳经济转型对企业出口产品质量的影响及其机制。研究发现:低碳城市试点政策显著提升了企业出口产品质量,且经过一系列稳健性检验后结论依然成立。进一步分析表明,试点政策的产品质量提升效应在不同产业、不同碳排放强度行业、不同所有制企业、不同清洁程度产品以及是否为资源型城市企业中存在显著差异;企业层面的机制分析表明,低碳城市试点政策主要通过技术创新效应促进企业出口产品质量提升,而环保投入效应尚未得到验证;产品层面的机制分析表明,低碳城市试点政策主要通过资源配置优化促进高质量产品升级,抑制低质量产品升级。研究的结论从贸易高质量发展维度验证了低碳城市试点政策的经济效应,为未来实现低碳经济转型提供了重要参考。

关键词:低碳经济;转型;出口产品质量;低碳城市试点;渐进双重差分模型

De-politicization and Corporate Social Responsibility: An Empirical Evidence from China

邱 媛 广东外语外贸大学

Abstract: Corporate social responsibility (CSR) has raised considerable attention all over the world. However, less research has been conducted under the context of developing countries. Based on the data of Chinese listed companies, the study examines the impact of losing political connection on CSR using an exogenous event in China. Results show that de-politicization can significantly improve the CSR performance of firms, which is verified by a series of robustness tests. More specifically, de-politicization improves the CSR performance of firms by reducing rent-seeking expenses and donations. The research provides theoretical guidance and policy suggestions for improving CSR in developing countries.

Keywords: De-politicization; Corporate Social Responsibility; Rule 18; China

基于PCA-耦合协调模型下新疆农业可持续发展综合评价

宋晓桐 喀什大学

摘要:建设生态文明是中华民族永续发展的千年大计,通过对农业可持续发展历史的深刻反思和现状的系统把握,对问题作较深层次的理论阐释。利用主成分分析、耦合协调度模型对1998—2020年间新疆农业可持续发展水平进行综合评价和分析。结果表明自 1998 年至 2020 年新疆农业可持续发展水平整体呈上升趋势,但 2018 年至 2020 年的可持续发展水平出现轻微回跌。在此基础上,结合当下生态环境状况以及新疆经济发展的实际情况,以期建立起适合新疆特色的、操作性较强的农业可持续发展体系,从而保障我国新疆农业在生态文明理念下与整个国民经济持续协调快速发展。

关键词:生态文明理念;农业可持续发展;水平评价分析;主成分分析;耦合协调度模型

秩序与组织:梁漱溟的乡村经济合作思想
——在现代中寻归传统的一种更新进路

石一琨　复旦大学

摘要:作为舶来品的合作主义曾被认为是解决中国乡村问题的最佳方案。20 世纪 20 年代以来,国内多种合作思潮不断涌现,其中以梁漱溟的乡村经济合作思想最为典型。这一思想植根于儒学伦理与乡土秩序,借鉴了西方现代经济合作组织的基本原则,提出在知识分子或社会团体引导下的乡村经济合作组织之设计方案,以恢复乡村经济,重建乡村社会。然而,鲜有学者能够突破传统的分析视角对其做出新的阐释。研究通过对话梁漱溟文化哲学观中的"老根萌新芽"理论,探究梁漱溟的乡村经济合作思想的内容及特征,拟回答以下问题:现实层面,梁漱溟如何从现代文明中寻归传统儒学,开展乡村经济合作运动?学理层面,如何在儒学现代转型的视野下,对梁漱溟的这一思想加以更深层次的认知?"借鉴西方"却又"回归传统"作为实现乡村经济合作的特殊进路,体现出以梁漱溟为代表的近代知识学人在推动乡村建设、实现现代化过程中,对中西文化的深刻思考。

关键词:梁漱溟;乡村经济合作;传统儒学;乡土秩序;现代经济组织

"双碳"目标下数字经济发展对碳排放影响的空间效应

桑一铭　上海大学

摘要:绿色全要素生产率是"双碳"目标下实现碳减排与经济数字化发展的重要

基石。研究采用2011—2019年省级面板数据,构建数字经济发展指数,运用空间杜宾模型和面板分位数回归探究数字经济对碳减排的影响;并以绿色全要素生产率为门槛变量构建面板门槛效应模型,以此分析数字经济与碳减排的非线性化特征。结果表明:(1)数字经济发展对减排降碳效果显著:从空间效应分解来看,数字经济发展有利于减排降碳,且对本地及周边地区的减排降碳均有正向推动作用。(2)在碳排放异质性背景下,数字经济对其非线性抑制效应逐渐增加。(3)绿色全要素生产率作为门槛变量存在双重门槛效应,随着绿色要素生产率的提升,数字经济发展对碳减排的促进效应呈现先增后减变动轨迹。若要如期实现"双碳"目标,除了继续发展数字经济外,还需提高绿色全要素生产率,带动全国各地区从减碳较慢的低水平绿色全要素生产率区域向减碳较快的高水平绿色全要素生产率区域跨越。

关键词:"双碳"目标;数字经济;绿色全要素生产率;面板门槛效应

从"美的艺术"重思艺术自律论
——康德以"美"为名的艺术自律策略及其启示

许婷婷　　上海大学

摘要:较之"美的艺术"体系,"美的艺术"观念的建立才是艺术自律的起点,康德基于其人类哲学建构需要而阐释的"审美"及"美的艺术"观念,是一次以"美"为名的艺术自律策略,他借"艺术"与"美"的结合,第一次系统地厘清了艺术自我立法的根据及其自律实践的表现,艺术高举自由的旗帜成了现代的"艺术"。而康德阐释"美的艺术"为艺术自律铺陈下的概念与逻辑则为理解20世纪以后的一般艺术现象提供了启示,推进艺术的本质探寻走出"美"的藩篱,完成艺术自律的未尽之路。

关键词:美的艺术;美与自由;艺术自律论;康德;艺术的本质

数字图书馆著作权法定许可制度研究

徐伟琨　　广西民族大学

摘要:数字图书馆的出现对原有的著作权制度带来了极大的挑战,低效率、高成本的传统授权许可模式明显不适于数字时代图书馆的发展,数字图书馆所面临的许可制度困境亟待解决。与传统授权许可制度相比,法定许可制度在数字图书馆许可模式的法律构建中显示出其优越性。在我国现有法律体系内允许数字图书馆不经过著作权人许可,支付一定报酬即使用作品具有必要性和可行性。同时在具体制度的设计上,明确法定许可制度的内容以及构建配套付酬机制确保数字图书馆长足发展,最终达到促进科学文化传播、激励作品创新创造的目的。

关键词:数字图书馆;著作权;法定许可

革命实际与身份生成:《新青年》的马克思形象

余俊钦　上海师范大学

摘要:《新青年》之前,马克思在中国的传播仍处于初步阶段。基于社会环境的现实需要,《新青年》通过对马克思以《资本论》为核心的经济思想和以唯物史观为代表的哲学思想的叙述,以平行建构的方式塑造了他批判资本主义的思想家身份;通过先建立起马克思与中国工人阶级之间的情感联系,继而将这种好感引导至马克思与国际工人协会的直接关系的做法,以递进建构的方式塑造了他参与工人运动的实干家身份;通过将马克思的思想解释为革命理论、将马克思的行为解释为革命实践,以组合重构的方式塑造了他引领无产阶级的革命家身份。由此,《新青年》建构起了一个与中国的革命实际紧密相连的马克思形象。

关键词:马克思形象;早期传播;《新青年》

政务新媒体在突发公共卫生事件中的危机传播效果研究
——以新冠疫情防控期间上海政务微博为例

王一宁　上海师范大学

摘要:突发公共卫生事件具有严重伤害性,做好突发公共卫生事件中的危机传播则对于传递信息、引导舆论、稳定舆情等方面具有重要意义,而政务新媒体在突发公共卫生事件的危机传播中起着重要的信息通报与舆论引导作用。研究进一步聚焦于危机事件中的传播主体,以突发公共卫生事件为切入点,选取上海市卫生健康委员会官方微博账号"@健康上海12320"为研究对象,通过文本分析方法研究其在2022年上海疫情事件中的传播特征及传播效果,认为目前我国政务新媒体在危机传播中存在信息沟通不及时、传播手段单调、传播效果有限等问题。

关键词:突发公共卫生事件;政务新媒体;危机传播;传播效果

马克思主义基本原理同中华优秀传统文化相结合的实践
——以《习近平谈治国理政》中的用典为例

周干兵　　中山大学

摘要:马克思主义基本原理同中华优秀传统文化相结合重要论断的提出,开辟了马克思主义中国化的新境界。新时代推进马克思主义基本原理同中华优秀传统文化相结合,实践原则在于对中华优秀传统文化进行创造性转化和创新性发展。传统典故作为中华优秀传统文化的精华,具有内容的丰富性、意蕴的穿透性和历史的厚重性等特点,习近平用典作为把马克思主义基本原理同中华优秀传统文化相结合的实践典范,在《习近平谈治国理政》中表现出"博""实""新"三个特点。

关键词:马克思主义中国化;习近平用典;实践

老树新枝又一春
——《九叶集》的编纂及其文学史意义

赵欣璇　　上海大学

摘要:《九叶集》作为40年代现代派诗歌创作的重要选本,其编纂是基于新时期当代意识影响,编辑、作家、读者、文学评论家多方面合力的结果。研究将探讨新时期如何利用已有文学资源推进文学转型与通过文学出版实现经典化的文学发展新模式。"九叶"的自述流淌着流派建构的自觉意识——在诗艺阐述中强化流派风格,在群体认同中确认流派观念,在同人互评中深化话语权力,在扶持后辈中扩大流派影响。文学评论界对《九叶集》的社会历史批评、审美批评以及场域重构与事件整合,又从另一维度回应新时期的文学期待。从文学史的视野看,《九叶集》是时隔三十余年现代与传统的接续与互文,不仅参与了"九叶"诗派的流派构建与现代文学史的书写,为诗歌研究预设了一定的路径,且其自身流露的深沉的民族情怀与先锋的现代意识启发了新一代朦胧诗创作,成为现代诗歌书写的典范。

关键词:《九叶集》;"九叶"诗派;《诗创造》;《中国新诗》;选本编纂

非我与世界:论海德格尔对费希特主体性哲学的超越

赵 瑜　北京大学

摘要:受费希特将"自我"理解为一个活动着的实践主体的影响,海德格尔的"此在"也是一个在生存活动中赢得了存在的可能性的"能在"。费希特试图从自我出发建立一个具有确定性的知识学体系,在这个体系中自我和非我始终处于张力之中。但由于他从未赋予非我以独立的本原地位,因而未能真正建立起经验对象的实在性根据。正是在这一点上,海德格尔的世界的形而上学实现了对费希特哲学的超越。海德格尔指出,此在本身的生存建构就是"在世界之中存在",世界和此在作为"双重本原"必须从一开始就被关联着设置下来。通过世界的形而上学,海德格尔真正挣脱了单一主体性视角的枷锁,为理解人与世界的关系问题提供了一条新的思路。

关键词:自我;非我;此在;世界;实践主体;双重本原;世界的形而上学

行动理由与法律推理规范性

张志朋　华东政法大学

摘要:法律推理是人的一种理性的实践行动,它必须为裁判结论的得出提供正当理由。行动哲学认为行动理由可以区分为心理主义的行动理由和事实主义的行动理由。分析法学借由行动哲学对行动理由的讨论,主张法律作为一种行动理由的事实主义观点。道德理由是典型的一阶理由,它与"自行权衡"相关;法律理由是一种典型的二阶理由,它是一种排他性理由。"理由"是说明规范性的核心概念。基于规范性视角的法律推理规范性命题力图对法官群体的法律推理行为设定某些必须遵循的规则、程序和标准。法律理由是以整体性的姿态进入法律推理规范性中,道德理由则必须以一种个体化、具体化的方式进入法律推理。承认规则理论和内在观点理论以及法官职业伦理的相关理论内容是证立法律推理规范性命题的主要理据。

关键词:心理主义;事实主义;规范性;法律推理